チーム学校の教師論

高橋陽一 著

武蔵野美術大学出版局

目次

表紙デザイン　白尾デザイン事務所

まえがき

新型コロナウイルス対策で学校現場は、二〇二〇（令和二）年度に大きく変わった。学校における安全対策の徹底、自宅の児童生徒学生への支援や遠隔授業・メディア授業の実施、保護者や地域との連携など、一つひとつの学校に苦難と成功談がある。児童生徒学生と、保護者と、教員が、一回目の緊急事態宣言のステイホームの期間にも、学校の意味について、静かな見直しを迫られた。

教師の在り方、その世論や実態と法令は、ここ数十年で本当に変化した。ほぼ二〇年前、小久保明浩氏との共編『教師論』を刊行し、二〇〇二（平成一四）年には、山田恵吾氏、勝野正章氏、谷雅泰氏、現場報告の七名の方々との共著として刊行した。このころは、教員採用者数が全国的に厳しく、大学で免許状を受けるために必須となる授業科目も増大した。大学の教職課程に「教師論」が必須となったのも二〇〇〇（平成一二）年度のことである。

次に一〇年近く前、拙編の『新しい教師論』が、二〇一四（平成二六）年に山田恵吾氏、桑田直子氏、谷雅泰氏、佐藤清親氏との共著として刊行された。このころには、教員採用数は拡大していた。しかし、二〇〇九（平成二一）年度からは教員免許更新制が実施され、教員バッシングと呼ばれる逆風があった時代である。

続いて本書を刊行する現在は、学校や教員の役割について保護者も地域住民も冷静に考えてもらえる時代になった。昼夜を問わず学校にクレーム電話をすることや、深夜にも職員室の電気が煌々とついていることが、当たり前だと思わない時代となった。その背景には、多くの企業で働き方改革が進み、またブラック企業を指弾する世論も広がり、学校や教員の役割を客観的に考える常識が広がったことがある。

ただし、現在も別の危機感はある。長らくバッシングの対象とされ続けたことや、学校の働き方改革の動きが鈍く、教員はブラック企業なみの労働条件だと言われたことで、教員を志望する学生たちが敬遠し、教員採用試験の倍率がどんどんと低下している事態である。ほんの二〇年ほどの間にも大きな変化がある。本書に先立つ二冊の教科書を読み直して、あらためて教師について、現在における実際と未来における改革を、本書で伝えなくてはならないと痛感する。

本書は激動の時代に、教師を目指す学生や、教師について考え直したいと思う現職教員や、さらに教師について正確に知りたいと思う人々に、正確に、かつ、単純明瞭に、説明することを心がけている。ゆえに法令の引用を多く行う。最後に残るのは、理屈ではなく、法律である。少々煩雑な場合も、法律本文を示した。ただ、読みにくい場合は引用を飛ばして読んでもらっても、前後の文章が通じるように工夫している。

本書は、簡単で常識的なことから、複雑で現実的なことへと、テーマを並べている。

第1章「教員を学ぶ」では現在の学校の教員についての概要を整理する。そして第2章「教師の歩み」では過去の教師の在り方から近代学校の教員の制度までを述べて、ここまでで教師という概略がつかめることになる。

第3章「教員の身分」では現在の社会と法令のなかで学校の教員の位置づけを明確にし、第4章「職務上の義務」は教員が職務として行う義務を、第5章「身分上の義務」は教員の身分によって生じる義務を法令に基づいて確認する。さらに第6章「不利益処分」では教員への懲戒や分限として行われる処分を述べる。本書で義務とペナルティーを説明する一番窮屈な箇所であるが、そのことを知らなくては教師の立場は理解できない。

第7章「教員の任用」は教員として任用されるシステムを述べ、第8章「研修と人事評価」は学び続ける教員の基盤となる研修制度と人事評価を確認する。実は教師という立場には、他の職業とは異なる優遇的なルールもあることが理解できるはずである。

この教員という立場の前提は免許状である。第9章「教員免許状の制度」では教員という身分の前提となる免許状のルールについて、第10章「教員免許更新制」では一〇年期限となった教員免許状の更新について述べる。ここまでの10章分で、教師としての最低限のルールは理解できるはずである。

教員といっても実際は多様である。このことを、第11章「チーム学校の多様な教職員」において、多様化した教員の職や教員以外のスタッフについて概説する。そして第12章「教員の働き方」では改革の進む教員の勤務や待遇の在り方について、いわば現在進行形の課題を述べる。そして第13章「教員免許をめぐる教育改革」では学校教育の改革のための教員養成や免許制度が焦点となる。そして改革の焦点であるチーム学校と地域の関係について、第14章「チーム学校と地域連携」では述べておきたい。続く第15章「学校教育の法令」では、学校の教育実践で注意が必要な事項についてとりまとめた。

本書は『チーム学校の教師論』と題した。その理由は、現職教員も殻に閉じこもって、学校組織や社会に開かれた役割を忘れがちだからである。そして殻を破って広く連携を求めることにより、自らの役割も変わっていくはずである。この二〇年でも、これだけ教員をめぐる法令が変化し、世論と現場の実態が変化したのだから、今後も変化し続けるだろう。そのためには、学校と教員をめぐるルールや知識を正確に知り、じっくりと考える必要がある。教師自身が教師について語ることができるようになること、そのためにも本書を送り出す次第である。

二〇二一(令和三)年一月七日　新型コロナウイルス感染症緊急事態宣言の第二回発出の日に

高橋陽一

第1章
教員を学ぶ

キーワード

教員養成　教育職員免許法　教育職員免許法施行規則
教員免許状　課程認定　教職課程　開放制　選考

要　約

教師になるための大学の教職課程では、教師論などの授業科目が必修となっており、教職の意義や教員の役割や職務内容、さらにチーム学校という新しい動向までを学ぶことになる。教師になるためには教員免許状が必要であり、そのルールは、教育職員免許法や教育職員免許法施行規則に定められている。教員を志願する大学生は、文部科学省から課程認定を受けた大学の学部学科などで、教職課程の授業科目を履修することになる。教職課程の履修は、開放制の原則のもとで、学生の判断に委ねられている。教員の採用は教員免許状を受ける学生を対象に、人物など総合的力量を判定する選考として実施される。

この二〇年余り、「教師論」の講義をしていて、受講者たちが教師になることについて、悩んだり、希望を持ったり、ときには断念したりという様子を繰り返し見てきた。教員志願が明確な学生からも「私は先生になれますか」「どうしたら教師になれますか」という就職動向や試験の難しさについての悩みを聴く。

こうして進路や今後の人生について悩むこと自体が学生の特権でもあるのだから、失礼ながらうらやましく思いながら、応援するのが私の仕事である。ただ、本章で言いたいのは、教師になるために何を学ぶかということ、さらに教師になるために悩むこと自体が不可欠のプロセスだということである。

第一節　なぜ教師論なのか

教師になるために**教師論**を学ぶというのが、本書の最大の目的である。その前提には、教師になるには、教師論を学ばなければならないという事情がある。どの大学でも、学校の教員になるために必須となる**教員免許状**を取得しようとすると、そのためのカリキュラムである**教職課程**に登録する。そうすると教師論や教職概論と題する授業科目が必修になる。必修だから機械的に登録するのだが、その前提をまず疑って、そのうえで深く理解しておくことが、大学で学問を学ぶ、あるいは、アクティブに実践的知見を身につけるためには必要である。考えてみれば、世の中の多くの職業において、資格を問われる専門職でも、その職業に就くために、その職業そのものの理論を学ぶことが義務づけられているのは、希なことなのである。

法令で定められる授業内容

まず、一人の学生が教師になるというプロセスであるが、これは、社会や制度からみると、**教員養成**という言葉で表現できる。日本国に学校の教員が必要であるから、法律で教員になるための制度を定めて、大学で養成するわけである。この制度の中心となるのが、**教育職員免許法**（昭和二十四年五月三十一日法律第百四十七号）という法律である。**免許**というのは運転免許にみられるように、その免許がない人の行為が禁止される、罰則が課されるものである。国会で議決されて公布される**法律**によることからも、教員免許状が社会や国家のなかで重みがあることがわかる。なお、ここまでの数行で、教師、教員、教育職員と似たような言葉が三つも出てきたが、これらの言葉の定義は第3章まで待ってほしい。

続いて、この法律には、免許を受けるためにどんな条件が必要かが定められている。この制度の説明も第9章と第13章まで待ってほしい。いや、そこでも説明できないぐらい、実際には詳細にルールが定められており、法律に基づいて内閣総理大臣が出す**政令**や、各省の大臣が定めることができる**省令**が出されている。こういった法律や政令や省令などは**法令**と総称され、国民の権利や義務にかかわる重要なものとして、**法的拘束力**がある。

さて、教育職員の免許を得ようとする場合に、ここで言う教師論が必修となるという規定は、文部省、現在では文部科学省が定めた**教育職員免許法施行規則**（昭和二十九年十月二十七日文部省令第二十六号）という省令にある。次に教師論に関する箇所として、中学校教諭の該当箇所を見てみよう。幼稚園教諭も小学校教諭も中学校教諭も高等学校教諭も同様なので、中学校教諭について定めた第四条をそのまま掲げておく。関係するのは「教職の意義及び教員の役割・職務内容（チーム学校運営への対応を含む。）」の箇所である。関係する文言に網かけを引いておいたので、確認してほしい。

教育職員免許法施行規則（昭和二十九年十月二十七日文部省令第二十六号）

第四条　免許法別表第一に規定する中学校教諭の普通免許状の授与を受ける場合の教科及び教職に関する科目の単位の修得方法は、次の表の定めるところによる。

第一欄	教科及び教職に関する科目	右項の各科目に含めることが必要な事項	最低修得単位数 専修免許状	最低修得単位数 一種免許状	最低修得単位数 二種免許状
第二欄	教科及び教科の指導法に関する科目	教科に関する専門的事項	二八	二八	一二
		各教科の指導法（情報機器及び教材の活用を含む。）			
第三欄	教育の基礎的理解に関する科目	教育の理念並びに教育に関する歴史及び思想	一〇（六）	一〇（六）	六（三）
		教職の意義及び教員の役割・職務内容（チーム学校運営への対応を含む。）			
		教育に関する社会的、制度的又は経営的事項（学校と地域との連携及び学校安全への対応を含む。）			
		幼児、児童及び生徒の心身の発達及び学習の過程			
		特別の支援を必要とする幼児、児童及び生徒に対する理解			
		教育課程の意義及び編成の方法（カリキュラム・マネジメントを含む。）			
第四欄	道徳、総合的な学習の時間等の指導法及び生徒指導、教育相談等に関する科目	道徳の理論及び指導法	一〇（六）	一〇（六）	六（四）
		総合的な学習の時間の指導法			
		特別活動の指導法			
		教育の方法及び技術（情報機器及び教材の活用を含む。）			
		生徒指導の理論及び方法			
		教育相談（カウンセリングに関する基礎的な知識を含む。）の理論及び方法			
		進路指導及びキャリア教育の理論及び方法			
第五欄	教育実践に関する科目	教育実習	五（三）	五（三）	五（三）
		教職実践演習	二	二	二
第六欄	大学が独自に設定する科目		二八	四	四

〔後略〕

本題の説明に入る前に、すこし用語を説明する。法律などが国会で最終的に議決されると国民はニュースで知るのであるが、正式には政府の新聞である『官報』に掲載されて**公布**されることになる。この公布があってはじめて法令の有効性つまり法的拘束力が生じて**施行**される。その施行の年月日は公布の六か月後が標準だが、法令によっては即日施行にしたり、何年も後に施行することがある。法律は国会が、政令は内閣総理大臣が、省令は大臣が、それぞれ変更できる。これを**改正**と言う。改正には法律のある部分を改正する**一部改正**と、まるごと変更する**全部改正**がある。生きている法律というものは社会の変化に応じて何度も一部改正をされていく。公布された日付は、いわば誕生日のようなものであるから、最初の公布年月日は一部改正をされても記録され続ける。引用ではその年だけを表示することも多い。その年に多くの法令として公布された順番は、**法令番号**と言われるナンバリングがなされ記録され続ける。

先ほど引用した教育職員免許法施行規則は、教育職員免許法を施行するための規則である。教育職員免許法は、戦後教育改革が進むなか戦後の新しい法律として、一九四九（昭和二四）年五月三一日に「昭和二十四年法律第百四十七号」という法令番号をつけて公布された。そのための教育職員免許法施行規則は、一九四九年一一月一日に「昭和二十四年文部省令第三十八号」として、文部省令として公布された。しかし、制度の変更が大きいために教育職員免許法施行規則は、一九五四（昭和二九）年一〇月二七日に一部改正ではなく全部改正となって、法令番号も改まって「昭和二十九年文部省令第二十六号」となったのである。その後も二〇一九（令和元）年までに六三回も改正があったが、すべて一部改正なので、文部省が文部科学省となった現在も「昭和二十九年文部省令第二十六号」と全部改正時の法令番号を付して呼ばれるのである。前置きの説明が長すぎたが、本書の法令読解に不可欠の用語であるから、覚えておいてほしい。

教職の意義や教員の役割・職務内容など

教育職員免許法施行規則の第四条の引用した網かけの部分を見てほしい。幼稚園教諭や小学校教諭や中学校教諭や高等学校教諭になるために、大学で学ぶことになる「教科及び教職に関する科目」のなかに、「教育の基礎的理解に関する科目」がある。そのなかに「教職の意義及び教員の役割・職務内容（チーム学校運営への対応を含む。）」という「右項の各科目に含めることが必要な事項」がある。この事項を学んで単位を修得しなければ、免許は出ないわけである。これらは授業科目名として長すぎるから、大学での授業科目名は、「教師論」や「教職概論」などと各大学ごとに多様に定められている。法律の世界の文法では、「及び」はその前と後をandのようにつないで、両方を含む言葉である。つまり教師論には「教職の意義」と「教員の役割・職務内容」の両方が含まれる。さらに（　）のなかも、「含む」と言うのだから、「（チーム学校運営への対応を含む。）」のだ。ちなみに、この（　）のなかに、「。」があることは、普通の文章では違和感があるだろうが、法律の世界の文法では正しい。こうした文法があるから、行政官も法律家も、そして教師も、一つの文章を同じように解釈できるのである。整理すると、教師論は、次の内容を必ず含まなければならない。

教師論
〔大学で定める名称〕
- 教職の意義
- 教員の役割・職務内容（チーム学校運営への対応を含む。）

『チーム学校の教師論』と題するには、このすべての内容を含むことになる。**教職の意義**とは、教職にどんな意義があるかということだから、広く現在の社会的背景や過去の歴史までも含む内容であり、本書では第2章や第3章などが該当する。つまり教師自身が教師という存在を教養として深く理解する必要がある。**教員の役割**とは、具体的に学校でどんな役割を果たすかという実践的内容である。さらに**教員の職務内容**とは、教員が法令等に定められた職務の正確な内容を理解しておく必要があり、本書では第4章から第6章が該当する。わかりやすく言うと、教師には、しなければならないことや、してはならないことが、法令によって定められているということだ。それを必ず教師論で学んでから、実践の現場に行くわけである。さらに現在では**チームとしての学校**、略して**チーム学校**という第14章で説明する課題が強調されている。ただ一人の教員だけではなく、様々な専門家も含めた集団として役割や職務を果たしていく課題がある。こうした内容を学生がきちんと理解したうえで、学校教員になると定められているのである。

この現行の規定は、もちろん一九四九（昭和二四）年のままではなく、二〇一七（平成二九）年一一月一七日に『官報』（号外第二四九号）により公布された、同日付の「教育職員免許法施行規則及び免許状更新講習規則の一部を改正する省令」（平成二十九年十一月十七日文部科学省令第四十一号）によって一部改正がされたものである。この一部改正は、二〇一九（平成三一）年四月一日から施行された。つまり、日本中の教員養成を行う大学などで、この改正内容が実施されたわけである。

課程認定と教師論の変化

それでは、**教師論**は、いつから登場したのかが気になる。教師論に相当する授業科目が教員養成で必須となったのは、それほど昔ではなく、二〇世紀末のことである。一九九八（平成一〇）年に「教育職員免許法の一部を改正する法律」（平成十年六月十日法律第九十八号）により教育職員免許法が一部改正されて、多くの大学では二〇〇〇（平成一二）年度から新しい教職課程が実施された。この法律の一部改正に伴って平成十年六月二十五日文部省令第二十八号により教育職員免許法施行規則が一部改正されて、幼稚園から高等学校の教諭の免許状を受けるために「含むことが必要な内容」として「教職の意義及び教員の役割」と「教員の職務内容（研修、服務及び身分保障等を含む。）」と「進路選択に資する各種機会の提供等」の三つが定められ、これが各大学で「教師論」や「教職概論」などとして開設された。

すでにみたように、教師論に含まれる内容は、現在は「教職の意義」と「（チーム学校運営への対応を含む。）」と指定された「教員の役割・職務内容」となっている。そう考えると、現在の規定以前の約二〇年間の当初の規定のほうが、三項目にわたって、より具体的に規定されていたようにも思える。当初の規定は、「教職の意義及び教員の役割」として包括的に意義や役割を学ぶことを定め、「教員の職務内容（研修、服務及び身分保障等を含む。）」として具体的に職務についての必要な内容を規定して、さらに「進路選択に資する各種機会の提供等」として実際に教員になるためのルートを提示する内容となる。このうち、従来の二項目が簡略化されて「教職の意義及び教員の役割・職務内容」となり、新しい動向である「（チーム学校運営への対応を含む。）」が注記としてつけ加わったと言えるので、従来の三つ目の「進路選択に資する各種機会の提供等」は省略されたことになる。

そう考えると、現在の教師論は、過去二〇年間よりも必須の内容が粗略になったと思われてしまうが、実際には逆である。法的拘束力のある法律と省令に定められるのは以上であるが、この一方で実際に教員養成を行う大学などは、文部科学省の所管のもと、**課程認定**と呼ばれる厳密な審査を経て教員養成を行うことが認定されているのである。「あの学科の学生は教員免許状がもらえるのに、自分の学部学科ではもらえないのはなぜか」と、入学してから気づいて悔しがる学生が、どの大学にもいる。文部科学省の課程認定が通常は学部・学科・専攻を基準に行われるからである。

この課程認定の厳密さは、実際に経験のある大学の教員や職員は実感しているが、他の学校の教員に説明してもなかなか理解してもらえない。先に結論を言えば、小学校などの教員は免許があるのだから、法令や学習指導要領、検定済みの教科用図書に基づいて水準を確保した教育が実施されているというのが日本の制度である。一方、学問の自由のもとに高度な学問の教育研究が行われる大学の教員には免許制度はなく、その自律性が重んじられている。ところが、学校の教員に免許を与えるための教員養成を行うのは大学であるから、その大学の学部学科の教育課程が教員養成にふさわしいかを審査する必要が起こるのである。*1

こうして、課程認定は、学部学科の教育課程として教育職員免許法施行規則に定められている授業科目が開設されているかどうかにはじまり、その授業科目の内容が基準を満たしているかをシラバスなどでチェックして、担当する教員がその授業科目を担当できる研究業績を持っているかを判定する教員審査などが行われる。大学が文部科学省に提出する書類は、一学科でも数百枚に達する分量となる。大学の教員は気楽な稼業だと思われることがあるが、実際には授業科目ごと、一つひとつの過去一〇年間の研究業績審査を文部科学省が個別審査するのだから、ここまで厳しい審査は他の専門職でも珍しい。

さて、ここで教師論に戻ろう。授業科目ごとの内容の審査は、従来は教育職員免許法に定める三つの項目が授業内容に含まれ、かつ、それを担当する大学教員がその分野の研究業績を持っているかどうかであった。これに対して、現在は、この授業内容の規定は一見すると省略されているが、実際には図表1のように、詳細に規定され、この項目がすべて含まれているかを一つひとつチェックするように変化したのである。この表は、**教職課程コアカリ**

図表1　教職課程コアカリキュラム

教職の意義及び教員の役割・職務内容（チーム学校運営への対応を含む。）

全体目標：　現代社会における教職の重要性の高まりを背景に、教職の意義、教員の役割・資質能力・職務内容等について身に付け、教職への意欲を高め、さらに適性を判断し、進路選択に資する教職の在り方を理解する。

(1) 教職の意義

一般目標：　我が国における今日の学校教育や教職の社会的意義を理解する。

到達目標：　1）公教育の目的とその担い手である教員の存在意義を理解している。

2）進路選択に向け、他の職業との比較を通して、教職の職業的特徴を理解している。

(2) 教員の役割

一般目標：　教育の動向を踏まえ、今日の教員に求められる役割や資質能力を理解する。

到達目標：　1）教職観の変遷を踏まえ、今日の教員に求められる役割を理解している。

2）今日の教員に求められる基礎的な資質能力を理解している。

(3) 教員の職務内容

一般目標：　教員の職務内容の全体像や教員に課せられる服務上・身分上の義務を理解する。

到達目標：　1）幼児、児童及び生徒への指導及び指導以外の校務を含めた教員の職務の全体像を理解している。

2）教員研修の意義及び制度上の位置付け並びに専門職として適切に職務を遂行するため生涯にわたって学び続けることの必要性を理解している。

3）教員に課せられる服務上・身分上の義務及び身分保障を理解している。

(4) チーム学校運営への対応

一般目標：　学校の担う役割が拡大・多様化する中で、学校が内外の専門家等と連携・分担して対応する必要性について理解する。

到達目標：　1）校内の教職員や多様な専門性を持つ人材と効果的に連携・分担し、チームとして組織的に諸課題に対応することの重要性を理解している。

キュラムと呼ばれるもので、他の教職課程の科目についても規定されている。[*2]

こうした話を「ウラ話」だと思う読者も多いだろうが、法令に基づく制度としての課程認定の運用であるから、「オモテの話」である。なお、大学の教職課程にかかわる教員が毎年審査を受けるように記憶されると同情を買いすぎるので、実際には一〇年ぐらいでやってくる学習指導要領全部改正と連動して、全国の大学を一斉に審査する再課程認定として実施されることが通例であることは、付言しておく。いずれにせよ、どの大学で、どの教員から、どの校種や教科の免許状のために教師論などを履修しても、その最低限の内容や水準は保障されており、それだから教師になるために必須なのだと理解しておいてほしい。

また、この説明からは前世紀に免許を取った教員は、教師論を学ばずに教壇に立っていたことになるが、第2章と第13章でも語るように明治期から日本の教員養成では教員に求める資質・能力を明確にしてきた歴史がある。従来は教育原理・教育学の概論に含まれていた内容が、独自に教師論を学ぶ必要が増大して、前世紀末に分化してきたわけである。つまり、教師論では、教師とは何かを歴史や現実から会得し、さらに実践の場でするべきこと、してはならないことを法令などで会得し、さらに教師となるためにチーム学校などの多様な実践的知見を学ぶのである。

第二節　どうしたら教師になれるのか

第一節を読み終えると、二〇世紀末に教師論が登場したときには規定され、現在は含まれていない「進路選択に資する各種機会の提供等」という項目が気になったはずである。私の講義ではそのデータや分析を示すだけではなく、現職教員を招聘して体験談を語ってもらったり、教育委員会と連携して説明会を開催したり、大学の就職担当職員に説明をしてもらったりという授業内の特別企画を続けてきた。ただ、こうした企画のためにゲストの時間を調整して授業として運営するのは簡単ではない。それよりもどの大学でも、進路ガイダンスや個別相談の体制が、この二〇年間で充実していったポジティブな変化がある。こうしたなかで、もはや当然となった「進路選択に資する各種機会の提供等」が明記されなくなったのは、理解しやすいだろう。

教員採用は選考である

教師論を理解するためには、理念や法令の学習にとどまらず、リアルな就職動向や現実の職場環境などを考える必要が大きくある。教師論で何を学ぶのかと考えるリアリティには、前提として「どうしたら教師になれるのか」という進路を理解しておく必要がある。ここでは、まず、教員の**採用**について、原理原則だけを提示したい。詳しい内容は、第7章に記している。

本書に先立つ二〇〇二（平成一四）年刊行の『教師論』では、第1章を「教員養成をめぐる苦難と混迷の時期が続いている」と書き始めた。その時期は、少子高齢化の社会動向のなかで学校の統廃合が進み、都道府県教育委員会や政令指定都市教育委員会による採用人数が大きく低下していた。続く二〇一四（平成二六）年刊行の『新しい教師論』では、採用人数が上昇に転じている動向を踏まえて記した。そして、本書では、むしろ教員志願者が減少するなか、採用する側が対応を迫られる時代になったことを前提に記していくことになる。つまり、ほんの二〇年の間に、採用をめぐる大きな変化があったことになる。

毎年の教員採用の最大のルートは、都道府県教育委員会によって実施されるものである。その原理原則は、公務員である教員について定めた法律である**教育公務員特例法**（昭和二十四年一月十二日法律第一号）に書いてある。国公立の学校の教員にはこの法律が適用される。第十一条は長いので読みにくいだろうが、傍線を引いたところだけを見てほしい。

教育公務員特例法（昭和二十四年一月十二日法律第一号）

（採用及び昇任の方法）

第十一条　公立学校の校長の採用（現に校長の職以外の職に任命されている者を校長の職に任命する場合を含む。）並びに教員の採用（現に教員の職以外の職に任命されている者を教員の職に任命する場合を含む。以下この条において同じ。）及び昇任（採用に該当するものを除く。）は、選考によるものとし、その選考は、大学附置の学校にあつては当該大学の学長が、大学附置の学校以外の公立学校（幼保連携型認定こども園を除く。）にあつてはその校長及び教員の任命権者である教育委員会の教育長が、大学附置の学校以外の公立学校（幼保連携型認定こども園に限る。）にあつてはその校長及び教員の任命権者である地方公共団体の長が行う。

つまり教員の採用は、**選考**であるという規定である。一般には、教員の採用のための選考は、**教員採用試験**という、点数を争う競争試験の一種として理解されている。しかし、正式には、選考という方式であり、教員としての能力や適性をみる人物重視のスタイルで実施される。二つをあわせて**教員採用選考試験**という長い言葉もある。集団面接、個別面接、模擬授業という時間をかけた試験が行われるほか、教職教養、専門教養、一般教養といった分野の筆記試験も取り入れて行われるので、実際には競争試験としての実態もある。多人数を一度に採用する公立学校の教員採用試験では、第一次試験で筆記試験などを行い、その合格者を対象とした第二次試験になって面接などの試験を行う二段階選抜が一般的である。この教員採用試験の受験資格は、**教員免許状**を持っている者か、同年度の卒業時に教員免許状を受ける予定の現役学生のみである。

とても説教くさくなるが、教員になるためには大学で勉強して単位を取得して免許を取るのは受験資格としての必須事項であって、そのうえに求められるのは単なる点数の勝負だけではなく、実践的な力量や人間的な魅力など子どもたちに影響を与えるものだから、選考と言うのだということである。これはタテマエではない。教員採用試験の一次試験は点数中心のペーパー試験が普通だが、二次試験では面接や模擬授業が重視され、人物評価が重視される傾向が近年顕著になっている。

開放制の教員養成と近年の変化

戦後日本の教員養成は、原則として大学で行われてきた。文部省、文部科学省から課程認定を受けた大学の課程に在学する学生が、大学で必要な学位や単位等を受けることにより教員免許を取得することが原則である。大学のなかでも、戦前からの教員養成の伝統を持つ国立の教員養成大学・学部、つまり学芸大学、教育大学、教育学部という名称の教員養成課程が多くの卒業生を送り出すとともに、教員養成を直接の目的としない国公私立大学の学部・学科の卒業生も条件を満たせば免許状を受けることが可能である。これを**開放制**の教員養成と言う。

二〇世紀末、国立大学の教員養成課程の入学定員は、一九八六（昭和六一）年度には約二万人であったが、一九九七（平成九）年度に約一万五〇〇〇人まで縮小され、さらに二〇〇〇（平成一二）年度には約一万人にまで削

図表２　受験者数・採用者数・競争率（採用倍率）の推移

文部科学省「令和元年度公立学校教員採用選考試験の実施状況について」2019年12月23日より

（注）「総計」は小学校、中学校、高等学校、特別支援学校、養護教諭、栄養教諭の合計

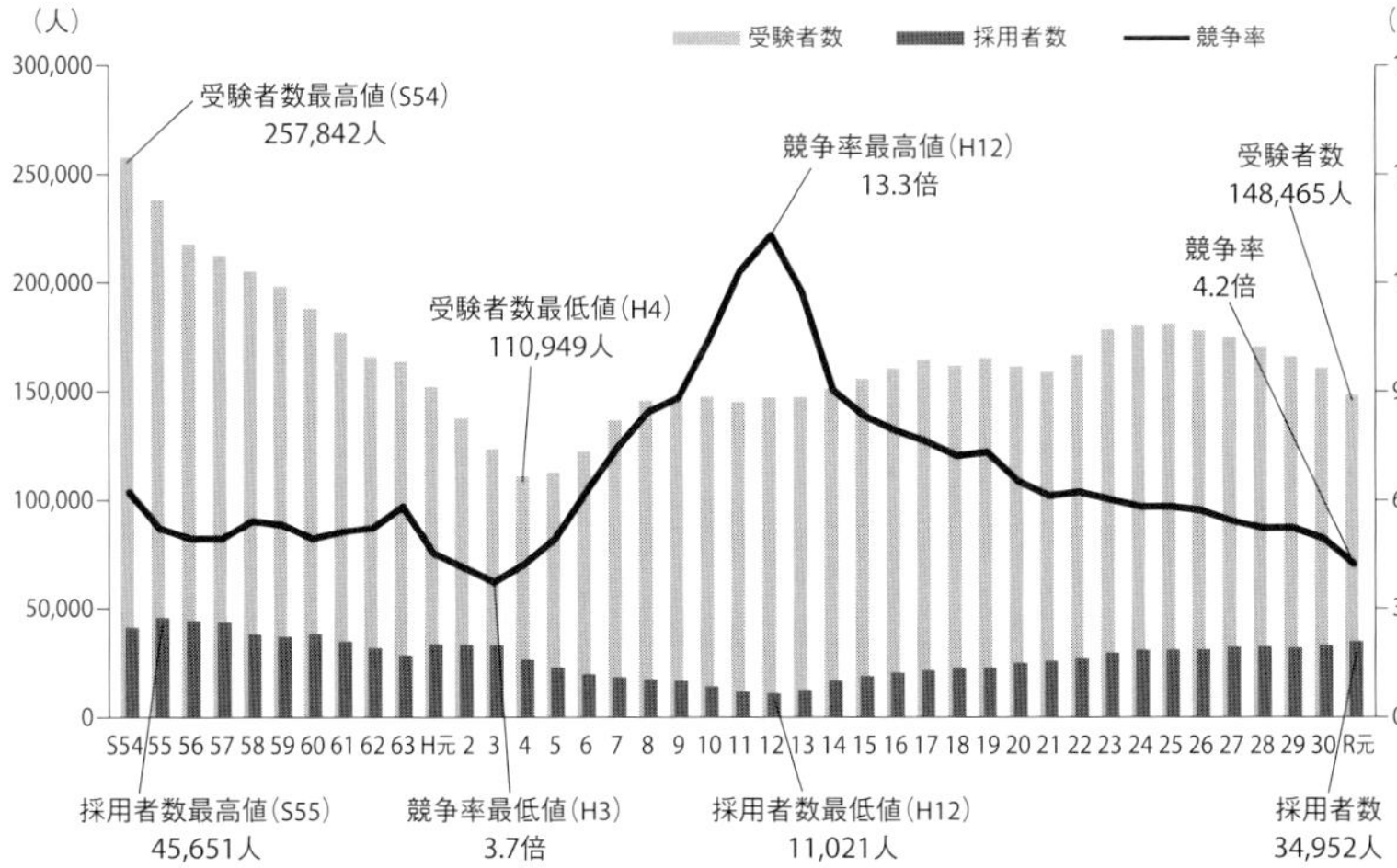

減された。そして、文字どおり半減した教員養成課程の入学定員合計一万人程度という枠組みを前提に、近隣都道府県の教員養成大学・学部間の統廃合なども検討された。[3] また、国立の教員養成大学・学部の二〇〇一（平成一三）年三月卒業者の就職状況について見ると、教員就職者は三七・八パーセントであり、一九九五（平成七）年の四七・六パーセントよりさらに一〇ポイントも減少している状況があった。その内訳も卒業時に教諭として正規に就職した者は全体の一割少々という厳しい実態が存在したのである。[4] この当時、教員養成を直接の目的としない国公私立の大学を卒業した教員志願者は、さらに厳しい状況であったことは言うまでもない。こうしたなか、そろそろ採用人数の減少が底を打つという予想が語られ、二〇〇一年には上昇に転じたという傾向が報道され始めた。[5]

二一世紀に入ってから一〇年余りの教員採用動向の改善は注目すべきものであった。図表２には全体のグラフ、図表３には、学校種別ごとの長期の数値を示した。

特別支援学校			養護教諭			栄養教諭			総計		
受験者数	採用者数	競争率	受験者数	採用者数	競争率	受験者数	採用者数	競争率	受験者数	採用者数	競争率
3,453	2,080	1.7	9,664	2,477	3.9	−	−	−	257,842	41,304	6.2
3,385	1,795	1.9	10,287	2,337	4.4	−	−	−	238,411	45,651	5.2
3,204	1,404	2.3	9,667	1,966	4.9	−	−	−	217,864	44,386	4.9
3,156	1,622	1.9	9,330	1,610	5.8	−	−	−	212,876	43,724	4.9
2,838	1,424	2.0	9,243	1,594	5.8	−	−	−	205,600	38,106	5.4
3,180	1,272	2.5	8,852	1,612	5.5	−	−	−	198,267	37,181	5.3
3,346	1,548	2.2	8,285	1,457	5.7	−	−	−	188,019	38,239	4.9
3,417	1,462	2.3	7,941	1,196	6.6	−	−	−	177,295	34,982	5.1
3,195	1,445	2.2	7,512	1,181	6.4	−	−	−	165,831	31,926	5.2
3,034	1,372	2.2	7,702	1,089	7.1	−	−	−	163,654	28,413	5.8
2,967	1,561	1.9	7,401	1,197	6.2	−	−	−	152,097	33,615	4.5
2,777	1,916	1.4	6,940	1,126	6.2	−	−	−	137,625	33,364	4.1
2,711	2,070	1.3	6,644	1,448	4.6	−	−	−	123,575	33,131	3.7
2,960	1,724	1.7	6,238	1,332	4.7	−	−	−	110,949	26,265	4.2
2,873	1,557	1.8	6,067	1,031	5.9	−	−	−	112,771	22,821	4.9
3,258	1,328	2.5	6,443	880	7.3	−	−	−	122,356	19,834	6.2
3,783	1,213	3.1	6,736	806	8.4	−	−	−	136,551	18,407	7.4
4,114	1,337	3.1	6,833	768	8.9	−	−	−	145,681	17,277	8.4
4,270	1,350	3.2	6,706	656	10.2	−	−	−	146,932	16,613	8.8
4,728	1,358	3.5	6,922	584	11.9	−	−	−	147,542	14,178	10.4
4,870	1,175	4.1	6,766	477	14.2	−	−	−	145,067	11,787	12.3
5,733	1,101	5.2	6,888	504	13.7	−	−	−	147,098	11,021	13.3
5,911	1,076	5.5	6,726	500	13.5	−	−	−	147,425	12,606	11.7
5,617	1,278	4.4	7,000	708	9.9	−	−	−	150,977	16,688	9.0
5,703	1,399	4.1	7,312	694	10.5	−	−	−	155,624	18,801	8.3
6,094	1,525	4.0	7,740	749	10.3	−	−	−	160,357	20,314	7.9
5,908	1,486	4.0	8,086	744	10.9	−	−	−	164,393	21,606	7.6
6,012	1,480	4.1	8,196	835	9.8	−	−	−	161,443	22,537	7.2
6,215	1,413	4.4	8,362	840	10.0	304	73	4.2	165,251	22,647	7.3
6,827	1,939	3.5	8,611	886	9.7	259	44	5.9	161,300	24,850	6.5
7,322	2,104	3.5	8,989	973	9.2	820	99	8.3	158,874	25,897	6.1
8,092	2,365	3.4	9,228	982	9.4	1,201	161	7.5	166,747	26,886	6.2
8,939	2,533	3.5	9,552	1,095	8.7	1,318	150	8.8	178,380	29,633	6.0
9,198	2,672	3.4	9,715	1,184	8.2	1,367	131	10.4	180,238	30,930	5.8
10,172	2,863	3.6	9,827	1,171	8.4	1,390	152	9.1	180,902	31,107	5.8
10,388	2,654	3.9	9,578	1,174	8.2	1,562	163	9.6	177,820	31,259	5.7
11,004	2,924	3.8	9,783	1,338	7.3	1,651	179	9.2	174,976	32,244	5.4
10,601	2,846	3.7	9,890	1,334	7.4	1,602	208	7.7	170,455	32,472	5.2
10,513	2,797	3.8	9,840	1,328	7.4	1,813	239	7.6	166,068	31,961	5.2
10,837	3,127	3.5	9,696	1,451	6.7	1,886	254	7.4	160,667	32,986	4.9
10,417	3,226	3.2	9,212	1,468	6.3	1,864	234	8.0	148,465	34,952	4.2

図表３　受験者数、採用者数、競争率（採用倍率）の長期的推移

文部科学省「令和元年度公立学校教員採用選考試験の実施状況について」2019年12月23日より

	小学校			中学校			高等学校		
年度	受験者数	採用者数	競争率	受験者数	採用者数	競争率	受験者数	採用者数	競争率
昭和54	73,090	22,975	3.2	104,833	7,353	14.3	66,802	6,419	10.4
55	74,822	22,710	3.3	93,765	11,679	8.0	56,152	7,130	7.9
56	70,821	21,584	3.3	86,915	12,922	6.7	47,257	6,510	7.3
57	71,940	19,276	3.7	88,887	16,134	5.5	39,563	5,082	7.8
58	68,241	15,216	4.5	80,621	12,412	6.5	44,657	7,460	6.0
59	65,260	12,824	5.1	74,148	12,757	5.8	46,827	8,716	5.4
60	59,394	11,386	5.2	69,223	13,485	5.1	47,771	10,363	4.6
61	54,885	11,543	4.8	65,728	12,998	5.1	45,324	7,783	5.8
62	50,218	10,784	4.7	60,300	10,943	5.5	44,606	7,573	5.9
63	49,536	10,510	4.7	57,097	7,673	7.4	46,285	7,769	6.0
平成元	48,432	13,938	3.5	49,754	9,130	5.4	43,543	7,789	5.6
2	44,160	14,039	3.1	45,597	9,509	4.8	38,151	6,774	5.6
3	39,978	14,131	2.8	41,496	9,869	4.2	32,746	5,613	5.8
4	34,739	10,987	3.2	39,005	7,839	5.0	28,007	4,383	6.4
5	34,735	9,413	3.7	39,279	6,499	6.0	29,817	4,321	6.9
6	37,392	7,784	4.8	42,376	5,294	8.0	32,887	4,548	7.2
7	41,542	6,742	6.2	47,486	5,414	8.8	37,004	4,232	8.7
8	44,546	5,772	7.7	50,920	5,759	8.8	39,268	3,641	10.8
9	45,241	5,392	8.4	53,052	5,676	9.3	37,663	3,539	10.6
10	45,872	4,542	10.1	52,583	4,275	12.3	37,437	3,419	10.9
11	46,158	3,844	12.0	49,542	3,110	15.9	37,731	3,181	11.9
12	46,156	3,683	12.5	47,846	2,673	17.9	40,475	3,060	13.2
13	46,770	5,017	9.3	44,772	2,790	16.0	43,246	3,223	13.4
14	49,437	7,787	6.3	46,574	3,871	12.0	42,349	3,044	13.9
15	50,139	9,431	5.3	50,057	4,226	11.8	42,413	3,051	13.9
16	50,446	10,483	4.8	53,871	4,572	11.8	42,206	2,985	14.1
17	51,973	11,522	4.5	59,845	5,100	11.7	38,581	2,754	14.0
18	51,763	12,430	4.2	59,879	5,118	11.7	35,593	2,674	13.3
19	53,398	11,588	4.6	60,527	6,170	9.8	36,445	2,563	14.2
20	53,061	12,372	4.3	58,647	6,470	9.1	33,895	3,139	10.8
21	51,804	12,437	4.2	56,568	6,717	8.4	33,371	3,567	9.4
22	54,418	12,284	4.4	59,060	6,807	8.7	34,748	4,287	8.1
23	57,817	12,883	4.5	63,125	8,068	7.8	37,629	4,904	7.7
24	59,230	13,598	4.4	62,793	8,156	7.7	37,935	5,189	7.3
25	58,703	13,626	4.3	62,998	8,383	7.5	37,812	4,912	7.7
26	57,178	13,783	4.1	62,006	8,358	7.4	37,108	5,127	7.2
27	55,834	14,355	3.9	60,320	8,411	7.2	36,384	5,037	7.2
28	53,606	14,699	3.6	59,076	8,277	7.1	35,680	5,108	7.0
29	52,161	15,019	3.5	57,564	7,751	7.4	34,177	4,827	7.1
30	51,197	15,935	3.2	54,266	7,988	6.8	32,785	4,231	7.7
令和元	47,661	17,029	2.8	49,190	8,650	5.7	30,121	4,345	6.9

（注）各年度の数値は、各年度の「公立学校教員採用選考試験の実施状況について」の公表値

図表2のグラフの推移と図表3の種別ごとの実数を見てみよう。全体をとおして見ると、二〇〇〇（平成一二）年つまり前世紀末が、教員採用数が最低の全国一万人余りで、競争率一三・三倍という、まさに教員採用冬の時代となっていた。これが、二〇年間で回復していくのである。二〇〇〇年から二〇一九（令和元）年までの合計二〇年間で見ると、教員採用数は三万五〇〇〇人余りと三倍に増えた。競争倍率は四・二倍と三分の一に低下した。とりわけ、小学校教員の倍率は二・八倍まで下落している。同様の傾向が、中学校、高等学校、特別支援学校でも進んだ。この背景は、少子化傾向が改善して学校数が増えたのではなく、「団塊の世代」と呼ばれる前後の教員が定年退職を迎えることに連動して教員採用者数が増加したことが大きい。また、一クラスあたりの児童生徒数を減らす少人数学級に取り組むため、教員を増員する施策を採用した自治体の方針も影響した。

受験者数は、一九九二（平成四）年を最低として、その後三〇年間は増加している。ある程度の採用倍率を維持するためにも、大都市圏の教育委員会は募集広報を積極的に行った。国立教員養成大学・学部の縮小策が二〇世紀末に進んだことも見直され、私立大学においても教員養成の学部・学科の増設が進んだ。ただ、グラフの流れを見るとこの一〇年間は、受験者数が低下していることもわかる。これは景気回復による民間への就職のほか、第12章で述べる教員の働き方改革の前提をなす教員離れが影響している。

教員養成大学と教員経験者の強さ

二〇二〇（令和二）年度の採用者の学歴別内訳を図表4に示した。第2章で教員養成の歴史を概観すると、師範学校の伝統をくむ国立の教員養成大学・学部が小学校教員養成で力を持つ理由が理解できる。しかし、その「教員養成大学・学部」の項目を見ると、現在では小学校教員の受験者数でも採用者数でも、「一般大学」の項目にな

図表４　受験者数、採用者数の学歴別内訳

文部科学省「令和元年度公立学校教員採用選考試験の実施状況について」2019年12月23日より

単位：人、（　）は比率

区分		小学校	中学校	高等学校	特別支援学校	養護教諭	栄養教諭	計
受験者	国立教員養成大学・学部	10,947 （23.0%）	6,402 （13.0%）	3,090 （10.3%）	1,669 （16.0%）	1,150 （12.5%）	5 （0.3%）	23,263 （15.7%）
	一般大学・学部	32,102 （67.4%）	37,013 （75.2%）	21,974 （73.0%）	7,561 （72.6%）	5,838 （63.4%）	1,408 （75.5%）	105,896 （71.3%）
	短期大学等	2,200 （4.6%）	937 （1.9%）	64 （0.2%）	304 （2.9%）	1,983 （21.5%）	415 （22.3%）	5,903 （4.0%）
	大学院	2,412 （5.1%）	4,838 （9.8%）	4,993 （16.6%）	883 （8.5%）	241 （2.6%）	36 （1.9%）	13,403 （9.0%）
	計	47,661	49,190	30,121	10,417	9,212	1,864	148,465
採用者	国立教員養成大学・学部	5,413 （31.8%）	1,965 （22.7%）	674 （15.5%）	727 （22.5%）	323 （22.0%）	1 （0.4%）	9,103 （26.0%）
	一般大学・学部	10,249 （60.2%）	5,595 （64.7%）	2,768 （63.7%）	2,138 （66.3%）	906 （61.7%）	205 （87.6%）	21,861 （62.5%）
	短期大学等	464 （2.7%）	145 （1.7%）	23 （0.5%）	64 （2.0%）	194 （13.2%）	27 （11.5%）	917 （2.6%）
	大学院	903 （5.3%）	945 （10.9%）	880 （20.3%）	297 （9.2%）	45 （3.1%）	1 （0.4%）	3,071 （8.8%）
	計	17,029	8,650	4,345	3,226	1,468	234	34,952
採用率（%）	国立教員養成大学・学部	49.4%	30.7%	21.8%	43.6%	28.1%	20.0%	39.1%
	一般大学・学部	31.9%	15.1%	12.6%	28.3%	15.5%	14.6%	20.6%
	短期大学等	21.1%	15.5%	35.9%	21.1%	9.8%	6.5%	15.5%
	大学院	37.4%	19.5%	17.6%	33.6%	18.7%	2.8%	22.9%
	計	35.7%	17.6%	14.4%	31.0%	15.9%	12.6%	23.5%

（注）1. 採用率（%）は、採用者数÷受験者数である。
2. 「国立教員養成大学・学部」とは、国立の教員養成大学・学部出身者をいう。
3. 「短期大学等」には、短期大学のほか、指定教員養成機関、高等専門学校、高等学校、専修学校等出身者等を含む。

図表5　採用者数に占める教職経験者、民間企業等勤務経験者の数及び割合

文部科学省「令和元年度公立学校教員採用選考試験の実施状況について」2019年12月23日より

区分	採用者（人）					
	全体	教職経験者〔内数〕	臨時的任用教員等のみ〔内数〕	教職経験者の割合（%）	民間企業等勤務経験者〔内数〕	民間企業等勤務経験者の割合（%）
小学校	17,029	8,253	6,957	48.5%	522	3.1%
中学校	8,650	4,958	4,158	57.3%	340	3.9%
高等学校	4,345	2,439	2,130	56.1%	247	5.7%
特別支援学校	3,226	1,990	1,696	61.7%	192	6.0%
養護教諭	1,468	831	724	56.6%	87	5.9%
栄養教諭	234	98	85	41.9%	27	11.5%
計	34,952	18,569	15,750	53,1%	1,415	4.0%

（注）1.「教職経験者」とは、公立学校教員採用前の職として国公私立学校の教員であった者をいう。
2.「臨時的任用教員等のみ」とは、国公私立学校の臨時的任用教員、非常勤教員等として勤務していた経験のみを有する者をいう。
3.「民間企業等勤務経験者」とは、公立学校教員採用前の職として教職以外の継続的な雇用に係る勤務経験のあった者をいう。ただし、いわゆるアルバイトの経験は除く。

る他の国公私立の学部と比較して、実は少なくなっていることがわかる。もちろん大学四年間を、教員養成で鍛えられた「教員養成大学・学部」卒業者は、採用率において四九・四パーセントと他をしのぐ強みを示している。しかし、中学校、高等学校の教員採用数では、「一般大学」が多くを占める。第9章では免許制度の動向を概観するが、受験者数でも採用倍率でも、二種免許状を受ける「短期大学等」が少なく、専修免許状を受ける「大学院」は多い。学歴の高度化を進めようとする教員免許制度改革を先取りするかのように、教員の学歴実態が変化していることが理解できる。

教員採用が、他の一般企業や公務員等の採用と最も異なる点は、経験者が有利となる実態である。一般企業でも大学卒業者の採用と別に転職者や既卒者の採用が行われることは珍しいことではないが、教員採用試験では新卒者も既卒者も一緒に受験することになる。さらに、一定の条件を満たした教職経験

者や民間企業等勤務経験者が、受験科目の省略などの優遇を受けることが多い。

図表5は、二〇二〇（令和二）年度新規採用教員の前歴である。倍率の低い小学校教員でも「教職経験者」が五割近く、中学、高等学校、特別支援学校では六割前後である。教員採用の厳しい二〇世紀末では、教諭として正式採用されるのは、非常勤講師などに数年勤務してからという常識があった県も少なくなかった。しかし現在も、教職経験者が新規採用の多数を占めている実態は、非常勤講師などを経験してから正規に採用されるという、他の業種ではあまり見られない採用の実態が維持されていることがわかる。

私の「教師論」の講義では、こうした近年の全国動向の紹介の後、大学の就職課が集計した近年の就職状況を紹介している。通信教育課程でも、スクーリングなどの機会があるごとに情報提供の時間を設けている。他の大学でも、大学の情報提供の努力は同様である。教員採用試験の全国動向は、人生の選択について考える段階の学生や、教員の人材確保を考える教育行政関係者にとっては重要な情報であり、第7章に示すとおりその対策が真剣に模索されている。しかし、必ずつけ加えなければならないのは、これは「私は先生になれますか」という相談の回答ではないという点である。教員採用の厳しかった時代も、緩和された近年も、教員採用試験が関門であることは変わらない。倍率がさらに高くなる私立学校の採用実態も含めて、人物を見抜くための選考という方式で重視されているのは、教員になるための努力を重ねた実績と能力である。

私の授業にゲストに招いた公立小学校の教諭は、その県で採用人数が極端に少ない年の採用者だったのだが、「たとえ採用人数が県で一桁でも、自分は教師になるという決意で努力した」と語った。「私は先生になれますか」という問いには、「私が先生になるためにどうするか」という行動によってのみ答えが得られるだろう。

第三節　教職課程で学ぶもの

　ここまで、教師論の内容から教員の選考まで、制度と近年の動向を、随分と詳しく話してきたつもりである。教員免許状を希望する場合は、多くの大学では**開放制**の原則に基づいて入学した年次や二年次あたりで、**教職課程**を履修登録する。教員養成大学・学部では入学段階から教員免許を得ることが前提となっている場合もある。いずれにせよ、**教育職員免許法**により文部科学省から**課程認定**を受けた学部学科のみで、教職課程を開設して、学生が履修できる形である。

大学のなかの教職課程

　大学設置基準（昭和三十一年十月二十二日文部省令第二十八号）に基づいて、四年制の大学では卒業までに一二四単位が卒業所要単位となる。この一単位は四五時間の学習であり、大学では予習や復習も含まれている。このうち教室で行われる授業は、講義であれば一単位のうち一五時間から三〇時間、実習であれば三〇時間から四五時間などとこの基準で定められている。

　たとえば、教師論二単位は、合計九〇時間である。一単位一五時間の教室での講義とすると、講義は三〇時間、すなわち二時間一五回の講義が標準である。この話をすると、「いや、先生、うちの大学は、一コマ九〇分です」と質問がくるが、小学校は四五分が一時間で、中学校や高等学校は五〇分が一時間だったことは記憶しているだろうが、大学は小学校と並んで四五分が一時間なのである。そうなると、教育実習四単位は、一単位三〇時間の実

図表6　教員免許状を受けるための主要な単位数

1種免許状（大学の学部卒業者の1種免許状のほか、短期大学の2種免許状、大学院修士課程の専修免許状がある）		教科及び教職に関する科目						
		教科及び教科の指導法に関する科目	教育の基礎的理解に関する科目	道徳、総合的な学習の時間等の指導法及び生徒指導、教育相談等に関する科目	教育実践に関する科目		大学が独自に設定する科目	合計
免許状の種類	基礎資格				教育実習	教職実践演習		
幼稚園教諭	学士	＊16	10	4	5	2	14	51
小学校教諭	学士	30	10	10	5	2	2	59
中学校教諭	学士	28	10	10	5	2	4	59
高等学校教諭	学士	24	10	8	3	2	12	59
特別支援学校教諭	学士と上記4つの免許状のいずれか	特別支援教育に関する科目						
		特別支援教育の基礎理論に関する科目	特別支援教育領域に関する科目	免許状に定められることとなる特別支援教育領域以外の領域に関する科目	心身に障害のある幼児、児童又は生徒についての教育実習			合計
		2	16	5	3			26

＊幼稚園教諭の該当欄は、「領域及び保育内容の指導法に関する科目」である。

習校での実習となるので、一日八時間と計算すると、土日休みの週五日の三週間で一二〇時間となる。実際には三週間から四週間の実習が標準である。ちなみに通信教育課程でこの教科書により教師論を受講している場合も、二単位九〇時間の合計は同じである。これはさらに大学通信教育設置基準（昭和五十六年十月二十九日文部省令第三十三号）などがあって、二単位ならば九〇時間の内容として、教科書は二〇〇頁、二回の添削指導、一回の試験といった標準スタイルが定められている。

こうした大学の学部四年間一二四単位という日本の常識を確認したうえで、教職課程の授業科目がどのぐらいの重みがあるかを確認したい。教育職員免許法と教育職員免許法施行規則に定める単位数は、四年制大学で取得する教諭の一種免許状であれば、図表6のようになる。第一節では教育職員免許法試行規則第四条の中学校の規定を、あえて長々と引用したが、ここでは大幅に省略した。なお、教員免許状の詳しい説明は、第13章で述べる。

教育職員免許法施行規則による規定			武蔵野美術大学			
施行規則に定める科目区分等	各科目に含める必要事項	単位数	通学課程		通信教育課程	
			科　目	単位数	科　目	単位数
道徳、総合的な学習の時間等の指導法及び生徒指導、教育相談等に関する科目	道徳の理論及び指導法	中 10 高 8	道徳教育の理論と方法	2	道徳教育の理論と方法	T2
	総合的な学習の時間の指導法 特別活動の指導法		総合的な学習の時間の指導法 特別活動の指導法	2 2	総合的な学習の時間の指導法 特別活動の指導法	T2 T2
	教育の方法及び技術（情報機器及び教材の活用を含む。）		教育方法 教育方法特別演習	2 2	教育方法	T1S1
	生徒指導の理論及び方法		生徒指導の理論と方法（生徒指導、進路指導及びキャリア教育を含む）	2	生活指導の理論と方法（生徒指導、進路指導及びキャリア教育を含む）	T2
	進路指導及びキャリア教育の理論及び方法					
	教育相談（カウンセリングに関する基礎的な知識を含む）の理論及び方法		教育相談論	2	教育相談論	T2
教育実践に関する科目	教育実習	中 5 高 3	教育実習Ⅰ	2	教育実習Ⅰ	S2
			教育実習Ⅱ	2	教育実習Ⅱ	S2
			教育実践の理論と方法	1	教育実践の理論と方法	S1
	教職実践演習	2	教職実践演習（中・高）	2	教職実践演習（中・高）	T1S1
大学が独自に設定する科目		－	－	－	介護等体験	T2
					ワークショップ研究Ⅰ	T1S1
					ワークショップ研究Ⅱ	T1S1

＊「T」は通信授業、「S」は面接授業（スクーリング）の単位数を示す。
＊通学課程の科目名は 2021 年度の一部変更による。

図表７　武蔵野美術大学の教職課程の授業科目

<table>
<tr><th colspan="3">教育職員免許法施行規則による規定</th><th colspan="4">武蔵野美術大学</th></tr>
<tr><th rowspan="2">施行規則に定める科目区分等</th><th rowspan="2">各科目に含める必要事項</th><th rowspan="2">単位数</th><th colspan="2">通学課程</th><th colspan="2">通信教育課程</th></tr>
<tr><th>科　目</th><th>単位数</th><th>科　目</th><th>単位数</th></tr>
<tr><td rowspan="6">教科及び教科の指導法に関する科目</td><td rowspan="6">各教科の指導法（情報機器及び教材の活用を含む。）</td><td rowspan="6"></td><td>美術教育法Ⅰ</td><td>2</td><td>美術教育法Ⅰ</td><td>T2</td></tr>
<tr><td>美術教育法Ⅱ</td><td>2</td><td>美術教育法Ⅱ</td><td>T1S1</td></tr>
<tr><td>美術教育法Ⅲ</td><td>2</td><td>美術教育法Ⅲ</td><td>T2</td></tr>
<tr><td>美術教育法題材開発</td><td>2</td><td>美術教育法Ⅳ</td><td>T1S1</td></tr>
<tr><td>工芸教育法Ⅰ</td><td>2</td><td>工芸教育法Ⅰ</td><td>T2</td></tr>
<tr><td>工芸教育法Ⅱ</td><td>2</td><td>工芸教育法Ⅱ</td><td>T1S1</td></tr>
<tr><td rowspan="6">教育の基礎的理解に関する科目</td><td>教育の理念並びに教育に関する歴史及び思想</td><td rowspan="3">10</td><td>教育原理
教育学特別演習</td><td>2
2</td><td>教育原理Ⅰ</td><td>T2</td></tr>
<tr><td>教職の意義及び教員の役割・職務内容（チーム学校運営への対応を含む。）</td><td>教師論</td><td>2</td><td>教師論</td><td>T2</td></tr>
<tr><td>教育に関する社会的、制度的又は経営的事項（学校と地域との連携及び学校安全への対応を含む。）</td><td>教育制度論</td><td>2</td><td>教育原理Ⅱ</td><td>T2</td></tr>
<tr><td>幼児、児童及び生徒の心身の発達及び学習の過程</td><td rowspan="3">中12
高6</td><td>教育心理学</td><td>2</td><td>教育心理学</td><td>T2</td></tr>
<tr><td>特別の支援を必要とする幼児、児童及び生徒に対する理解</td><td>特別支援教育</td><td>2</td><td>特別支援教育</td><td>T2</td></tr>
<tr><td>教育課程の意義及び編成の方法（カリキュラム・マネジメントを含む。）</td><td>＊教育方法には、「教育課程の意義及び編成の方法（カリキュラム・マネジメントを含む。）」を含む。</td><td>－</td><td>＊教育方法には、「教育課程の意義及び編成の方法（カリキュラム・マネジメントを含む。）」を含む。</td><td>－</td></tr>
</table>

小学校、中学校、高等学校の教諭の教員免許状のため、教職課程で学ぶ授業科目の単位数の合計は五九単位となる。これは卒業所要単位の一二四単位の半分近くを占める。幼稚園教諭は八単位分少なく、特別支援学校教諭は二六単位分がプラスされて八五単位に至る。

ここまでの話を聞くと、大学の学部四年間で学ぶ内容の、半分ぐらいが教職課程の授業科目なのだという理解となる。これはある程度はあっている。「ある程度」というのは、世の中はそれほど単純にはできていないということである。すでにある年次を経た学生は理解しているはずだが、ここまでの説明は、大学設置基準と教育職員免許法という法令に基づく説明であり、実際に学生が学ぶ大学や教職課程の授業科目は、大学ごとに様々である。そして、教職課程の授業科目は、すでに述べた開放制の原則からも、通常の授業科目以外に開設されるのだから、プラスアルファになる。つまり一二四単位プラス五九単位という形にもなりうるのである。一方で、「教科及び教科の指導法に関する科目」のうちの、「教科に関する科目」は原則としてその学科の専門科目などであるから、卒業所要単位に入ることが通常である。また、この五九単位以外に、教育職員免許法施行規則第六十六条の六に定める四科目八単位も必修となるが、これが多くの場合は大学学部の共通開講の科目なので、卒業所要単位に入る。それから、現在では少なくない大学が教職に関する科目のうちある程度の単位数を卒業所要単位に換算可能にしている。

すでに第一節で教師論が二〇年ほど前に教育職員免許法施行規則に盛り込まれ、今度はその必要な内容が変化したということを述べた。当然に、他の教職課程の一つひとつの科目も、また、教職課程の構成自体も、ほぼ一〇年ごとに大きな変化をして今に至っている。そのことは、教員養成の改革として、第13章で述べることにしたい。

この教科書の読者は、教科書として使うことが必須となる武蔵野美術大学の通学課程と通信教育課程のどちらかで、教職課程を履修している学生たちなので、図表7に、武蔵野美術大学の教職課程の授業科目の一覧表を掲載する。他の大学の学生のみなさんは、入学や教職課程履修登録のときに、同じような一覧表を受け取っているはずなので、見比べてほしい。なお、学科ごとに異なる「教科に関する科目」と、多数にのぼる「六十六条の六」の科目は省略している。

さて、第1章は、すこし長めであるが、「どうしたら教師になれますか」に対して制度的なあらましを答えたつもりである。本当の内実は、教育や学校そのものについて深く理解し、さらに自分の専攻する教科についても専門力量を養い、それが実践的な指導力になってはじめて教員免許状を受けるにふさわしい大学卒業者となる。教職課程を構成する制度は、その理念を、時代の精神とともに具現化しているはずである。そして時代は移り変わってきたし、今も変化している。そのことを、本書の続く内容で考えていってほしい。

＊註

1　文部科学省総合教育政策局教育人材政策課「教職課程認定申請の手引き（教員の免許状授与の所要資格を得させるための大学の課程認定申請の手引き）（令和三年度開設用）」二〇二〇年。毎年度刊行され、全文は文部科学省ウェブページに公開されている。

2　教職課程コアカリキュラムの在り方に関する検討会「教職課程コアカリキュラム」二〇一七（平成二九）年一一月一七日。これ自体は文部科学省内の会議の結論として公表された文書であるが、前掲の「手引き」に掲載されて、事実上の審査の基準として活用されている。

3　国立の教員養成系大学学部の在り方に関する懇談会「今後の国立の教員養成系大学学部の在り方について」文部科学省高等教育局専門教育課、二〇〇一年一一月二二日。

4　文部科学省「国立の教員養成大学・学部（教員養成課程）の平成一三年三月卒業者の就職状況」二〇〇一年一二月二七日（文部科学省ウェブページ掲載）。

5　「教員採用氷河期一気に『雪解け』」『朝日新聞』二〇〇一年一〇月一四日朝刊、一面（東京本社版）。

第2章
教師の歩み

キーワード

教師　近代学校　一斉教授法　学制　師範学校　高等師範学校
三気質　大学における教員養成

要　約

東西の歴史をみると、教師は、教養ある指導者が果たした役割であり、その免許や資格が厳密に定められない時代が続いた。さらにはすべての民衆の子どもたちが学校に就学するのが当然だと考えるのは、近代になってからのことである。ここに近代学校が成立し、能率的な一斉教授法と、それを身につける教師の養成が始まった。日本は明治維新の学制に基づいて、近代学校を導入すると、同時に師範学校で小学校教員を養成した。しかし、師範学校は三気質と呼ばれるものが目指され、上下関係や仲間関係で、閉鎖的になりがちであった。こうした問題が戦後教育改革では反省され、幅広い知見と専門的な力量を形成するために大学における教員養成が原則となった。

いつから教師は存在したのだろう。教職課程の受講学生や教員などであれば、教育原理、教育概論などで、日本教育史や西洋教育史の概要を知っていることを前提として、端的に教師という存在にクローズアップして、歴史的に考えていきたい。拙著『新しい教育通義』（武蔵野美術大学出版局）を参考にしていただけると幸いである。

結論として言えば、次世代に伝えようとする教養が体系的となって、親から子へと伝えるレベルを超えた時代や階層に学校へのニーズが生じる。そして学校は教師の存在により成立する。しかし、教師は古代には自然発生的に、あるいは官職として発生するのだが、今日の教師のように、学校で目的をもって養成され、公認の免許を与えられるというプロセスへと進むのには、古代から現代までの世界的な歩みが存在したのである。

第一節　近代までの学校と教師と教養

教師とは

教師という言葉は、教える仕事をする師匠と考えてよい。**教**という漢字を見ると、左下に「子」があることがわかる。左上の「おいかんむり」は、本来は「爻《こう》」であり、交わることを示し、右の「のぶん」は働きかけて何かをさせることなので、子どもに働きかけて教えるという意味になる。これは本来は親が子に教えるモデルを象形として成立しているわけで、教師という別の人物は表していない。時代がずっと下っても、親が子どもを教えるのだという伝統は着実に人類の歴史を貫く。もちろん古代から近代に至るまで裕福な階層は家庭教育のために使用人を家庭教師として雇ったし、今日の親たちも高額でインターネット教材や家庭教師を求めたりする。

師という漢字は、師匠という意味であるが、漢字の成り立ちは諸説ある。左は岐阜県の「阜《おか》」のように集まることを意味して、右の「帀」は見た目のように、軍旗を意味する。「師団」という言葉は今も軍隊の巨大な集まりである。師は中国古代から、軍学を含む教養を教える指導者を意味した。この軍事指導者を意味する言葉が、軍事以外も含めて様々な教養を伝える人物になる。つまり親から子に伝えるスタイル、家庭内の教育から、家庭外の教師と弟子の関係へと変化していくわけである。

五経と六芸

春秋時代の哲学者である**孔子**のもとには、多くの弟子たちが集まり、孔子の言行録『論語』に残されたような、様々な教養や人生を問い学ぶ集団が形成されていたことがわかる。こうして専門知識や技能、すぐれた教養や人格のある指導者のもとに若者が集まるわけである。孔子は、束脩《そくしゅう》つまり束ねた干し肉などの授業料を持ってきた優秀な人物は門下生にするという。ここには国家による免許や資格という発想はない。孔子の流れは儒教と呼ばれ、戦国時代には**孟子**が登場する。孟子の言行録『孟子』が、漢字文化圏における**教育**と**学校**というキーワードの出典である。孟子は、教育を君子つまり儒教的な指導者の楽しみと位置づけて学校とは結びつけなかったが、庠序学《しょうじょ》校という学校の語源になった組織は、夏や殷や周の王朝では教養や道徳を教えるために置かれたと主張する。ここまで歴史が遡れるかどうかは別として、戦国時代の儒教指導者はこうした学校制度が公式に存在するべきだと主張したことは確かである。同じ戦国時代の儒教でも、性善説の典型とされる孟子と比較される性悪説の荀子だが、**荀子**には尊師つまり、師匠を尊敬せよという言葉がある。人間のあらゆる善に偽つまり人為性を見抜いた彼は、教師と弟子の人間関係もまたルールとして確立しなければならないと考えたのである。

その後の中国は、秦による統一の後、漢王朝が成立する。ここで、儒教を基盤とする学校制度の整備が進むことになる。前漢では紀元前一三六年に**五経博士**を置いて、『詩』『書』『易』『礼』『春秋』の教育や研究にあたらせた。なお儒教ではこれらの書を重んじて、『詩』を『詩経』と呼ぶようになる。この博士とは博《ひろ》く知っている士（指導者）ということで、こうした役職を皇帝が命じて儒教の経典を重んじたことになる。しかしこれが国家制度としての学校として体系化されるのは、後漢になって紀元後二九年に**太学**《たいがく》を置いたときである。

さて五経博士は五つの経典ごとに置かれたのだが、後から後からこちらが正統だという古典が発見される。また本来は、孔子も音楽に親しんだように『楽』という音楽の経典もあったのだという、五経ではなく六経という主張もあった。この背景には、五経という経典と、**六芸**《りくげい》と呼ばれる士大夫つまり指導者たるものが身につけるべき、礼楽射御書数という教養論との関係がある。『礼』は儀式の経典で、文字どおり礼という教養であるが、『礼』には失われたはずの『楽』や弓を射る技術や馬車の制御という形で、楽や射や御が含まれる。周代までの政治演説集である『書』は、文字どおり士大夫の教養となる。さらに六芸には数つまり算数があるが、五経には占いの『易』や周代までの『詩』や歴史書の『春秋』が含まれる。図表1に簡単な構成表を示したが、これだけの教養を身につけるのは大変だから、学校や教師が必要だという理屈になるのはよくわかる。

図表1　中国古代の六芸と五経

六芸（教養）	礼　楽　射　御	書	数
五経（儒教古典）	礼（楽）	書	易　詩　春秋

日本古代の律令制国家は、太学に代わる**大学寮**を六七〇年頃には設置して、貴族のための教育機関として、五経や法律、歴史、算術などを教育した。この教授職も、文章博士《もんじょうはかせ》など博士と呼ぶ。大学寮を卒業した貴族が、各国に置かれた**国学**の教師になることはあるが、いずれにせよ教員養成学校や教員資格というものは、律令国家の管理としての規定以上に定められたわけではない。この大学寮も平安朝の末期には崩壊して、ただ大学頭《だいがくのかみ》や文章博士

という官職が形式的に朝廷から与えられる学校教育の低迷した中世へと進むのである。

リベラル・アーツの形成

ここまでの古代の学校と教師の歴史は、古代ギリシャやローマの時代に呼応する。古代ギリシャでも、ソクラテスがいれば、そのまわりにアテネ市民の意欲ある若者が集まるし、その弟子の**プラトン**のもとに集まった若者は**アカデメイア**という学校を形成する。裕福なギリシャ市民は奴隷制のもとで奴隷を家庭教師としたが、若きアレキサンダー大王には**アリストテレス**が家庭教師をつとめ、後に**リュケイオン**の地に学校を形成する。閑暇を意味する古代ギリシャ語のスコレーやラテン語のスコラが、学校の意味で用いられ、今日の英語の**スクール**の語源である。つまり暇を活かす有為の若者たちが哲学者から市民としての哲学や教養を身につけ、古代市民社会の学校を自然と形成していったのである。

こうした古代ギリシャやローマで自由な市民たちが教えて学んだ教養は、現在もヨーロッパ文化の基盤を形成している。これは、キリスト教がヨーロッパに定着するときに、自らの古典としての旧約や新約の『聖書』を経典としながらも、いわば異教の教養であるギリシャ・ローマの古典的教養を聖職者も政治的指導者も学ぶべきものとして位置づけたからである。**アウグスティヌス**からこうした

図表2　古代から継承されたリベラル・アーツ
アウグスティヌス以降、人物による名称や順序の違い

自由学芸 artes liberales	
三学 artes　カッシオドルス trivium　アルクイン	①文法学 grammatica ②修辞学 rhetorica ③弁証論 dialectica
四科 disciplinae　カッシオドルス quadrivium　ボエティウス	④算術 arithmetica ＝数意学 arithmologia ⑤音楽 musica　イシドルス、ラバヌス⑥ ⑥幾何学 geometrica　イシドルス、ラバヌス⑤ ⑦天文学 astronomia ≠占星術 astologia　カッシオドルス、イシドルス

自由学芸、今日の英語で言えば**リベラル・アーツ**を教養とすることが明確となり、[*1]これが中世そして現代に至るまでの教養の体系として継受されるわけである（図表2）。

こうした教養は、キリスト教の聖職者養成の学校で、基礎として重視され続けた。多くのギリシャ・ローマの古典はこうした学校や修道院が写本として伝えたものである。さらに一二世紀に、ボローニャ大学をはじめ、各地に大学が成立する。大学では、自由学芸は、神学や法学や医学や文学を学ぶ大学生の基本的な教養として定着することになる。

教育学の形成と近代学校

一六世紀のヨーロッパの宗教改革は、同時に教育改革であった。**ルター**の宗教改革がドイツで広がりを持ったのは、民衆の言葉とは違うラテン語によるキリスト教育を改めて、『聖書』をドイツ語訳で刊行して、キリスト教徒の家庭教育のための手引きといえるカテキズムをつくったことにある。そしてすべての子どもたちが就学できるキリスト教教育として学校を提唱したことは、今日の義務教育制度の提唱と言える。

同じくチェコのボヘミア兄弟団という宗教改革指導者である**コメニウス**は、一六五七年には『大教授学』を公刊して、体系的な教育学を初めて確立した。そして一六五八年に『世界図絵』という最初の絵入り教科書を刊行して、子どもたちの教材として世界各国に普及した。

近代の政治思想をリードした人物も、教育論を提唱して影響を与える。すなわち**ロック**は一六九三年の『教育に関する考察』を発表し、**ルソー**は一七六二年に『エミール』を発表した。ただしこの二点ともが、親や家庭教師による家庭教育を前提にしているのは、学校普及以前の裕福な市民層の実態を反映している。

中世から展開した大学は、徐々にそれに接続する文法学校、つまりラテン語の基礎を学ぶ学校を進学コースとして形成して、親や家庭教師からの教育を経た裕福な市民の子どもたちが通うようになった。一方で家庭や職場で学ぶにとどまる農民や増加する労働者の子どもたちに教育を提供することは、教会や国家の課題となっていった。イギリスでは一九世紀初めに、国教会派と非国教会派それぞれが教会学校の方式として**モニトリアル・システム**と呼ばれるシステムを普及させていく。少人数の教師がまずモニターつまり助教を教育し、その助教が子どもに教え、さらにその子どもが他の子どもたちに教えるというシステムである。しかし、一見能率的に思えるこうしたシステムよりも、熟練した教師を育成して、同年齢の子どもたちに教室で教師が一斉に教える方式、つまり**一斉教授法**へと移行していくのである。そのためには聖職者や熱心な信者の余業ではなく、専門の教師の育成が必要となるわけである。こうして一九世紀には、西洋各国で近代の学校を担う教師を養成するための学校が形成されていく。

第二節　明治期の教員養成

教育爆発の江戸時代

近世、江戸時代にすでに日本では江戸幕府の**昌平坂学問所**、各藩の**藩校**、学者たちに学ぶ**私塾**、そして都市や農村の**手習塾・寺子屋**が広がっていた。こうした学校の隆盛は、日本の近代化の前提として教育爆発とも呼ばれる。昌平坂学問所は旗本たち武士が儒教の古典を学ぶ場であり、そのトップは大学頭を官職として古代の再現のようにも見える。しかし、すでに儒学は宋の朱熹によって朱子学に改革されていたし、清朝でさかんになった原典批判など考証学も流入していた。そして昌平坂学問所の附属組織として小石川養生所から医学館に至る医学教育機関や、蕃書調所《ばんしょしらべしょ》から開成所に至る洋楽教育機関までが分校として置かれていたのである。もちろん、こうした教師は専門知識で実力と名声をあげて学問所の教授として登用されたり、町で大人気の手習師匠となるのである。江戸時代の武術や芸能では家元からの免許が流行する時代ではあるが、儒学でも洋学でも国学でも、師匠の学統は重視しても、免許などの制度はあまり知られていない。

明治維新と王政復古

一八六八（慶応四＝明治元）年に江戸城が維新政府に明け渡されると、昌平坂学問所も維新政府に接収されて昌平学校と呼ばれ、一八六九（明治二）年には**大学校**となり、さらに大学と改称する。医学や洋学の分校も開成学校や医学校として継続する。しかし、従来からの儒学の教師と、新規に登用された国学の教師が、『孟子』をめぐって論争を始めて学校は休校となり、その教育行政機能を引き継いで一八七一（明治四）年に**文部省**が成立する。医学や洋学の機関は、大学東校や大学南校として継続して、一八七七（明治一〇）年には**東京大学**となり、これが後の帝国大学、東京帝国大学、今日の東京大学である。

文部省は欧米各国の学校制度を検討して**近代学校**の制度を取り入れて、一八七二（明治五）年に**学制**を出し、民衆には学制布告書を示して、学校への就学を呼びかけた。この新しい小学校に児童が就学していった前提には、江戸時代の手習塾の広がりがあった。

近代学校で、新しい西洋の知識を盛り込んだ教科書を内容として、一斉教授法による合理的な教育スタイルを実施するには、教員を養成する学校が必要になる。ここで日本史上初めて教員を養成する学校としての**師範学校**が一八七二（明治五）年に東京に設置され、一八七四（明治七）年には**女子師範学校**が置かれた。今日の筑波大学とお茶の水女子大学である。一八七六〔明治九〕年までには全国の府県に師範学校が設置された。

大学南校の御雇外国人として一八七一〔明治四〕年に招聘されていたアメリカ人スコットが、この師範学校で教育にあたった。彼が教えたのは、一九世紀後半の**一斉教授法**などの近代学校の教授法であるが、師範学校の彼の授業は、翻訳の必要から一九世紀前半の**モニトリアル・システム**つまり助教に指定された学生から他の学生に伝えるというシステムがとられたことは興味深い。さらに、卒業した彼らが、全国に動いて地方の師範学校で教師となり、最先端の教授法を伝えたのである。また一九世紀後半のアメリカで開発された一、二、三という数字の号令で教室の児童の動作を指令する**教場指令法**も導入されるが、数字ではわからないので師範学校ごとに、起立、礼、着席といった翻訳がなされて、現在でも用いられている。

図表3には、小学校で教える教科・科目の変遷を掲げた。師範学校では教育学や教授法のほか、教える内容そのものも学ぶことになる。こうして、あらたに教育内容と教育方法を身につけた教師を師範学校から輩出することで、近代学校が成立したのである。

自由民権運動と教員の引き締め

一八七二〔明治五〕年の学制による小学校は、一八七五〔明治八〕年には全国で二万校となり、規模は違えども今日に匹敵する驚異的な達成率を示す。この前提には江戸時代の手習塾の普及があり、そこで養われた人材が近代西洋の知識を積極的に吸収して教員となったことがあげられる。もちろん子どもたちすべてが学校に行ける時代とはほど遠かった。当時は、一八七九〔明治一二〕年の自由教育令と呼ばれる**教育令**や、翌年に改正した教育令など、就学督促の在り方が焦点となったのである。

1941 (昭和16)年	国民学校令 (昭和16年3月1日勅令第140号)	教科 科目	第四条　国民学校ノ教科ハ初等科及高等科ヲ通ジ国民科、理数科、体錬科及芸能科トシ高等科ニ在リテハ実業科ヲ加フ 国民科ハ之ヲ分チテ修身、国語、国史及地理ノ科目トス 理数科ハ之ヲ分チテ算数及理科ノ科目トス 体錬科ハ之ヲ分チテ体操及武道ノ科目トス但シ女児ニ付テハ武道ヲ欠クコトヲ得 芸能科ハ之ヲ分チテ音楽、習字、図画及工作ノ科目トシ初等科ノ女児ニ付テハ裁縫ノ科目ヲ、高等科ノ女児ニ付テハ家事及裁縫ノ科目ヲ加フ 実業科ハ之ヲ分チテ農業、工業、商業又ハ水産ノ科目トス 前五項ニ掲グル科目ノ外高等科ニ於テハ外国語其ノ他必要ナル科目ヲ設クルコトヲ得
1947 (昭和22)年	学校教育法 (昭和22年3月31日法律第26号)	教科	＊学校教育法施行規則(昭和22年5月23日文部省令第11号) 音楽、図画工作、家庭、体育及び自由研究を基準とする。
1958 (昭和33)年		教科 (ほか)	＊学校教育法施行規則(昭和33年文部省令第25号による一部改正) 第二十四条　小学校の教育課程は、国語、社会、算数、理科、音楽、図画工作、家庭及び体育の各教科(以下本節中「各教科」という。)並びに道徳、特別教育活動及び学校行事等によつて編成するものとする。 2　私立の小学校の教育課程を編成する場合は、前項の規定にかかわらず、宗教を加えることができる。この場合においては、宗教をもつて前項の道徳に代えることができる。
2017 (平成29)年		教科 (ほか)	＊学校教育法施行規則(平成29年3月31日文部科学省令第20号による一部改正) 第五十条　小学校の教育課程は、国語、社会、算数、理科、生活、音楽、図画工作、家庭、体育及び外国語の各教科(以下この節において「各教科」という。)、特別の教科である道徳、外国語活動、総合的な学習の時間並びに特別活動によつて編成するものとする。 2　私立の小学校の教育課程を編成する場合は、前項の規定にかかわらず、宗教を加えることができる。この場合においては、宗教をもつて前項の特別の教科である道徳に代えることができる。

＊小学校・国民学校を中心に主要な教科・科目の条項のみを抜粋。実際の法令の変遷はさらに複雑で、あくまでも主要な変化のみを記載した。

図表３　小学校の教科・科目の変遷

年	法令	教科等の名称	小学校の主要な教科の例 ＊教科を定めた法令
1872 (明治5)年	学制 (明治5年8月3日文部省布達第13･14号)	教科	＊学制に基づく小学教則(明治5年9月8日文部省布達番外) 第八級(六ヶ月) 綴字(カナヅカヒ)、習字(テナラヒ)、単語読方(コトバノヨミカタ)、洋法算術(サンヨウ)、修身口授(ギョウギノサトシ)、単語諳誦(コトバノソラヨミ)
1879 (明治12)年	教育令(自由教育令) (明治12年9月29日太政官布告第40号)	学科 科	第三条　小学校ハ普通ノ教育ヲ児童ニ授タル所ニシテ其学科ヲ読書習字算術地理歴史修身等ノ初歩トス土地ノ情況ニ随ヒテ罫画唱歌体操等ヲ加ヘ又物理生理博物等ノ大意ヲ加フ殊ニ女子ノ為ニハ裁縫等ノ科ヲ設クヘシ
1880 (明治13)年	教育令(改正教育令) (明治13年12月28日太政官布告第59号)	学科 科	第三条　小学校ハ普通ノ教育ヲ児童ニ授クル所ニシテ其学科ヲ修身読書習字算術地理歴史等ノ初歩トス土地ノ情況ニ随ヒテ罫画唱歌体操等ヲ加ヘ又物理生理博物等ノ大意ヲ加フ殊ニ女子ノ為ニハ裁縫等ノ科ヲ設クヘシ但已ムヲ得サル場合ニ於テハ修身読書習字算術地理歴史ノ中地理歴史ヲ減スルコトヲ得
1886 (明治19)年	小学校令 (明治19年4月10日勅令第14号)	学科 科	＊小学校ノ学科及其程度(明治19年5月25日文部省令第8号) 第二条　尋常小学校ノ学科ハ修身読書作文習字算術体操トス土地ノ情況ニ因テハ図画唱歌ノ一科若クハ二科ヲ加フルコトヲ得
1890 (明治23)年	小学校令 (明治23年10月7日勅令第215号)	教科目 科目	第三条　尋常小学校ノ教科目ハ修身読書作文習字算術体操トス 土地ノ情況ニ依リ体操ヲ欠クコトヲ得又日本地理日本歴史図画唱歌手工ノ一科目若クハ数科目ヲ加ヘ女児ノ為ニハ裁縫ヲ加フルコトヲ得
1900 (明治33)年	小学校令改正 (明治33年8月20日勅令第344号)	教科目 科目	第十九条　尋常小学校ノ教科目ハ修身、国語、算術、体操トス 土地ノ情況ニ依リ図画、唱歌、手工ノ一科目又ハ数科目ヲ加ヘ女児ノ為ニハ裁縫ヲ加フルコトヲ得 前項ニ依リ加フル教科目ハ之ヲ随意科目ト為スコトヲ得
1907 (明治40)年	小学校令中改正 (明治40年3月21日勅令第52号)	教科目	第十九条　尋常小学校ノ教科目ハ修身、国語、算術、日本歴史、地理、理科、図画、唱歌、体操トシ女児ノ為ニハ裁縫ヲ加フ 土地ノ情況ニ依リ手工ヲ加フルコトヲ得

明治十年代は、**自由民権運動**の時代でもある。地域の教養人、そして西洋の民主主義を知ったリーダーとして、積極的に政治について発言する教員が続出した。ここに政府からの引き締めとして、**小学校教員心得**（明治十四年六月十八日文部省達第十九号）が出された。ここでは、一般的な教員の注意事項にくわえて、「教員タル者ハ常ニ寛厚ノ量ヲ養ヒ中正ノ見ヲ持シ就中政治及宗教上ニ渉リ執拗矯激ノ言論ヲナス等ノコトアルヘカラス」という今日でいう**政治的中立性**の観点が強調された。

森有礼の諸学校令と三気質

自由民権運動の高まりに対応して、政府も憲法の制定へと準備を進める。古代日本のような太政官制度から、一八八五（明治一八）年に内閣制度に改められ、留学経験もある伊藤博文が初代内閣総理大臣となった。そして文部省には初代文部大臣として**森有礼**が着任する。日本最初のアカデミーである明六社のリーダーであり、留学や外交官経験もある森有礼への教員の期待は高いものであった。彼は、一八八六（明治一九）年には帝国大学令、師範学校令、中学校令、小学校令という勅令の整備を行い、これらは**諸学校令**と称される。

教員養成についての**師範学校令**（明治十九年四月十日勅令第十三号）の第一条を見てみよう。

第一条　師範学校ハ教員トナルヘキモノヲ養成スル所トス
但生徒ヲシテ順良信愛威重ノ気質ヲ備ヘシムルコトニ注目スヘキモノトス

第一条には師範学校の生徒は、「順良信愛威重ノ気質ヲ備ヘシムル」と教員養成課程の生徒つまり将来の教師についての人格または心がけについての、**三気質**と呼ばれる規定がある。つまり、教員は**順良**としていわば上司や法令に従順に従う義務がある。そして**信愛**として同僚の教員と助け合う友情が大切である。**威重**《いちょう》は『論語』に「重からざれば則ち威あらず」と出典があるように、子どもに対して重々しさがないことには権威がないということである。今日の私たちが考える教師像でも、法令遵守やチーム学校や教員の専門性ということから先見の明があるという受け取りも可能である。この三気質の規定は、その後も教員養成で重視されていく。ただ、時代が変化していくなかで、紋切り型の気質のある教員を批判したり皮肉ったりする意味で、**師範タイプ**という言い方も大正期には出てくるのである。

次のように、師範学校は、東京の**高等師範学校**と、各府県の**尋常師範学校**という構造で整備される。

第二条　師範学校ヲ分チテ高等尋常ノ二等トス高等師範学校ハ文部大臣ノ管理ニ属ス
第三条　高等師範学校ハ東京ニ一箇所尋常師範学校ハ府県ニ各一箇所ヲ設置スヘシ
第四条　高等師範学校ノ経費ハ国庫ヨリ尋常師範学校ノ経費ハ地方税ヨリ支弁スヘシ

東京師範学校は一八八六（明治一九）年に**東京高等師範学校**となり、女子師範学校は**東京女子高等師範学校**となった。

さらに師範学校の生徒や卒業生の待遇が示されている。

第九条　師範学校生徒ノ学資ハ其学校ヨリ之ヲ支給スヘシ

第十条　高等師範学校ノ卒業生ハ尋常師範学校長及教員ニ任スヘキモノトス但時宜ニ依リ各種ノ学校長及教員ニ任スルコトヲ得
第十一条　尋常師範学校ノ卒業生ハ公立小学校長及教員ニ任スヘキモノトス但時宜ニ依リ各種ノ学校長及教員ニ任スルコトヲ得

第九条は**学資支給**の規定である。学資の支給とは、授業料の無償どころではない。寄宿舎の費用も三食も学用品も、支給されるということである。つまり衣食住すべてが保障されて学ぶわけである。もちろんここまで国庫や地方税で優遇されるのであるから、第十条では高等師範学校の卒業生が尋常師範学校等の教員になること、第十一条では尋常師範学校の卒業生が小学校の教員になることを定めている。これは免許や資格に関する規定であるが、同時に一〇年間の**指定服務義務**として、卒業したら指定された学校の教員にならなくてはいけないという義務でもある。

学資支給や指定服務義務は、現代の大学の教職課程履修者にとっては、うらやましく見える。たしかにこれは特権であるが、同時に視野や進路の制限にもなる。実際の師範学校の生徒は、小学校の尋常科と高等科を卒業してから師範学校に入学して、卒業をしたら小学校の教員になる。第一条にみた真面目な三気質は、うらやましい学資支給と指定服務義務と重なると、あまりに狭い特権性となりうるわけである。

もちろん、尋常師範学校では、小学校で教える基礎となる学問をきちんと学ぶ。実際に使われた教科書を見ると今日の教員養成に匹敵する水準を感じることもできる。その水準は尋常師範学校ノ学科及其程度（明治十九年五月二十六日文部省令第九号）で次のように定められている。

第一条　尋常師範学校ノ学科ハ倫理、教育、国語、漢文、英語、数学、簿記、地理歴史、博物、物理化学、農業手工、家事、習字、図画、音楽、体操トス
農業、手工及兵式体操ハ男生徒ニ課シ家事ハ女生徒ニ課ス

教師として必要な教育については、教育学に関する学問分野を学び、さらに尋常小学校や高等小学校の授業科目に相当する学問を学ぶことがわかる。ただここで目を引くのは、男子にある**兵式体操**である。男女ともに体操とあるのだから、一般的な体操ではない。西洋近代の軍隊で用いられた歩兵の訓練方法を用いて、行進から射撃までの様々な軍事訓練を行うのである。

この兵式体操は秩序だった集団行動を身につけるという利点があり、三気質とも通じる。近代の軍隊において、広く男性の国民に兵士となることを課する**徴兵制**には、陸軍の士官学校や海軍の兵学校を通じて養成される職業軍人として兵士を指揮する将校が不可欠である。時代による変遷はあるが、師範学校の男子卒業生は最短六週間や六か月の兵士としての訓練で、将校の階級が与えられるという特権を持つ。つまり徴兵期間が短くて有利で、しかも一般国民が長期の徴兵対象になっても昇任できない少尉になるのだから、これほどの優遇はない。

言うまでもなく、徴兵制も交戦権も否定された戦後は、こうした制度は存在しないが、今日でも明治期に陸軍の定めた号令どおりに、「気をつけ」「休め」「前へ進め」と児童生徒を集団行動させる学校は少なくない。さすがに「突撃」は、あまり聞かないが。

師範学校と高等師範学校

一八九七（明治三〇）年にはあらたに**師範教育令**（明治三十年十月九日勅令第三百四十六号）が制定され、戦後教育改革を迎える前での勅令として継続した。

第一条　高等師範学校ハ師範学校尋常中学校及高等女学校ノ教員タルヘキ者ヲ養成スル所トス

女子高等師範学校ハ師範学校女子部及高等女学校ノ教員タルヘキ者ヲ養成スル所トス師範学校ハ小学校ノ教員タルヘキ者ヲ養成スル所トス

前三項ニ記載シタル学校ニ於テハ順良信愛威重ノ徳性ヲ涵養スルコトヲ務ムヘシ

第二条　高等師範学校及女子高等師範学校ハ東京ニ各一校ヲ設置シ師範学校ハ北海道及各府県ニ各一校若ハ数校ヲ設置ス

第三条　高等師範学校及女子高等師範学校ハ文部大臣ノ管理ニ属シ師範学校ハ地方長官ノ管理ニ属ス

森有礼当時の師範学校令と比べると、尋常師範学校が**師範学校**となり、高等師範学校は従来どおりである。以前からの東京高等師範学校と東京女子高等師範学校に加えて、一九〇二（明治三五）年には**広島高等師範学校**、一九〇八（明治四一）年には**奈良女子高等師範学校**が設置された。今日の広島大学と奈良女子大学である。関東在住者にはわからないが、今日でも広島大学と奈良女子大学が関西の教育界に与える影響は少なくない。この時期の四つの高等師範学校という各府県の師範学校のいわば上に立つ学校という設置経緯がある。

ここまで師範学校が重視されていたわけである。一九一〇（明治四三）年には小学校の就学率が九八％となるほど学校教育は明治期に定着したが、明治以来の国家的な資材をつぎ込んだ師範学校を卒業した正規の教員は小学校教員の二割強にすぎなかった。そのほかには、都道府県が開設する養成所や資格試験によって有資格者を補うという臨時的な方式が多数を占め、それが常態化していく。このことの反省が、戦後教育改革における免許状主義の徹底された前提となるのである。

第三節　多様化する教員養成

戦前日本の教育システム

ここで戦前日本の教育システムを、明治後半をモデルに略述する。

戦前の教育システムは、帝国議会が法律で定めるのは予算や経費に関するものだけで、基本は天皇の命令である**勅令**によって定められる。最高規範である**大日本帝国憲法**（明治二十二年二月十一日憲法）には教育の規定はなく、教育の理念は、一八九〇（明治二三）年一〇月三〇日の明治天皇の文書である**教育勅語**によって示された。これが小学校の筆頭科目でもある修身科をはじめとした学校教育や社会教育全般で繰り返し徹底されるのである。

小学校は、一九〇七（明治四〇）年の小学校令中改正によって、翌年から六年制の尋常科が義務教育として保障されたが、その後の高等科は全員が行くわけではない。進学希望者は中等教育として、男子の中学校、女子の高等女学校、農業・工業・商業等の実業学校へと進学する。高等教育は、高等学校へ進学して大学へと進むコースだが、男子のみである。専門学校は女子にも開かれていた。

こうしたなかで、女子の社会参加として、女子師範学校から教員へというコースは、男女不平等な社会では非常に魅力的なものであった。

中学校や高等女学校の教員のコース

中学校や高等女学校などの中等教員は、本来は師範学校の教員養成にあたる高等師範学校でも養成され、大学や専門学校など指定を受けた学校で必要な授業科目を履修することで免許状を受けることのできる**無試験検定**のコースもある。こうした大学、専門学校、高等師範学校の卒業者は限られているので、一八八五（明治一八）年から文部省師範学校中学校高等女学校教員検定試験として試験を通じて免許状を与えるコースもあり、**文検**と略称されている。

また、一九〇二（明治三五）年の臨時教員養成所官制（明治三十五年三月二十八日勅令第百号）では、正規の卒業生だけでは足りないので、大学や専門学校に臨時教員養成所を置いて、増大する中等教員のニーズに対応した。

実業学校についても教員養成のために、一八九九（明治三二）年には実業学校教員養成規程（明治三十二年三月三日文部省令第十三号）を定めて、中等教育である実業学校や、小学校に附設されることの多い実業補習学校の教員養成として、農業教員養成所、商業教員養成所、工業教員養成所などを定めている。

大正期の教育改革

一九一七（大正六）年には教育改革を議論するための**臨時教育会議**が内閣総理大臣の諮問機関として置かれた。この場で師範学校の在り方の見直しも議論されている。本来の師範学校は高等小学校卒業生が入学するのだが、すでに一九〇七（明治四〇）年の師範学校規定により従来のコースを**本科第一部**といい、中学校や高等女学校の卒業者がいわば編入する形で年限の短い別コースに入学する**本科第二部**が成立していた。修業年限が本科第一部で五年、本科第二部で一年となっており、中等教育の普及により生徒の半数が本科第二部の状態であった。この時の議論では、嘉納治五郎らが「教育者精神」を主張して本科第一部を基本とする議論が多数であったが、大正自由教育のリーダーでもある澤柳政太郎のように中等教育を経ない本科第一部を「小サナ鋳型《いがた》」や「偽善的人間」と指摘して改革を求める意見もあった。そして実態としては、この本科第二部の増大へと進むのである。

さらに、一九一八（大正七）年には大学令（大正七年十二月六日勅令第三百八十八号）により、帝国大学以外の大学が認められるようになると、東京高等師範学校と広島高等師範学校に、正式な高等教育機関として、**東京文理科大学**と**広島文理科大学**が増設される。

青年学校と青年師範学校

小学校を卒業して中等教育へ進学せずに職業に就く青年たちにも、パートタイムの学校教育の機会が広がった。これが明治期から普及した実業補習学校や、一九二六（大正一五）年に男子に補習教育と軍事教練を施す学校としてできた青年訓練所である。そして一九三五（昭和一〇）年にはこれらの学校が**青年学校**として統合され、一九三九（昭和一四）年には中等教育へ進学しない男子については青年学校の男子義務制が実施された。

この学校の教員養成のために青年学校教員養成所が一九三五（昭和一〇）年に置かれ、さらに**青年師範学校**となった。

戦時下の教育改革

一九四一（昭和一六）年四月には小学校は国民学校に改められ、「皇国ノ道」にのっとる教育を行う場と規定され、同年に太平洋戦争を迎えることになる。

この戦争の時期に、**教育審議会**では教育改革が進められていく。一九四三（昭和一八）年には中学校、高等女学校、実業学校と別々の法令で構成されていた三つの中等学校は、中等学校令（昭和十八年一月二十一日勅令第三十六号）により一括された。これは世界的な中等教育一元化という世界の教育改革や、戦後の教育改革に通じるものであった。そして大正期には断念されていた師範学校の制度についても、**師範教育令**が改正され（昭和十八年三月八日勅令第百九号）、中等学校の卒業者による入学を原則とする三年制の学校となった。大正期の本科第一部か本科第二部かという議論を通りこして、中等学校の上にある専門学校程度の学校へと格上げされたわけである。

もちろん、この師範教育令も「皇国ノ道」を掲げる教育機関となり、全体は総力戦体制の配置のために最適化された改革である。戦争が激しくなると、大学などの学生は学徒出陣をするが、理工系の学生と師範学校の生徒は徴集されなかった。これもまた総力戦のための人材確保なのである。

第四節　戦後教育改革と現在の原則

戦後教育改革

一九四五（昭和二〇）年八月一五日にすでに受諾していたポツダム宣言を踏まえて放送があり、敗戦が伝わった。アメリカ合衆国を主力とする連合軍が進駐して、戦後改革が進むこととなる。

日本国憲法（昭和二十一年十一月三日憲法）には学問の自由、義務教育、教育の機会均等が明記され、**教育基本法**（昭和二十二年三月三十一日法律第二十五号）には個人の尊厳や人格の完成が掲げられた。そして**学校教育法**（昭和二十二年三月三十一日法律第二十六号）により、男女平等や教育の機会均等に基づいた六・三・三・四制のシンプルな教育システムが確立した。

それまでの国民学校は小学校へ、中学校と高等女学校と実業学校は高等学校へ、高等学校と専門学校と大学は大学へと移行し、義務教育機関として新しい中学校が創設された。このために、多くの教員が必要となったのである。師範学校は大正期や昭和期の師範タイプ批判にとどまらない見直しを迫られ、法令上は廃止されることとなった。最大限の優遇を受けて、三気質を備えた教員を養成する機関は、もはや存在が許されなかったのである。ただし、その師範学校が果たした実績は重大なものであり、事実上は大学への移行をたどることとなる。実際の文理科大学、高等師範学校、師範学校は、国立大学教育学部などへと移行したのである。

このように考えると、第1章で概略をみて、これから何度も出てくる教員養成や教員制度の基本は歴史的な試行錯誤と反省から生まれ出たものであることがわかる。

現在では当たり前すぎる**大学における教員養成**は、教員に高度の専門性と幅広い教養を確保するための不可欠な原則である。現在では大学院段階の教員養成が一般的な欧米でも、教員養成が大学よりも入学資格の低い教育機関となっていた時期は長い。日本ではこの戦後改革で初めて大学での養成へと進んだのである。

また、**開放制**の教員養成は、一見すると学生本人の判断に委ねたり、本人への保障が不十分だったりと無責任にみえる。しかし、衣食住から就職までの特権を付与した師範学校制度の反省として、どの学問を学び、どの職業に就くのも平等に扱われるようになったのは当然である。もちろん、現代的課題としては高等教育の無償化や就職の支援は大切な課題であるが、教員や教員志願者のみの特権化は、大いに反省されたわけである。

そして**免許状主義**と呼ばれる、教員に免許状を必須とする考え方は、明治期の近代学校からすでに導入されていたのであるが、教員不足と経済的限界から例外に例外を重ねっていった歴史から、原則を原則として徹底する意義が確認できる。

かくして**教育職員免許法**（昭和二十四年五月三十一日法律第百四十七号）が公布され、現在に至る戦後教育がスタートすることになる。

＊註

1　岩村清太『ヨーロッパ中世の自由学芸と教育』知泉書館、二〇〇七年。中世哲学会編『中世思想研究』「特集：中世の自由学芸Ⅰ」第五六巻、二〇一四年、同Ⅱ第五七巻、二〇一五年、知泉書館。アウグスティヌス（A. Augustinus 353-430）、ボエティウス（A. M. T. S. Boethius 480-524）、カッシオドルス（F. M. A. Cassiodorus S. 477/490*c.*-570/583*c.*、イシドルス（Isidorus H. 560*c.*-636）、アルクイン（Alcuin 735*c.*-804）、ラバヌス（Rabanus Maurus 780/781-856）。

第3章
教員の身分

キーワード

教師　教員　教諭　日本国憲法　教育基本法　保護者
第一義的責任　教育職員免許法　国立　公立　私立

要　約

社会で広く用いる教師に対して、学校の教師は、教員と呼ばれ、教諭などの職に就いている。教育基本法では、学校の教員について研修や待遇の重要性を規定している。第一義的責任のある保護者との関係では、教育職員免許法に定める教員免許状を受けた教員は、保護者から児童生徒の教育を託されている立場となる。実際の教員は、国立学校、公立学校、私立学校に所属しており、多数を占めるのは公立学校の教員であり、同時に地方公務員でもある。

第2章で、教師の歩みをみてきた。現在に至る経緯から、ここでは教師の身分とは何かを論じる。これは、本書の対象を明確にするための作業である。法律において教員に求められていることを理解するためにも、教員の立場を考える概念は明確にしておきたい。

第一節　先生、教師、教員、教諭

似た言葉の質問

次頁の図表1を見てほしい。先生、教師、教員、教諭という四つの言葉について、集合論の説明のように並び替えたり、あるいは言葉の定義やイメージで示してほしいという課題である。この問題を、教師論の授業を担当してから二〇年近く教室で出題してきたが、指名された数人の見解は、必ず異なる。回答者は、集合論で使う記号「⊃」を使ったり、図を描いたり、言葉で違いを明確にしたりするのだが、説明できない言葉があったり、四つとも同じだと回答したり、議論が盛り上がる。

何をもって正解とするかは、あらゆる国語辞典も教育学辞典も、それぞれ記述に違いがあるように、言語の定義は最終的には難しいものである。しかし、図表2を示すと、あまり大きな違和感や異論は出てこない。意見の違っていた回答者も、ほぼ納得できる落とし所になる。

先生∪教師∪教員∪教諭

先生は、現代日本語でも現代中国語でも尊敬を込めて言う敬称で、子どもたちが普通に使う。古代日本でも先輩や師匠を意味する先生（せんじょう）として使われている。子どもの成長のなかで、両親や親族、地域の大人以外に、人為的に教える存在として登場する人を「先生」と呼び、さらに姓名に「○○先生」と付記して呼ぶことを保育所、幼稚園、小学校で身につけていく。さらにこの言葉が、医師などの専門職に対しても同じように用いられることも知っていく。さらに、専門家に敬意を示して使うことは、少年少女雑誌の漫画家にも用いられることで、理解する。「先生」と呼ぶ対象は、小説家、芸術家、建築家、そして中央や地方の政治家まで、膨大にいることは徐々に理解していくことになる。

教師は、先生よりも狭い。第2章で述べたように、教えることを仕事とする師匠が教師だが、意図的に教える仕事に限られる。医学部教員以外の医師や、芸術学校教員以外の芸術家や、政治学校以外の政治家などは、先生と言われても教師とは呼ばれない。ただ、狭義の学校教育に限定されるかというと、そうではない。個人レッスンをするピアノの先生や、学習塾の先生、社会人向けパソコン教室の先生も、意図的に教える師匠だから、教師と呼ばれる。そしてもう一つ、なぜか多くの人が忘却するのは、学校教育が成立する以前から現在まで、教えることを仕事としてきた、あの師匠たちの存在である。**宗教家**たちも教師と呼ばれる。神官、神主、僧侶、住職、神父、牧師など、宗教・宗派によって宗教家の呼び方は多様であるが、宗教を所管する戦前の内務省や文部省、現在の文化庁では、こうした人々を包括して教師と呼称している。

教員は、学校の教師、つまり学校で教育を仕事とする師匠たちを呼ぶ言葉である。**学校教育**

図表1　「先生、教師、教員、教諭」の出題

4つの言葉の関係を「含む」や「異なる」などとして示してください。

先生　教師　教員　教諭

法（昭和二十二年三月三十一日法律第二十六号）の第一条に定める学校種別である**一条校**、つまり幼稚園・小学校・中学校・義務教育学校・高等学校・中等教育学校・特別支援学校・高等専門学校・大学の教師が該当するし、一条校以外の専修学校（高等専修学校・専門学校）や各種学校の教師も該当する。学校の先生のなかの先生である校長については、第11章で説明するように、学校の教育ではなく管理・監督を仕事とするので、教員の概念に含めないことが多い。法令でも「校長及び教員」と両方を並記した文言が多い。

最後に、**教諭**であるが、これは、第11章で説明する、学校の教員の**職位**である。役所や企業に、部長や課長や係長といった職位があるように、教員の世界では学校教育法に基づいて、職位が定められている。この最も標準的な、学校の教育を行う教員が教諭である。高等専門学校と大学を除く一条校で、常勤で勤務している教員の最も多数の職位が教諭である。大学の教職課程で学んで受けることになる免許状は、この教諭になるための免許状である。

これを簡単に示すと、図表2のようになる。それぞれが持つ言葉のイメージと比べてどうだろうか。

図表2　先生、教師、教員、教諭の関係

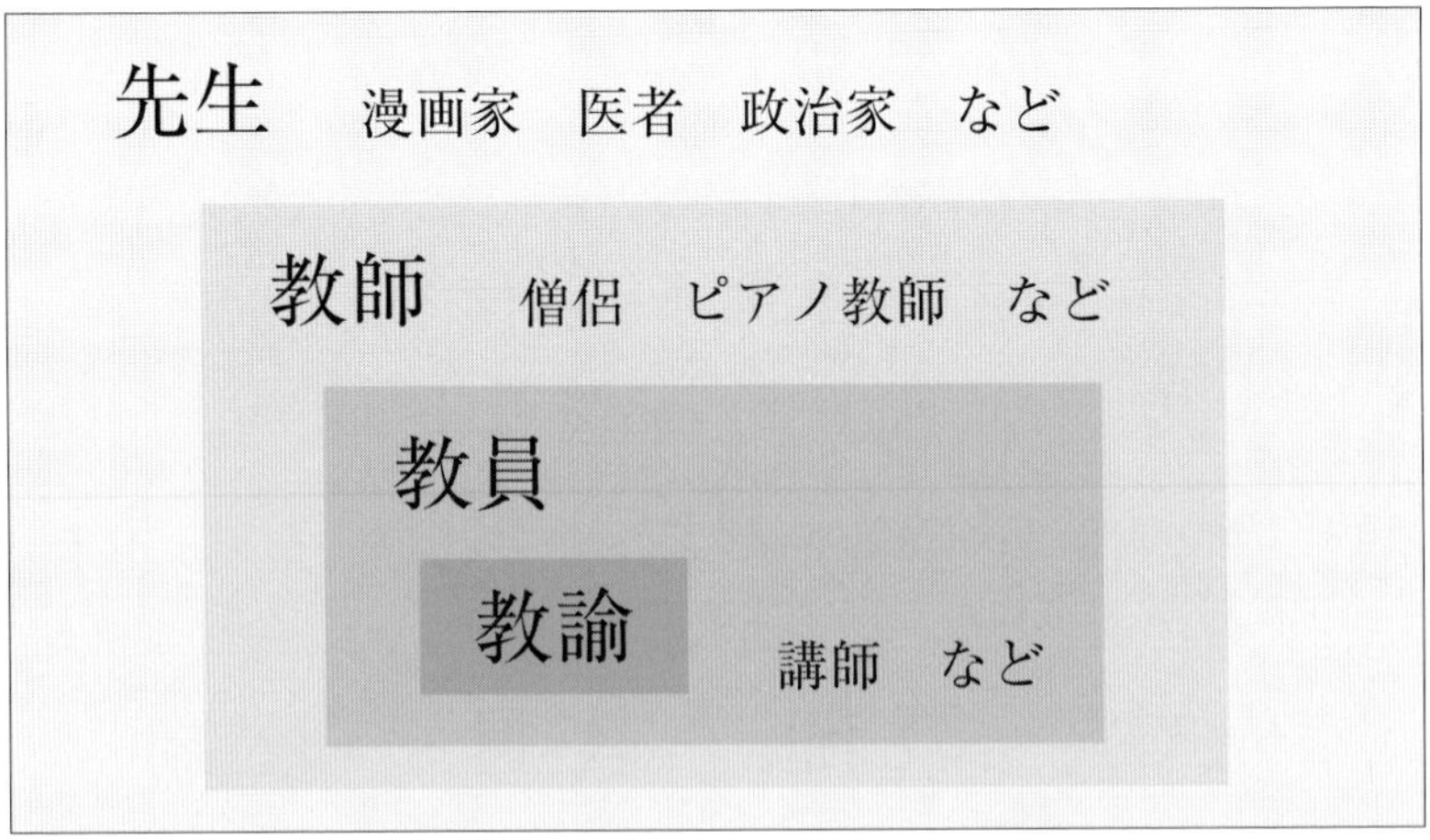

第二節　教員の基本的な規定

日本国憲法と教育基本法

日本国憲法（昭和二十一年十一月三日憲法）における、**教育**についての重要な条項は二つある。一つは、**学問の自由**を「学問の自由は、これを保障する。」として定めた第二十三条である。もう一つは、**教育の機会均等**や**教育を受ける権利**を「すべて国民は、法律の定めるところにより、その能力に応じて、ひとしく教育を受ける権利を有する。」として定めた第二十六条第一項と、**義務教育**について「すべて国民は、法律の定めるところにより、その保護する子女に普通教育を受けさせる義務を負ふ。義務教育は、これを無償とする。」として定めた同第二項となる。

こうした憲法を受けて、教育の基本を定めるために制定されたのが、**教育基本法**（昭和二十二年三月三十一日法律第二十五号）であった。先に言っておくと、この法律はその後に全部改正されたので、**旧法**と呼ぶ。この第六条第二項が、学校の教員についての規定である。前節で述べたとおり、用語としては、教員が用いられている。

（旧法）教育基本法（昭和二十二年三月三十一日法律第二十五号）

第六条（学校教育）法律に定める学校は、公の性質をもつものであつて、国又は地方公共団体の外、法律に定める法人のみが、これを設置することができる。

2　法律に定める学校の教員は、全体の奉仕者であつて、自己の使命を自覚し、その職責の遂行に努めなければならない。このためには、教員の身分は、尊重され、その待遇の適正が、期せられなければならない。

ここに掲げた一九四七（昭和二二）年に制定された教育基本法は、「法律に定める学校の教員」つまり、教育基本法と同時に制定された**学校教育法**の第一条に定める学校である**一条校**の**教員**について規定している。一条校は、国立でも公立でも私立でも、すべて「公の性質」を持つものであって、それゆえにその教員は**全体の奉仕者**であるとした。全体の奉仕者という言葉は、日本国憲法第十五条第二項に「すべて公務員は、全体の奉仕者であつて、一部の奉仕者ではない。」とある**公務員**の規定である。つまり公務員は、国民全員に対して公平に奉仕するものだという、公僕、パブリック・サーバントの理念を規定している。この一九四七年の教育基本法は、私立学校の教員を、公務員だと間違ったのではなく、国公私立を問わず一条校は公の性質があるので、公務員と同様の公平な奉仕が求められるという考えである。

さらに第六条第二項は、一条校の教員に「自己の使命を自覚し、その職責の遂行に努めなければならない。」という**努力義務**を課している。「努めなければならない。」という文言は、法律上は努力義務という完全な必須の義務ではない事項を意味するが、こうした規定が、教員の自覚や職責についての高い専門性や倫理観を求める根拠となる。さらに後段は「このためには、教員の身分は、尊重され、その待遇の適正が、期せられなければならない。」と続いて、**教員の身分**の尊重や待遇の適正な在り方が述べられている。本書の第12章をはじめ、**教員の働き方改革**が現在の急務であるが、その課題は今に始まったことではなく、すでに一九四七年から強調されているのである。

ここまで述べた旧法の教育基本法が、二〇〇六（平成一八）年に全部改正され、現在の**新法**の教育基本法になった。この全部改正の経緯や条文全体は、『新しい教育通義』を参照されたい。

（新法）教育基本法（平成十八年十二月二十二日法律第百二十号）

（教員）

第九条　法律に定める学校の教員は、自己の崇高な使命を深く自覚し、絶えず研究と修養に励み、その職責の遂行に努めなければならない。

2　前項の教員については、その使命と職責の重要性にかんがみ、その身分は尊重され、待遇の適正が期せられるとともに、養成と研修の充実が図られなければならない。

新法の教育基本法の教員に関する規定は、すでにみた旧法第六条第二項が、教員を規定した独立の条文である第九条となったことに、特徴がある。独立条項として、教員の在り方を独自に強調することに力点があったのである。新法の条文の言葉は、ほぼ、この旧法に含まれている。唯一削除されたのが、いわば私立学校教員についての憲法の規定との整合性に説明を要する、全体の奉仕者という規定の削除である。私立学校の持つ公の性質が否定されたのではなく、公務員ではないという点が明確になったと解釈できる。

次に増えた部分は、第九条第一項の「絶えず研究と修養に励み、」という学問的・専門的な**研究**と人格的な**修養**の重視、同第二項の「養成と研修の充実が図られなければならない。」という**養成**と**研修**の重視である。研究と修養をあわせると、文字どおり研修になる。こうした研修の重視は**教育公務員特例法**（昭和二十四年一月十二日法律第一号）において、公務員を対象に法制化されてきたので、この点では私立学校教員もまた公務員と同様に研修が保障されたことになる。また、第1章で考えた大学における学校教員の養成が焦点になっていることもわかる。

教育の機会均等、義務教育、学問の自由といった日本国憲法が保障する国民の権利が基本となる。この憲法上の権利を実現するために、学校の教員についての使命や責務を定め、その身分や待遇を保障し、その養成や研修によって水準を確保することが、教育基本法で定められているのである。

教育の責任者としての保護者

さらに注意しておきたいのは、教員のいる学校があるから子どもが学校に通うという現象的な順序ではなく、あらゆる人々が教育を受けるために学校が必要だから教員を求めるという理念的な順序である。まず、教育があって、学校があって、教員がある。この順序は、第2章でみた歴史の順でもあるのだが、同時に法律の理念も、そうなっている。

教育という原則について考えると、この世に生を受けた子どもは、親のもとで教育を受けることになる。この原則は、**民法**（明治二十九年四月二十七日法律第八十九号）の第八百二十条（監護及び教育の権利義務）において、「親権を行う者は、子の利益のために子の監護及び教育をする権利を有し、義務を負う。」と定めている。衣・食・住を確保する**監護**と知・徳・体に及ぶ**教育**は、**親権者**としての権利と義務なのである。この規定は、歴史的にはフランス革命期のナポレオン法典から継承され、明治民法から若干の変更を伴いながらも、現在に至っている。

この親の義務としての教育を学校教育において実現することを定めたのが、戦後改革の所産である日本国憲法第二十六条第二項の義務教育の規定である。「その保護する子女に」対して「普通教育を受けさせる義務を負ふ」ことになる「すべて国民」とは、保護する子どもがいる親権者つまり**保護者**としての義務なのである。この親権者・保護者の義務を実現するために、学校が置かれて、そこで教員が教育を行う。つまり、本来的には人類悠久の歴史のなかで親が子を育てたという前提のもとで、戦後日本の日本国憲法下では、教育基本法と学校教育法の定めるとおりの九年間の義務教育として親が子に教育を保障することになる。ここで、教師は親の代わりに教育を行う信託を受けた人ということになる。あくまでも代理人や受託人にすぎないのである。

この原則は当たり前すぎるが、決して忘れてはならない。あくまでも親が子どもを育てる、専門家としての学校の教員は、人間が一人前になるための支援者である。この原則を明確にするために、教育基本法は次のように定めている。

（新法）教育基本法（平成十八年十二月二十二日法律第百二十号）

（家庭教育）

第十条　父母その他の保護者は、子の教育について第一義的責任を有するものであって、生活のために必要な習慣を身に付けさせるとともに、自立心を育成し、心身の調和のとれた発達を図るよう努めるものとする。

2　国及び地方公共団体は、家庭教育の自主性を尊重しつつ、保護者に対する学習の機会及び情報の提供その他の家庭教育を支援するために必要な施策を講ずるよう努めなければならない。

新法で追加された第十条（家庭教育）の眼目は、保護者の有する**第一義的責任**である。第一義的責任とは、本来の、一番目の責任ということである。教師はこの第一義的責任のうち、限定された一部を引き受けて、保護者の代理として学校教育にあたる存在である。民法第八百二十条（監護及び教育の権利義務）の定めるとおり、子どもの監護と教育の全般にわたって責任を持っている教育主体は、親権者、保護者なのである。このことを頑張りすぎる教師は、忘れやすい。教師が子どもの衣・食・住にわたる監護を保障することは不可能であるし、教育についても担任する年度や教科の営みにすぎない。「うちの子の成績がなかなか向上しない」という両親の声に、「近所の公園で騒いでいる子どもがいる」という住民の声に、学校の教員は相談者や調整者として専門性をもって責任を果たすべきであり、しかしながらその解決のすべてを引き受けることは難しい。

（新法）教育基本法（平成十八年十二月二十二日法律第百二十号）

（学校、家庭及び地域住民等の相互の連携協力）

第十三条　学校、家庭及び地域住民その他の関係者は、教育におけるそれぞれの役割と責任を自覚するとともに、相互の連携及び協力に努めるものとする。

教育にかかわる大人たちは、保護者や学校の教員だけではなく、**地域住民**もまた社会教育の主体である。こうして、学校と家庭と地域が、教育における役割と責任を自覚して、相互に**連携協力**を進める必要がある。切迫した子育ての課題を有する保護者も、地域のすべての人々と言い換えることのできる住民も、いわば自然と誰もが教育者となる。このなかで学校の教員は、職業として教育にあたる専門家であるから、保護者や地域住民のよき相談相手であり、調整役でなければならない。通学路をどうするか、地域行事に児童・生徒がどう参加するかといったテーマをはじめ、対話と調整が不可欠である。

専門家としての教師と免許

こうして、学校の教育にあたる専門家としての教師の役割が明確になる。誰もが、子どもを授かり、あるいは養子などの民法上の制度で、親権者、保護者となることができる。しかし、学校の教員は誰でもなれるわけではない。そのために、第1章で概観したとおりの教員養成があり、免許制度があるわけである。

教育職員免許法（昭和二十四年五月三十一日法律第百四十七号）は第1章で考えたとおり、学校の教員の免許の基本となっている法律である。

教育職員免許法（昭和二十四年五月三十一日法律第百四十七号）

（この法律の目的）

第一条　この法律は、教育職員の免許に関する基準を定め、教育職員の資質の保持と向上を図ることを目的とする。

（定義）

第二条　この法律において「教育職員」とは、学校（学校教育法（昭和二十二年法律第二十六号）第一条に規定する幼稚園、小学校、中学校、義務教育学校、高等学校、中等教育学校及び特別支援学校（第三項において「第一条学校」という。）並びに就学前の子どもに関する教育、保育等の総合的な提供の推進に関する法律（平成十八年法律第七十七号）第二条第七項に規定する幼保連携型認定こども園（以下「幼保連携型認定こども園」という。）をいう。以下同じ。）の主幹教諭（幼保連携型認定こども園の主幹養護教諭及び主幹栄養教諭を含む。以下同じ。）、指導教諭、教諭、助教諭、養護教諭、養護助教諭、栄養教諭、主幹保育教諭、指導保育教諭、保育教諭、助保育教諭及び講師（以下「教員」という。）をいう。

〔第二項以下省略〕

第二条（定義）の第一項までを掲載した。ここで確認しておきたいことは、免許に関しては、教員を**教育職員**と呼ぶ。現在の教育職員は、大学と高等専門学校を除く一条校の教諭や講師などである。この法律が教育職員という教員と異なる言葉を使う歴史的背景は、一九四九（昭和二四）年に法律が制定されたときには、校長、教育長、指導主事の免許が存在して、この法律で定めていたという経緯もある。第二条第一項に多くの職位が列記されるが、こうした説明は第11章で行い、免許制度は第9章で述べるので、ここでは省略したい。

免許状とは、その免許が付与されていない者に対して、免許されるべき行為を禁止するときに発効される。道路交通法（昭和三十五年六月二十五日法律第百五号）が運転免許を持たない者の運転を禁じていることも同様である。教育職員の免許状は、校種や教科などを明示して授与される。

この免許状の存在、あるいは免許という法律上の規定の存在が、学校の教員の**専門性**を典型的に示している。

第三節　国立と公立と私立

設置者の区分

一条校は、**設置者**によって、国立と公立と私立に分類される。**学校教育法**の規定を見てみよう。設置者とは、単に学校を建築するのではなく、それを経費も含めて維持管理していくものである。

学校教育法（昭和二十二年三月三十一日法律第二十六号）

第二条　学校は、国（国立大学法人法（平成十五年法律第百十二号）第二条第一項に規定する国立大学法人及

び独立行政法人国立高等専門学校機構を含む。以下同じ。）、地方公共団体（地方独立行政法人法（平成十五年法律第百十八号）第六十八条第一項に規定する公立大学法人（以下「公立大学法人」という。）を含む。次項及び第百二十七条において同じ。）及び私立学校法（昭和二十四年法律第二百七十号）第三条に規定する学校法人（以下「学校法人」という。）のみが、これを設置することができる。

2　この法律で、国立学校とは、国の設置する学校を、公立学校とは、地方公共団体の設置する学校を、私立学校とは、学校法人の設置する学校をいう。

これが、私たちが慣れ親しんでいる「小学校は公立でした」「高校は私立だったの」という日常語になっている。設置者に関係する法律がカッコ内に引用されて複雑な構成の条文であるが、とりあえず、図表3のように整理できる。

国が設置するのが**国立学校**であるということは、わかりやすいが、行政改革によって、二〇〇四（平成一六）年四月から**法人化**、つまり別個の法律上の人格を与えられた組織である法人となって、事実上は国民の税金で運営されるが、国そのものからは独立した。国立大学はそれぞれ**国立大学法人**が設置する大学として改組され、国立の高等専門学校は一括して**独立行政法人国立高等専門学校機構**の設置する高等専門学校となった。国立大学の附属学校は、国立大学法人の設置する学校である。たとえば国立大学法人東京大学が東京大学や東京大学教育学部附属中等教育学校を設置するということである。

図表3　国立と公立と私立

区別	学校	設置者
国立	国立学校	国、国立大学法人、独立行政法人国立高等専門学校機構
公立	公立学校	地方公共団体（都道府県・市町村）、公立大学法人
私立	私立学校	学校法人

地方公共団体、つまり都道府県、市町村、さらに加えると特別区（東京都の二三区）や、規模などの事情で地方公共団体が合同した組合が設置する学校が、**公立学校**である。こちらも行政改革で、**公立大学法人**が公立大学に置かれたので、公立大学附属学校は、公立大学法人が設置者となる。公立学校の多くは、市町村立の幼稚園、小学校、中学校、都道府県立の高等学校、特別支援学校が該当する。

私立学校法（昭和二十四年十二月十五日法律第二百七十号）の定める**学校法人**が設置するのが、**私立学校**である。念のために言うと、私立と言っても、一個人が設置者になる制度ではなく、必ず学校法人を設立して、公の性質を持つ一条校にふさわしい私立学校を設置することが求められる。なお、特区制度により株式会社立の一条校も認められているが、制度としては例外であるから、特区なのである。

任命権者と教員の身分

次に免許を持っている者は、それに相当する学校や担当教科の教諭などになることができる。ときどき、初年次の履修者から「え、免許をもらっても、すぐに教員にならないんだ！」と不思議な感想をもらうときがあるが、免許がそのまま就職を意味すると思っている人が意外と多い。医師免許や運転免許は、たしかに医療行為や運転ができるが、それでも病院や自動車がないと始まらない。つまり学校に就職して、**教員の身分**を獲得しなければいけないのである。図表4を見ながら、これからの説明を読んでほしい。

学校に就職することは、公立であれば**公務員**、つまり地方公共団体の**職員**という身分になることを意味する。学校教員の多数は公立学校に勤務する**地方公務員**である。一般に労働法令では、就職は、企業等の**使用者**、**雇用者**と労働契約を結んで、**労働者**、被雇用者、従業員になることを意味する。公務員の場合、雇用する側は国家公務員で

図表4　国立・公立・私立の教員の適用法令など

区別	学校	教員の身分	適用される法律など	
国立	国立学校	国立大学法人の職員	日本国憲法 教育基本法 学校教育法 教育職員免許法 労働関係の法律など	国立大学法人の規則など
公立	公立学校	地方公共団体の職員、公務員、教育公務員		地方公務員法 教育公務員特例法など
私立	私立学校	学校法人の職員		学校法人の規則など

は国、地方公務員では地方公共団体である。一般的な雇用と区別して、**任命**（教諭などの職位に任命する）や**採用**（初めて職員になること）や**任用**（採用のほか昇格、降任、転任を含む）と呼ぶ。公立学校の教諭の立場は、地方自治体に任用されている地方公務員であるから、基本的な法令としては、**地方公務員法**（昭和二十五年十二月十三日法律第二百六十一号）が適用される。直接に任用するのは、公立学校の教員の場合は、**地方教育行政の組織及び運営に関する法律**（昭和三十一年六月三十日法律第百六十二号）により地方公共団体に置かれる**教育委員会**である。都道府県、市町村、東京都の特別区、地方公共団体が合わさった組合に、この教育委員会が置かれることになる。詳しい説明は、第7章で行うが、公立学校では、この都道府県教育委員会や政令指定都市教育委員会が教員を教諭や講師などに任命する立場となるので、教育委員会を**任命権者**と言う。

国立学校の教諭などは、国立大学附属学校などに限られるが、従来は**国家公務員法**（昭和二十二年十月二十一日法律第百二十号）に基づく**国家公務員**であった。しかし、この国立学校を直接に国が設置していたことが、行政改革により、国立大学は**国立大学法人**が、国立の高等専門学校は**独立行政法人国立高等専門学校機構**が設置することになったので、こうした法人が**雇用者**となった。国立学校の教員も、この法人の**職員**となり、**労働者**や被雇用者であっても、正確には公務員ではない立場となった。しかし、国立大学法人の財政が国費によって大半が負担されていることは事実である。このため、法律上は微妙な用語だが、国立学校の教員について、**みなし公務員**と呼ぶことがある。みなし公務員は、国や地方公共団体の正規の公務員ではない非常勤職員などが、公務員と同様の法令を適用される場合に用いる用語だが、国立学校の教員については、多くは公務員と同様の規定が国立大学法人によって設けられることになる。しかし後述するように法律の根拠がなくては有効とならない規定は、法人の規定であっても有効とはならない。

教員である公務員つまり**教育公務員**に適応される法律に、**教育公務員特例法**がある。以前はこの法律は国立学校の教員にも適用されていたが、法人化に伴い、公立学校のみの適用となった。こうした地方公務員法や教育公務員特例法の重要な内容については、第4章から第8章までで説明する。

私立学校では**学校法人**が雇用する立場となり、これは一般の雇用関係同様に**雇用者**、私立学校の**職員**、一般的には**労働者**となる。当然のことながら公務員ではないので、地方公務員法は適用されない。学校法人は、**私立学校法**によって法人となり、一条校などを設置できる組織である。全くの私的な団体と異なって、大学設置法人は文部科学省、それ以外は都道府県の監督を受け、公の支配のもとにあると解釈される。私立学校は自主性が認められ、宗教も含めて建学の精神を自由に定めることができる。こうした意味でも、私立学校の教員は公務員とみなすことはできない。

ここまで、教員の身分について、法令から論じてきた。こうした法令上の立場が、教員の義務を定めたり、権利を守ったりすることになる。ここまでの説明で授業では「私は絶対に私立学校の教員になりたいのですが、地方公務員としての公立学校の教員のルールはどこまで覚えるべきでしょうか」という質問が寄せられる。回答は簡単で「私立学校に勤めるつもりならば、多数でもあり、私立学校が標準としてみなす公立学校の教員のルールを必ず知る必要がある。それを知らないと何が常識で、何が非常識かもわからない」となる。さらに、劣悪な雇用条件で問題になった私立学校の事例などを説明して、身を守る意味を伝えることにしている。

みなし公務員と呼ばれる国立学校教員にとっても、建学の精神のもと多様性のある職場環境にある私立学校教員にとっても、また不安定な契約関係で努力している非常勤講師にとっても、次章から述べる公立学校教員、つまり地方公務員のケースは、本章で述べた立場を前提にして、深く学んでおいてほしい。

第4章
職務上の義務

キーワード

服務　地方公務員法　職務上の義務　服務の宣誓
法令遵守義務　職務命令　指導助言　職務専念義務

要　約

勤務に服することを地方公務員法では服務という。とりわけ勤務時間の間は、公務員として行う必要のある職務上の義務が定められている。勤務の初日には、服務の宣誓を行う。そして、公務員としては上司の職務上の命令や法令に従う義務がある。こうした法令遵守義務や職務命令の遵守は、どんな職場でも契約されているものであるが、これを法律に基づいて行うことが公務員の重要なところである。また勤務時間中は職務に専念する義務も定められている。公務員である教員にもこうした義務は適用されるが、教員の専門性から、職務命令とともに、指導助言が大切にされる。

第3章で、教師の立場について、法令上の教員の身分をめぐる規定から読み解いた。それでは教員が役割を果たすために、あるいは教員という身分をめぐって、どんな義務が生じるのだろうか。この章では、教師のなかの多数を占める公立学校の教諭に適用される地方公務員としての規定から、論じていくことになる。こうした内容は、国家公務員やそれに準じる立場にある国立学校の教員や、また同じような内容を規則や契約などで求められる私立学校の教員にとっても重要である。

第一節　服務とは何か

なぜ服務を定めるか

公務員の法令では、勤務に服すること、仕事を行うことを、**服務**と呼ぶ。ここには、公務員には、するべきことや、してはならないことがあるという前提がある。

地方公務員法（昭和二十五年十二月十三日法律第二百六十一号）は、これから何度も出てくるが、ここには服務のほか、地方公務員に関する多くの条項が含まれている。

（この法律の目的）

第一条　この法律は、地方公共団体の人事機関並びに地方公務員の任用、人事評価、給与、勤務時間その他の勤務条件、休業、分限及び懲戒、服務、退職管理、研修、福祉及び利益の保護並びに団体等人事行政に関する根本基準を確立することにより、地方公共団体の行政の民主的かつ能率的な運営並びに特定地方独立行政法人の事務及び事業の確実な実施を保障し、もつて地方自治の本旨の実現に資することを目的とする。

服務を何のために定めるかと言うと、「地方公共団体の行政の民主的かつ能率的な運営並びに特定地方独立行政法人の事務及び事業の確実な実施を保障し、もつて地方自治の本旨の実現に資することを目的とする。」という目的が記されている。地方公務員の活躍によって、都道府県・市町村・地方独立行政法人がきちんと機能すれば、地方自治の本来の姿が実現するということである。**地方自治の本旨**とは、**日本国憲法**（昭和二十一年十一月三日憲法）の第九十二条に「地方公共団体の組織及び運営に関する事項は、地方自治の本旨に基いて、法律でこれを定める。」として登場する文言であり、地方自治を重んじることが憲法の原則となっている。

この目的を踏まえて、地方公務員法は次のように服務の根本基準を定めている。

（服務の根本基準）

第三十条　すべて職員は、全体の奉仕者として公共の利益のために勤務し、且つ、職務の遂行に当つては、全力を挙げてこれに専念しなければならない。

ここの主語となる**職員**には、教員も含めたすべての公務員が含まれる。公務員の立場として、**日本国憲法**の第十五条第二項に「すべて公務員は、全体の奉仕者であつて、一部の奉仕者ではない。」として、全体の奉仕者として公務員を規定している。この点は公立学校教員のみならず、私立学校教員を含めた教員一般についても、**教育基本法**（平成十八年十二月二十二日法律第百二十号）第九条（教員）で、「法律に定める学校の教員は、自己の崇高な使命を深く自覚し、絶えず研究と修養に励み、その職責の遂行に努めなければならない。」と定めていることとも通底する。

仕事のオンとオフ

さて、こうした公務員にも、毎日の生活がある。仕事をしている**勤務時間**とそれ以外の時間、オンとオフがある。服務は通常は勤務時間中に行う行為だが、全体の奉仕者としての身分は勤務時間以外でも保持している。こうしたことから、服務を理解するために、勤務時間内の義務を**職務上の義務**、勤務時間外を含めて公務員という身分に関する義務を**身分上の義務**と区別する。義務を列記すると図表1のようになる。本章では、これから職務上の義務を説明し、続く第5章では身分上の義務を説明する。

図表1　職務上の義務と身分上の義務

- 職務上の義務
  - 服務の宣誓
  - 法令等及び上司の職務上の命令に従う義務
  - 職務に専念する義務
- 身分上の義務
  - 信用失墜行為の禁止
  - 秘密を守る義務
  - 政治的行為の制限
  - 争議行為等の禁止
  - 営利企業への従事等の制限

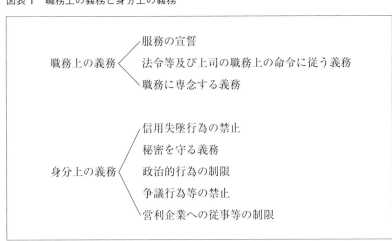

第二節　服務の宣誓

職務を開始する服務の宣誓

公務員として職務を始めるにあたって、最初に行うことが**服務の宣誓**である。地方公務員法の第三十一条の規定は簡潔明瞭である。

（服務の宣誓）

第三十一条　職員は、条例の定めるところにより、服務の宣誓をしなければならない。

服務の宣誓の具体的なスタイルは、「条例の定めるところ」による。**条例**とは、**日本国憲法**の第九十四条「地方公共団体は、その財産を管理し、事務を処理し、及び行政を執行する権能を有し、法律の範囲内で条例を制定することができる。」と明記されている地方公共団体の制定するルールである。

これを構造として示すと、日本国憲法が全体の奉仕者としての公務員や地方自治を定め、そのもとに地方公務員法が定められ、その地方公共団体の職員になるためには地方自治の本旨に基づいて定められた、その地方公共団体の条例によって宣誓をするということである。

話が横にそれるが、口頭で宣誓することが最も信用に価するという文化は、西洋社会で定着して、明治維新以後に日本に広がっていった。学校に入学するときに誓いを述べる入学宣誓式は、明治期には大学などでも見られたが、今でもキリスト教系私学で継承している例が多い。むしろ学校文化に定着したのは、スポーツ大会で代表者が発する「宣誓！　われわれは〜」という言葉である。「先生！」だと思っていた子ども時代の記憶もある。一方、日本では「漢《かんの》委《わの》奴《なの》国王《こくおう》」の金印のように中国から印鑑が伝来して、律令制により印鑑の文化が定着したので、基本は捺印をしたものが最も正式であると認識されている。

宣誓の実例

それでは、東京都の条例に基づく宣誓について確認しておこう。

職員の服務の宣誓に関する条例（昭和二十六年二月二十二日条例第十五号）

（職員の服務の宣誓）

第二条　新たに職員となつた者は、任命権者の定める上級の公務員の前で、別記様式による宣誓書に署名してからでなければ、その職務を行つてはならない。但し、地震、火災、水害又はこれらに類する緊急の事態に際し必要な場合においては、宣誓を行う前においても職員にその職務を行わせることができる。

〔省略〕

別記様式一（公営企業職員、教育公務員、警察職員及び消防職員を除くその他の職員）

宣誓書

私は、ここに、主権が国民に存することを認める日本国憲法を尊重し、且つ、擁護することを固く誓います。

私は、地方自治の本旨を体するとともに公務を民主的且つ能率的に運営すべき責務を深く自覚し、全体の奉仕者として、誠実且つ公正に職務を執行することを固く誓います。

年　月　日

氏名　　印

〔様式二省略〕

様式三（教育公務員）

宣誓書

私は、ここに、主権が国民に存することを認める日本国憲法を尊重し、且つ、擁護することを固く誓います。

私は、地方自治及び教育の本旨を体するとともに公務を民主的且つ能率的に運営すべき責務を深く自覚し、全体の奉仕者として、誠実且つ公正に職務を執行することを固く誓います。

年　月　日

氏名　　印

様式四（警察職員）

宣誓書

私は、日本国憲法、法令、条例その他の諸法規を忠実に擁護し、命令を遵守し、警察職務に優先してそれに従うべきことを要求する団体又は組織に加入せず、何ものにもとらわれず、何ものをも恐れず、何ものをも憎まず、良心のみに従つて、公正に警察職務の遂行に当ることを厳粛に誓います。

年　月　日　　　　　　　　氏名　　　　　　印

〔以下省略〕

該当部分と別記様式、一般の公務員と、**教育公務員**つまり教員と、警察職員つまり警察官を、比較して参考にするために抜粋した。「氏名　印」とそれぞれあるが、口頭の宣誓だけではなく、氏名の記載に続けて捺印を求めていて、東西の文化の折衷様式である。

憲法擁護義務

これまで何度も出てきたように、**日本国憲法**には、公務員について**全体の奉仕者**という文言があって、それが宣誓書に盛り込まれている。冒頭の「主権が国民に存することを認める日本国憲法を尊重し、且つ、擁護すること」という文言も、日本国憲法の規定に依拠する。**憲法擁護義務**という点では、前文において「日本国民は、国家の名誉にかけ、全力をあげてこの崇高な理想と目的を達成することを誓ふ。」という文言があるが、法的拘束力のある本文、第九十九条において「天皇又は摂政及び国務大臣、国会議員、裁判官その他の公務員は、この憲法を尊重し擁護する義務を負ふ。」と公務員の憲法擁護義務として定めている。これは、**大日本帝国憲法**（明治二十二年二月十一日憲法）が公布文（上諭）において「朕カ現在及将来ノ臣民ハ此ノ憲法ニ対シ永遠ニ従順ノ義務ヲ負フヘシ」と述べて、天皇が臣民に憲法擁護義務を課した、国王が定めた**欽定憲法**であることと対照をなしている。一方、日本国憲法は大日本帝国憲法の規定により全部改正したとはいえ、その前文に「日本国民」が「ここに主権が国民に存することを宣言し、この憲法を確定する。」と言い切った**民定憲法**である。そのため、国民が天皇を含めてすべての公務員に対して、憲法擁護義務を定めていることになる。このことは、地方公務員法第十六条（欠格条項）第四号で、「日本国憲法施行の日以後において、日本国憲法又はその下に成立した政府を暴力で破壊することを主張する政党その他の団体を結成し、又はこれに加入した者」を公務員として任用しないという**欠格条項**に連動する。幕府や明治政府への反乱（実際には存命する年齢ではない）や、日本国憲法の手続きによる政権交代や政体変革は対象とならないが、現在の政府を暴力により破壊する団体メンバーは、公務員として認められない。なお公務員である教員だけではなく私立学校も含めて教員である前提の免許状については、第9章でみるように、教育職員免許法（昭和二十四年五月三十一日法律第百四十七号）でも、この欠格条項と同様に第五条（授与）第一項第六号に規定することで、教員免許状を授与する条件としている。

地方自治の本旨と教育の本旨

さて、東京都の条例に戻ってみたい。一般の公務員には「地方自治の本旨を体する」という文言があり、先に見た日本国憲法の**地方自治の本旨**が宣誓されることを意味する。次に教育公務員をみると、「地方自治及び教育の本旨を体する」とあり、**教育の本旨**が並んで述べられている。教育の本旨という言葉そのものは、日本国憲法にも、他の法令にも定義されていない。従って、法令で言えば、日本国憲法が教育について述べたものでは、第二十三条のあらゆる人々に保障された**学問の自由**や、第二十六条のあらゆる人たちに開かれた学校教育を定めた**教育の機会均等**と**義務教育**、さらに教育の理念や目的などを明示した**教育基本法**を念頭に置けばよい。

続いて、一般の公務員も教育公務員も、先に見た全体の奉仕者の規定に前後して、「公務を民主的且つ能率的に運営すべき責務を深く自覚し、全体の奉仕者として、誠実且つ公正に職務を執行すること」と記されている。平たく言えば、全体の奉仕者として、きちんと仕事をしますということであり、この内容は、第四節に説明する職務専念義務に連動する。

比較としてあげた警察職員については、一般の公務員や教育公務員と比較して、ものものしい表現となっている。これは、警察職員が危険を伴う職務であることなどから厳密な規定となっている。

なお、第二条の但し書きとして、「但し、地震、火災、水害又はこれらに類する緊急の事態に際し必要な場合においては、宣誓を行う前においても職員にその職務を行わせることができる。」という**緊急事態**の対応が、明記されている。職務の宣誓は、公務員としての職務を開始することを明確にするためのものであるが、同時に儀礼的な性格を持っているため、緊急事態では職務が優先することを明確にしている。逆の言い方をすれば、この宣誓の文言に記されるようなことは、すでに公務員となる前に本人は理解しているという前提がある。これは単なるタテマエではなく、実際に公務員の採用試験や教員の選考では、こうした内容が出題されているのである。

第三節　法令遵守義務と職務命令

職務上の義務の二つ目は、**法令等及び上司の職務上の命令に従う義務**である。地方公務員法第三十二条を見てみよう。

（法令等及び上司の職務上の命令に従う義務）
第三十二条　職員は、その職務を遂行するに当つて、法令、条例、地方公共団体の規則及び地方公共団体の機関の定める規程に従い、且つ、上司の職務上の命令に忠実に従わなければならない。

見出しにある「法令等及び上司の職務上の命令に従う義務」を二つに分ければ、前半は法令等に従う義務として、一般的に社会でも用いられている言葉としては、**法令遵守義務**つまり**コンプライアンス** compliance にあたる。この法令遵守義務は、公務員の世界よりも、民間企業の社会的責任として広く強調される言葉である。後半は上司の職務上の命令に従う義務である。この上司の命令は、**職務命令**と呼ばれる。この命令は、民間企業では業務命令と呼ばれることが多い。たとえば、上司が残業を命じたので、その残業は残業手当が支払われるべき労働であるといった場面で使われる。

職務命令の有効性

前節までにみたように、公務員の法令遵守義務は、日本国憲法第九十九条の**憲法擁護義務**に基づき、さらに職務の宣誓で述べたとおり、そのもとの法令や条例をも遵守することが求められる。上司から発せられる命令も、この法令や条例などに基づくものが有効性の根拠となる。たとえば校長が若手の教諭に「ちょっと煙草を買ってきて」と命令するのは、個人の用事であるから職務命令には相当しない。それどころか、健康増進法（平成十四年八月二日法律第百三号）をはじめとする法令や条例などに反するので、命じられた教員はこれを拒否しなければならないのである。

こういう命令をどこまで守るべきかは、命令の絶対的な遵守が求められる戦争をめぐって、命令に反抗する**抗命権**と呼ばれる伝統的な文学上のテーマでもある。ホメロスの『イリアス』も、怒れるアキレウスがトロイの戦場で命令に抗する物語である。楠木正成の旗印「非理法権天」（非は理に克《か》たず、理は法に克たず、法は権に克たず、権は天に克たず）は偽書とされるが、北朝に抗命した南朝の忠臣にふさわしい。

職務命令と命令権者

重い話で始まったが、職務命令は、出張や残業など大量にある。たとえば、校区内を自家用車や公用車で短時間移動するのも、旅行命令が発せられることになる。もちろん、それを一つひとつ命令書にはできないから、簡単に記録しておくことになる。東京都教育委員会の教育関係職員の旅費支給規程（昭和四十八年六月三十日教育委員会訓令第十八号）にある旅費手続きのなかでも、一番簡単な様式を参考に図表2に提示した。

図表2　旅行命令簿兼旅費請求内訳書（東京都教育委員会）

旅行命令簿兼旅費請求内訳書

〔　　年　　月分〕

所属		職層名		級	給料表（　　）級	氏名		受領印	

命令権者印	関与者印	旅行者印	旅行月日	旅行時間	旅行用務	旅行先	旅行の経路（出発駅—経由—到着駅）	公用車・マイカー	交通実費	旅行の区分	1km以下	旅行雑費
			月　日	時　分から 時　分まで				公・自 マイカー	円	内・外		円
			月　日	時　分から 時　分まで				公・自 マイカー	円	内・外		円
			月　日	時　分から 時　分まで				公・自 マイカー	円	内・外		円
			月　日	時　分から 時　分まで				公・自 マイカー	円	内・外		円
			月　日	時　分から 時　分まで				公・自 マイカー	円	内・外		円
			月　日	時　分から 時　分まで				公・自 マイカー	円	内・外		円
			月　日	時　分から 時　分まで				公・自 マイカー	円	内・外		円
			月　日	時　分から 時　分まで				公・自 マイカー	円	内・外		円
								計	円			円
												円

（記入注意事項）

1　旅費を請求する際には、この旅行命令簿を複写し、複写物の「旅行命令簿確認印」欄に押印の上、支出命令書の添付書類とすること。

2　「旅行の経路」、「公用車・マイカー」、「交通実費」の各欄は、原則として当該旅行者が旅行の都度記載すること。

3　「公用車・マイカー」欄は、旅行者が公用車を利用して旅行した場合には「公」を、自動車運転手が旅行した場合には「自」を、自家用車出張を認められた職員が自家用車を利用して旅行した場合には、「マイカー」をそれぞれ○で囲むこと。

4　「交通実費」欄は、鉄道賃、船賃及び車賃の実費額を記載すること。

5　「旅行の区分」欄は、当該旅行が近接地内旅行の場合には「内」を、近接地外旅行の場合には「外」をそれぞれ○で囲むこと。

6　「1km以下」の欄には、在勤庁から1km以下の地域を旅行した場合には、○を付すること。

7　「旅行雑費」欄は、近接地外旅行の場合には旅行雑費の額の他に(　)書で行程(キロ数)を記載すること。

旅行命令簿確認印（原本には押印しないこと。）	

この図表2に出てくる**命令権者**が、職務命令を発する上司となる。学校では上司は、**校長**と考えるとよい。細かく言えば、校長の持つ命令権を代行することになる、もっぱら校長を補助する**副校長**、教育にあたりながら校務を整理する**教頭**、教育にあたりながら校務の一部を整理する**主幹教諭**もまた、職務命令を発することができる。図表3には、学校教育法第三十七条の条文から、職務命令の根拠となる、学校の職務全般の**校務**や、所属職員の**監督**に関する箇所を抜粋した。校長のほかの職については、第11章で説明する。

指導助言

学校の様々な役割、つまり校務を実行していくときに、ここに出てくる監督や、職務命令という、いわば「上から目線」の人間関係だけではうまくいかない。これが、第11章でも述べる**チーム学校**という大きな改革が進んでいる前提でもある。一般の公務員と異なり、教育公務員は、教諭も講師も、法律の定めた免許を持つ国家公認のプロフェッショナルである。このため、上下関係によって法的拘束力を持つことになる職務命令のほかに、より自由度や専門性の高い**指導助言**という用語が定着している。指導助言は専門家としてのアドバイスであるから、職務命令を発することのできる校長、副校長なども行うし、その立場にない**指導教諭**という職を定めて、職名どおり指導助言を行う立場の教諭もいる。実際には、主任や主事の立場にある者や、経験豊富な先任者たちも、教

図表3　学校で職務命令を発する者（命令権者）

	職務命令（学校教育法第37条）
校長	校務をつかさどり、所属職員を監督する。
副校長	校長を助け、命を受けて校務をつかさどる。
教頭	校長を助け、校務を整理し、〔略〕
主幹教諭	校長及び教頭を助け、命を受けて校務の一部を整理し、〔略〕

諭や講師に指導助言を与えていく日常的な営みである。

第四節　職務専念義務

職務上の義務の三つ目は、**職務に専念する義務**である。地方公務員法第三十五条を見てみよう。

（職務に専念する義務）

第三十五条　職員は、法律又は条例に特別の定がある場合を除く外、その勤務時間及び職務上の注意力のすべてをその職責遂行のために用い、当該地方公共団体がなすべき責を有する職務にのみ従事しなければならない。

一言で言えば、特別の場合以外は、集中して仕事をしてくださいということである。どんな仕事でもこれはごく常識的な話であるが、職務に専念する義務、略して、**職務専念義務**と言う。この常識を、すでに見たように日本国憲法における全体の奉仕者の規定や服務の宣誓に基づいて、地方公務員法に定めているので、重要な義務となる。

職務上の注意力を職責遂行のために「なすべき責を有する職務のみに従事」するというのは、実際の学校でも教員の日常を思い浮かべると簡単にわかる。担当する授業時間も、そうでない時間も、児童生徒に注意を払って、子どもたちの教育に従事する。様々な事件や事故は突然に起こるものであるから、**注意力**を研ぎ澄まさねばならない。もちろん、これはあらゆる仕事に言えることである。

勤務時間と在校等時間

勤務時間という言葉は、正確に理解する必要がある。職務上の義務であるから、それは勤務時間中の義務である。自宅にいるオフの時間帯まで注意力を集中していると、心身の健康は保てないだろう。そこで勤務時間という概念が重要になる。まず、この勤務時間という用語は、**労働基準法**（昭和二十二年四月七日法律第四十九号）にいう**労働者**の規定が前提となる。労働基準法第三十二条ですべての労働者について週あたり四〇時間以下と一日あたり八時間以下の**労働時間**を定めた規定や、時間外労働その他の規定なども民間の労働者同様に適用される。つまり地方公務員法の勤務時間は、労働基準法の労働時間と同じとみてよい。さらに、地方公務員法第二十四条（給与、勤務時間その他の勤務条件の根本基準）では勤務時間などの勤務条件を地方公共団体の条例等で定め、教育公務員も同様に条例で定めていくことになる。

労働基準法による労働時間は当初の一日八時間・一週四〇時間の基準よりも民間の実態では改善され、二〇〇八（平成二〇）年八月一一日に人事院は民間との均衡を図るため一日七時間四五分・一週三八時間四五分とする勧告を行った。この人事院勧告に基づいて、一般職の職員の勤務時間、休暇等に関する法律（平成六年六月十五日法律第三十三号）つまり**勤務時間法**の改正が行われて、同年九月一日に施行された。これは教育公務員にも適用されている。ただし、教育公務員は、**給特法**と呼ばれる、公立の義務教育諸学校等の教育職員の給与等に関する特別措置法（昭和四十六年五月二十八日法律第七十七号）の定める教育職員として、一般の公務員と異なる優遇としての**教職調整額**を支給することにより、時間外勤務手当及び休日勤務手当は支給しないと定められている。

第12章のテーマになるが先に言っておくと、教員の勤務時間は、**教員の働き方改革**の焦点である。労働基準法でも、残業等の契約や上司の命令で行う一般の労働者とは異なる専門職などの勤務時間の在り方を認めている。専門性が高い教員の働き方から、厳密な時間管理や個別の時間外労働の命令をするのは不合理なので、柔軟性のある時間管理が行われている。しかし、出勤や退勤、授業時間などは定められているので、それを超えた時間外労働がどんどんと増えていく傾向にある。このため文部科学省は、二〇一九（平成三一）年一月二五日に「公立学校の教師の勤務時間の上限に関するガイドライン」を公表して、勤務時間に対して実際に学校で職務を行う時間と学校外の児童生徒引率などの時間をあわせて**在校等時間**を定義した。この在校等時間を正確に把握し、勤務時間を超えた在校等時間が月間に四五時間、年間に三六〇時間を超えないことを求めている。

義務免・職専免

地方公務員法第三十五条（職務に専念する義務）の条文に戻ろう。「法律又は条例に特別の定がある場合を除く外」とあるから、職務専念義務が免除される場合があると定められている。現場用語なので一定しないが、これを**義務免**や**職専免**と呼ぶ。

労働基準法は第三十四条（休憩）において、「使用者は、労働時間が六時間を超える場合においては少くとも四十五分、八時間を超える場合においては少くとも一時間の休憩時間を労働時間の途中に与えなければならない。」と**休憩時間**を定めている、これは公務員にも適用される。つまり学校にいる時間帯で、少なくとも四五分の休憩時間が与えられ、これが職務専念義務が免除されて、休憩の時間となる。なお、食育、給食指導が重視される小学校や中学校などでは、昼食時も勤務を行うため、たとえば六時間目の終了時から退勤時間までに休憩時間が設定されることが多い。この教員の休憩時間の在り方もまた、働き方改革の課題である。

また一定の日数で、勤務日が「お休み」となる**休暇**については、労働基準法に定めるものでは、第三十九条に定める年間一〇労働日以上の**年次有給休暇**、第六十五条に定める出産前後六週間の**出産前後休業**、第六十七条に定める出産後一年間の一日あたり三〇分二回以上の**育児時間**、第六十八条に定める**生理休暇**がある。

この出産前後休業などは女性の権利であるが、実際の育児は性別を問わずに参加するものであるから、育児休業、介護休業等育児又は家族介護を行う労働者の福祉に関する法律（平成三年五月十五日法律第七十六号）、地方公務員の育児休業等に関する法律（平成三年十二月二十四日法律第百十号）などでは、男女ともに、育児のための**育児休業**や、家族の介護のための**介護休業**などを定めている。

こうした休暇や休業等は、あらかじめ手続きが定められているので、本人が申し出て権利を行使することになる。

教員という仕事は、とりわけ残業時間や休憩時間が明確になりやすい一般の公務員と比べても、勤務時間についての在り方は大きな改革の課題となる。教員の働き過ぎは、遅れた職場との印象を与えるが、歴史のなかでは出産や育児の休暇については、女性教員の比率が多い職場として、戦前の日本から取り組みが進んでいたことも忘れてはならない。[*1]

職務上の義務について、正確な理解を持っておくことは、自分自身や児童生徒を守りながら職務を果たし続けるためにも必須の前提になるということを強調しておきたい。

＊註

1　齋藤慶子『「女教員」と「母性」――近代日本における〈職業と家庭の両立〉問題』六花出版、二〇一四年。

第５章
身分上の義務

キーワード

身分上の義務　信用失墜行為の禁止　非違行為　守秘義務
政治的行為の制限　政治的中立性　争議行為等の禁止
営利企業への従事等の制限

要　約

公務員の身分は勤務時間以外も保持されているので、身分上の義務は常に負うことになる。違法行為はもちろん社会的に認められない非違行為を行うことは、信用失墜行為の禁止として定められている。また、秘密を扱う職務であるから、守秘義務も徹底される。公務員の立場には政治的中立性が求められるので、政治的行為の制限も適用される。さらには全体の奉仕者としての立場から、ストライキなどの争議行為等の禁止も規定されている。営利企業への従事等の制限も定められ、教育に関する事業であっても必ず許可が必要である。こうしたことが、地方公務員法などに定められているのである。

第4章では**地方公務員法**（昭和二十五年十二月十三日法律第二百六十一号）の定める勤務時間内の義務を職務上の義務として説明した。この第5章では、勤務時間外を含めて一日中、公務員という身分に関する義務を**身分上の義務**として説明する。具体的には、地方公務員法の定める五つの義務である、信用失墜行為の禁止、秘密を守る義務、政治的行為の制限、争議行為等の禁止、営利企業への従事等の制限について、条文に則して解釈していこう。

第一節　信用失墜行為の禁止

信用と名誉

全体の奉仕者である公務員には、信用や名誉が求められる。地方公務員法の第三十三条、**信用失墜行為の禁止**はこうした前提を損なうことがないように定めている。

（信用失墜行為の禁止）
第三十三条　職員は、その職の信用を傷つけ、又は職員の職全体の不名誉となるような行為をしてはならない。

この条文で信用失墜行為と呼ばれているのは、「その職の信用を傷つけ」る行為か、または「職員の職全体の不名誉となるような行為」となる。ポイントは信用や名誉であるから、すでにみた法令遵守義務のような、法令の明確な規定がないものも含まれることがわかる。もちろん、法令に反することも信用失墜であるが、この信用失墜行為の禁止は、法令と、信用・名誉といったモラルの両方を根拠としている。

非違行為の例

それでは教職員が行ってはならないとされている信用失墜行為には、どのようなものがあるだろうか。東京都教育委員会が定めている、教職員の主な非行に対する標準的な処分量定を見てみよう。これは、第6章でみる懲戒処分の量定の資料なので後に改めて論じるが、この資料は例示が明確なので、ここで全文を掲出したい。第4章でみた職務専念義務の違反にあたる欠勤や、後にみる守秘義務なども包括的に含まれている。この文書で出てくる、タイトルにある**非行**や文中にある**非違行為**は、法令違反も信用・名誉を損なう行為も含んで、信用失墜行為と同義とみてよい。

教職員の主な非行に対する標準的な処分量定（平成十八年四月二十七日、令和二年六月一日一部改正）

東京都教育委員会では、教職員による体罰、わいせつ行為等の非行に対しては、学校教育の信頼を失わせる行為として、懲戒処分をもって厳正に対応してきました。しかし残念ながらこうした非行は後を絶たず、その数は年々増加の一途をたどっています。

こうした状況を踏まえ、教職員の更なる自覚を促し、服務規律の徹底を図るため、このたび、多くの非行事例に対応した処分量定を示すとともに、処分量定の決定や加重する際の考え方を明らかにしました。

1　処分量定の決定

(1)　非違行為の態様、被害の大きさ及び司法の動向など社会的重大性の程度

(2)　非違行為を行った職員の職責、過失の大きさ及び職務への影響など信用失墜の度合い

(3) 日常の勤務態度及び常習性など非違行為を行った職員固有の事情

以上のほか、適宜、非違行為後の対応等も含め、総合的に考慮のうえ判断するものとする。

表の処分量定は、あくまでも標準であり、個別の事案の内容や処分の加重によっては、表に掲げる処分量定以外とすることもあり得る。

また、下に掲げられていない非違行為についても、懲戒処分の対象となり得る。

2 処分量定の加重等

(1) 過去に非違行為を行い懲戒処分を受けたにもかかわらず、再び同様の非違行為を行った場合は、量定を加重する。

(2) 欠勤等の懲戒処分については、本人の責めに帰さない事由がある場合は除く。
注：水難、火災その他の災害又は危難により3週間以上の間生死不明又は所在不明となった場合は、分限免職とすることができる。

3 内部通報及び告発

(1) 非違行為の事実を内部機関に通報した職員は、通報したことにより、いかなる不利益も受けないものとする。

(2) 非違行為の事実を、自ら発覚前に申し出た職員に対しては、懲戒処分の量定を軽減できるものとする。

(3) 職員が行った非違行為のうち、刑事事件に係る事案については、刑事訴訟法に定めるところにより告発又は告訴を行う。

非行の種類			処分の量定
体罰等		・体罰により児童・生徒を死亡させ、又は児童・生徒に重篤な後遺症を負わせた場合 ・極めて悪質又は危険な体罰を繰り返した場合で、児童・生徒の苦痛の程度が重いとき（欠席・不登校等）	免職
		・常習的に体罰を行った場合 ・悪質又は危険な体罰を行った場合 ・体罰により傷害を負わせた場合 ・体罰の隠ぺい行為をした場合	停職 減給
		・体罰を行った場合	戒告
		・暴言又は威嚇を行った場合で、児童・生徒の苦痛の程度が重いとき（欠席・不登校等） ・常習的に暴言又は威嚇を繰り返した場合 ・暴言又は威嚇の内容が悪質である場合 ・暴言又は威嚇の隠ぺい行為を行った場合	停職 減給 戒告
児童・生徒へのいじめ		・児童・生徒へのいじめ又は児童・生徒間のいじめへの加担若しくは助長を行った場合で、その内容が悪質である場合、児童・生徒の苦痛の程度が重い場合（欠席・不登校等）、隠ぺいや常習性がある場合等を総合的に判断	免職 停職
		・児童・生徒へのいじめ又は児童・生徒間のいじめへの加担若しくは助長を行った場合	減給 戒告
性的行為、セクシュアル・ハラスメント等	・強制わいせつ、児童ポルノの製造・所持・提供等、公然わいせつ、住居侵入（わいせつ等目的）、のぞき、下着窃盗、痴漢行為・盗撮等の迷惑防止条例違反、青少年健全育成条例違反、ストーカー行為等の規制等に関する法律違反等（未遂を含む。）を行った場合		免職
	児童・生徒に対する性的行為等	・同意の有無を問わず、性行為を行った場合（未遂を含む。） ・同意の有無を問わず、直接陰部、乳房、でん部等を触わる、又はキスをした場合	免職
		・性的行為と受け取られる直接身体に触れる行為（マッサージ、薬品の塗布、テーピング等を行う際の行為も含む。）を行った場合 ・性的行為と受け取られる着衣の上から身体に触れる行為を行った場合 ・わいせつな内容のメール送信・電話等又はメール等で性的行為の誘導・誘惑を行った場合	免職 停職
		・性的な冗談・からかい、食事・デートへの執ような誘い等の言動を行い性的不快感を与えた場合	減給 戒告
	保護者に対する性的行為等	・同意の有無を問わず、性行為を行った場合（未遂を含む。） ・同意の有無を問わず、直接陰部、乳房、でん部等を触わる、又はキスをした場合 ・性的行為と受け取られる直接又は着衣の上から身体に触れる行為をした場合 ・わいせつな内容のメール送信・電話等又はメール等で性的行為の誘導・誘惑を行った場合	免職 停職 減給
		・性的な冗談・からかい、食事・デートへの執ような誘い等の言動を行い性的不快感を与えた場合	減給 戒告

非行の種類			処分の量定
性的行為、セクシュアル・ハラスメント等	職場におけるセクシュアル・ハラスメント等	・地位を利用して強いて性的関係を結び又はわいせつな行為を行った場合 ・わいせつな内容のメール送信・電話等、身体接触、つきまとい等の性的な言動を繰り返して相手が強度の心的ストレスにより精神疾患に罹患した場合	免職 停職
		・わいせつな内容のメール送信・電話等、身体接触、つきまとい等の性的な言動を繰り返した場合 ・相手の意に反することを知りながらわいせつな言辞等の性的な言動を行った場合	停職 減給
		・職場等において相手に性的な冗談・からかい、食事・デートへの執ような誘い等の言動を行い性的不快感を与えた場合	減給 戒告
	一般の者に対する性的行為等	・性的な身体接触、性的な発言等のわいせつ性が認められる言動を行った場合	停職減給 戒告
パワー・ハラスメント		・パワー・ハラスメントを行ったことにより、相手が強度の心的ストレスの重積による精神疾患に罹患した場合	免職停職 減給
		・パワー・ハラスメントを行ったことについて指導、注意等を受けたにもかかわらず、パワー・ハラスメントを繰り返した場合	停職 減給
		・パワー・ハラスメントを行ったことにより、相手に著しい精神的又は身体的な苦痛を与えた場合	停職減給 戒告
公金公物の横領等		・横領、窃盗、詐取	免職
		・故意に公物を損壊した場合 ・諸給与の違法支払・不適正受給 ・公金・学校徴収金の流用等不適正な処理をした場合	停職 減給 戒告
		・重大な過失により、公金又は公物の盗難に遭った場合 ・公金又は公物を紛失した場合	減給 戒告
収賄、供応等		・収賄をした場合	免職
		・利害関係者から供応を受けた場合	免職停職 減給戒告
勤務態度不良		・職務命令違反、職務専念義務違反又は職場離脱を行った場合	減給戒告
		・暴行・暴言等により、職場秩序をびん乱した場合 ・休暇等の虚偽申請、事実をねつ造して虚偽報告を行った場合	停職減給 戒告
		・公文書偽造・変造、私文書偽造・変造若しくは虚偽公文書を作成した場合又は偽造・変造された公文書、私文書若しくは虚偽公文書を行使した場合	免職 停職

		・故意又は重大な過失により適切な事務処理を怠り、又は虚偽の事務処理を行い、公務の運営に重大な支障を生じさせた場合	停職 減給
欠勤		・3週間以上無届欠勤を継続	免職
		・無届欠勤5日又は私事欠勤15日以上	停職
		・無届欠勤3日又は私事欠勤9日以上	減給
		・無届欠勤1日又は私事欠勤5日以上	戒告
秘密の漏えい		・故意に職務上の秘密を漏えいし、公務運営に重大な支障を生じさせた場合	免職 停職
個人情報の不適切な取扱い		・許可なく持ち出した個人情報を、盗まれ、紛失し、又は流出させた場合	停職 減給 戒告
		・過失により個人情報を盗まれ、紛失し、又は流出させた場合	減給 戒告
		・職務上知り得た個人情報を自己の利益のために不当利用した場合	免職 停職
		・職権を濫用して、職務外の目的で、個人情報を目的外収集した場合	減給 戒告
職場のコンピュータ不正利用		・職務外の目的で、わいせつ画像・文書の閲覧、インターネットへの不正アクセス、電子データの損壊、不正プログラム等の利用、ウイルス感染等をした場合	停職 減給 戒告
違法な職員団体活動		・地方公務員法第37条に違反する違法な行為を企て、又はその遂行を共謀し、そそのかし、若しくはあおった場合	停職 戒告
交通事故	飲酒運転での交通事故	・酒酔い運転又は酒気帯び運転で人を死亡させ、又は傷害を負わせた場合 ・酒酔い運転で物損事故を起こした場合 ・酒気帯び運転で物損事故を起こし、逃走した場合	免職
		・酒気帯び運転で物損事故を起こした場合	免職 停職
	飲酒運転以外での交通事故	・人を死亡させ、又は重篤な傷害を負わせ逃走した場合 ・人に傷害を負わせ逃走した場合	免職
		・人を死亡させ、又は重篤な傷害を負わせた場合	免職 停職
		・人に傷害を負わせた場合	減給 戒告
悪質な交通法規違反		・道路交通法に違反して、酒酔い運転をした場合	免職
		・以下のような道路交通法違反行為をした場合 ・酒気帯び運転をした場合 ・無免許運転、著しい速度超過等をした場合 ・飲酒運転になるおそれのあることを知りながら、車両又は酒類を提供した場合 ・飲酒運転であることを知りながら、同乗した場合	免職 停職
傷害・暴行		・傷害の程度が重く、暴力行為が悪質で危険な場合	免職 停職
		・傷害を負わせた場合、悪質な暴行	減給 戒告

非行の種類			処分の量定
強盗、恐喝、窃盗、横領、詐欺、麻薬・覚せい剤・危険ドラッグ等の所持・使用、占有離脱物横領、器物損壊		・強盗、恐喝、横領、詐欺、窃盗（万引きを含む。）を行った場合 ・麻薬・覚せい剤等を所持又は使用した場合 ・医薬品医療機器等法又は東京都薬物の濫用防止に関する条例により指定されている薬物を含む危険ドラッグを所持又は使用した場合	免職
		・占有離脱物を横領した場合 ・故意に他人の器物を損壊した場合	停職 減給
無許可の兼業・兼職	教科書・教材等の作成に関するガイドライン違反	・4年以上従事した場合	停職
		・1年以上従事した場合	減給
		・1年未満従事した場合	戒告
	上記以外	・期間、回数、業務の内容等を総合的に判断	停職減給 戒告
監督責任		・部下職員が懲戒処分等を受けた場合で、指導監督に落度がある場合	停職減給
		・部下職員の非違行為を隠ぺいし、又は黙認した場合	戒告

ここでは、明確な犯罪や違法行為が多数を占めるが、倫理的な問題までも包括している。また公務に伴う贈収賄もあれば、職務外の個人的な事件も含まれている。ここでも強調されている体罰、セクシュアル・ハラスメント、パワーハラスメントなどについては、本書の第15章で取りあげる。

第二節　秘密を守る義務

守秘義務

地方公務員法の第三十四条は、**秘密を守る義務**つまり**守秘義務**について定めている。

（秘密を守る義務）
第三十四条　職員は、職務上知り得た秘密を漏らしてはならない。その職を退いた後も、また、同様とする。
2　法令による証人、鑑定人等となり、職務上の秘密に属する事項を発表する場合においては、任命権者（退職者については、その退職した職又はこれに相当する職に係る任命権者）の許可を受けなければならない。
3　前項の許可は、法律に特別の定がある場合を除く外、拒むことができない。

ここで対象となるのは、「職務上知り得た秘密」である。つまり公務員として職務を行うなかで知り得た秘密ということになる。警察職員であれば、容疑者逮捕の日時や捜査上の秘密が、漏れては大変である。「その職を退いた後も、また、同様とする。」というのは、これは地方公務員の身分上の義務であるが、その身分がなくなっていても守秘義務が継続するということである。第二項や第三項の証人や鑑定人の規定は、こうした警察職員の法廷における証言の場面をイメージすると理解しやすい。よくある未解決事件のテレビの特集番組で、退職警察官が事件の真相となる秘密を語るというシーンが山場になるが、どう見てもオチは捜査協力啓発番組で、おそらくは発表の許可がされているのだろう。そうでなければ守秘義務違反である。守秘義務違反は地方公務員法の第六十条（罰則）に該当して、「一年以下の懲役又は五十万円以下の罰金」なので、番組自体が事件である。

学校においては、職務上知り得た秘密は、随分と多い。氏名や顔写真などの個人が特定できる**個人情報**も、学校が管理するべき情報であるが、ここで規定する秘密とは同一視しないほうがよい。個人情報のうち、秘密にするべき健康や家族等の情報などが秘密に該当する。この概念の整理は第15章で説明する。

大学では公開試問や芸術系の公開講評などオープンな成績評価があるが、保護者や本人のみに通知する形の成績であれば、これは職務上知り得た秘密に該当する。つまり、職務上自分が判定した成績という秘密も含まれるのである。また、個人情報だけではなく、それこそ捜査上の秘密なみに厳密な取り扱いが要求される試験問題なども、職務上知り得た秘密である。小さなミスで期末試験や入試問題が漏れては大事件である。このように考えると、職員室は、秘密の宝庫である。

通告と内部通報

子どもの側から持ちかけられる**教育相談**において、あの先生だから信頼して打ち明ける秘密というものがある。これもまた、「職務上知り得た秘密」である。子どもからの相談は、信用を前提にしたものであるから、単純にどこかで漏れたり、別の先生がその秘密を暴露するような行動に出たら、信用を失ってしまう。この約束を守るというのは、重要な行為である。その一方で、教育相談はあくまでも教員としての職務であるから、本来は職務上の秘密として扱い、学校内で共有して扱われることになる。これは医師や警察職員など、秘密にかかわる職業でも同様である。

この教育相談における子どもの秘密は、教師の立場としては非常に厄介な課題であり、実際には自分自身の記憶だけにとどめておくことが普通である。ただし、子どもの人命などにかかわる事項については、教師としての適切な対応をしなければ、職責を果たしたことにはならない。こうした矛盾を明確にした法律としては、**児童虐待防止法**と略称される児童虐待の防止等に関する法律（平成十二年五月二十四日法律第八十二号）がある。その第六条（児童虐待に係る通告）においては、「児童虐待を受けたと思われる児童を発見した者」が児童相談所などに**通告**する義務を課して、さらにその第三項には「刑法（明治四十年法律第四十五号）の秘密漏示罪の規定その他の守秘義務に関する法律の規定は、第一項の規定による通告をする義務の遵守を妨げるものと解釈してはならない。」と規定した。児童虐待を発見することが多い警察職員、医師、教員などは守秘義務を課されているので、その矛盾で躊躇しているうちに、児童虐待が進行することを防ぐためである。

また、チーム学校が言われる前から、学校という組織が閉鎖的で、内部の不祥事を隠す傾向がある。これも守秘義務ということを機械的に解釈するときに起こりうる弊害である。こうした問題を解決する対応として、**内部通報**の保護がある。前にみた東京都教育委員会の「教職員の主な非行に対する標準的な処分量定」では、学校等の非違行為の事実を教育委員会などに通報した職員は、通報したことにより、いかなる不利益も受けないという規定を明示している。たとえば、校長が職権を悪用して本来は教育委員会に報告するべき重大事件を隠蔽しているならば、一教員が教育委員会の担当部門に内部通報することになる。

第三節　政治的行為の制限

政治的中立性の確保

地方公務員法の第三十六条は、地方公務員の**政治的行為の制限**について定めている。もちろん、地方公共団体の首長や地方議会の議員は政治家として政治的行為にあたるので、除外されている。また、すべての政治的行為が「禁止」されているのではなく、有権者としての選挙の投票などの権利は、もちろん行使できる。

（政治的行為の制限）

第三十六条　職員は、政党その他の政治的団体の結成に関与し、若しくはこれらの団体の役員となつてはならず、又はこれらの団体の構成員となるように、若しくはならないように勧誘運動をしてはならない。
2　職員は、特定の政党その他の政治的団体又は特定の内閣若しくは地方公共団体の執行機関を支持し、又はこれに反対する目的をもつて、あるいは公の選挙又は投票において特定の人又は事件を支持し、又はこれに反対する目的をもつて、次に掲げる政治的行為をしてはならない。ただし、当該職員の属する地方公共団体の区域（当該職員が都道府県の支庁若しくは地方事務所又は地方自治法第二百五十二条の十九第一項の指定都市の区若しくは総合区に勤務する者であるときは、当該支庁若しくは地方事務所又は区若しくは総合区の所管区域）外において、第一号から第三号まで及び第五号に掲げる政治的行為をすることができる。
一　公の選挙又は投票において投票をするように、又はしないように勧誘運動をすること。
二　署名運動を企画し、又は主宰する等これに積極的に関与すること。
三　寄附金その他の金品の募集に関与すること。
四　文書又は図画を地方公共団体又は特定地方独立行政法人の庁舎（特定地方独立行政法人にあつては、事務所。以下この号において同じ。）、施設等に掲示し、又は掲示させ、その他地方公共団体又は特定地方独立行政法人の庁舎、施設、資材又は資金を利用し、又は利用させること。
五　前各号に定めるものを除く外、条例で定める政治的行為
3　何人も前二項に規定する政治的行為を行うよう職員に求め、職員をそそのかし、若しくはあおつてはならず、又は職員が前二項に規定する政治的行為をなし、若しくはなさないことに対する代償若しくは報復として、任用、職務、給与その他職員の地位に関してなんらかの利益若しくは不利益を与え、与えようと企て、

若しくは約束してはならない。

4　職員は、前項に規定する違法な行為に応じなかつたことの故をもつて不利益な取扱を受けることはない。

5　本条の規定は、職員の政治的中立性を保障することにより、地方公共団体の行政及び特定地方独立行政法人の業務の公正な運営を確保するとともに職員の利益を保護することを目的とするものであるという趣旨において解釈され、及び運用されなければならない。

首長や議員が住民の選挙によって選ばれることが地方自治における民主主義であり、そうした住民の代表のもとで、地方自治体の運営にあたるのが地方公務員である。最後にある、第三十六条第五項を確認すると、政治的中立性の確保がこの条文の眼目である。この**政治的中立性**によって、地方自治が公正に行われて、かつ公務員の利益にもなるという考えである。たしかに、民主主義社会では国も地方も政権の交代や、多数決による法令や条例の改正があるのだから、全体の奉仕者としての公務員は、政治からは距離をもって中立を保つことが、地域社会と公務員本人の利益になるという論理である。

政治的目的と政治的行為

第一項から制限されている事項を確認していこう。まず地方公務員は、「政党その他の政治的団体の結成に関与すること、「これらの団体の役員とな」ること、「これらの団体の構成員となるように、若しくはならないように勧誘運動を」することが禁止されている。つまり地方公務員が、政党や政治団体の中心メンバーとなって積極的に活動することを禁止している。逆に言えば、個人の思想信条としてどれかの政党を支持したり、選挙で投票したりすることは、民主主義の当然の権利である。しかし全体の奉仕者としての地方公務員が、一部の利益となる特定政党のための活動をすることは、政治的中立性に反するために制限するということである。

第二項は、特定の目的による政治的行為を禁止している。ここで述べられる目的は、**政治的目的**と言える。「特定の政党その他の政治的団体又は特定の内閣若しくは地方公共団体の執行機関を支持し、又はこれに反対する目的」や、「公の選挙又は投票において特定の人又は事件を支持し、又はこれに反対する目的」である。たとえば、ある地方自治体の公務員であれば、その首長を尊敬したり、逆に反発したりすることはあるだろう。それでも「市長さんを支持してください」「支持しないでください」とか、「住民投票で賛成票を」「反対票を」と訴えて政治的行為をすることを禁止するのである。実際に地方公務員は選挙管理業務も行うのだから、選挙や住民投票で公務員がそんな運動をしたら、住民としては公平性に疑いを持ってしまう。

そのうえで、政治的目的から、具体的な**政治的行為**を五つ、全五号に分けて列記する。第一号に「公の選挙又は投票において投票をするように、又はしないように勧誘運動をすること。」、第二号に「署名運動を企画し、又は主宰する等これに積極的に関与すること。」、第三号に「寄附金その他の金品の募集に関与すること。」、第四号に「文書又は図画を地方公共団体又は特定地方独立行政法人の庁舎（特定地方独立行政法人にあつては、事務所。以下この号において同じ。）、施設等に掲示し、又は掲示させ、その他地方公共団体又は特定地方独立行政法人の庁舎、施設、資材又は資金を利用し、又は利用させること。」、第五号に「前各号に定めるものを除く外、条例で定める政治的行為。」である。わかりやすく言い換えると、禁止された政治的目的のために、第一号に選挙や投票の勧誘、第二号に署名運動の主催や関与、第三号に金品の募集、第四号に地方自治体の建物にポスターなどを掲示することである。第五号はそれ以外の政治的行為を地方公共団体の条例で定める場合であるが、あまり例を聞かない。もちろん、選挙管理委員会の仕事で投票を呼びかけることや、地方公共団体の寄付やポスター掲示を行うことは、公務員のよくある仕事である。あくまで政治的目的のための政治的行為が禁止されているのである。言うまでもなく、一市民として投票することや、署名することや、カンパすることなどは禁止されていない。

区域と地方公務員・国家公務員・教育公務員の違い

第三十六条第二項には但し書きがある。北海道の支庁や東京都二十三区の地方公務員のケースなどを述べた括弧内を除いて引用すると、「ただし、当該職員の属する地方公共団体の区域外において、第一号から第三号まで及び第五号に掲げる政治的行為をすることができる。」となる。地方公務員が任用されている地方自治体の範囲、つまり**区域**のみに政治的行為の制限を限定するわけである。A市の地方公務員であれば、B市では一市民として政治的行為ができる。ただし第四号は、市役所の壁などに「市長さんを支持してください」などとポスターを貼るわけであり、これは市役所施設の政治的中立性に反する利用であるから、勤務していないB市でも禁止されている。この政治的行為を制限したうえで、なぜその区域外では認めるかというと、直接に職務を行う地方自治体以外の区域では政治的中立性を損なう危険性が低いので、禁止する必要はないと考えられるからである。

この地方公務員は、都道府県、市町村、東京都二十三区に任用されているので、こうした区域による制限と解除があるわけであるが、国家公務員の場合はその職務は日本国全般にわたるので、区域の制限がない。**国家公務員法**（昭和二十二年十月二十一日法律第百二十号）の該当箇所を見てみよう。

（政治的行為の制限）

第百二条　職員は、政党又は政治的目的のために、寄附金その他の利益を求め、若しくは受領し、又は何らの方法を以てするを問わず、これらの行為に関与し、あるいは選挙権の行使を除く外、人事院規則で定める政治的行為をしてはならない。

2　職員は、公選による公職の候補者となることができない。

3　職員は、政党その他の政治的団体の役員、政治的顧問、その他これらと同様な役割をもつ構成員となることができない。

この国家公務員法の第百二条（政治的行為の制限）のほうが、地方公務員法第三十六条よりも短い。具体的な政治的行為を規定する規則を定める人事院というのは、各省庁に勤務する国家公務員の服務や待遇などについて共通に所管する独立性のある官庁である。これに基づいて人事院は、「**人事院規則一四**《じゅうよん》**－七**《のなな》（政治的行為）」（昭和二十四年九月十九日人事院規則一四―七）という人事院規則を定めて、国家公務員について制限する政治的目的と政治的行為についての定義を行っているが、ここでは解説は省略する。

第二項は、戦前の日本においては、現職の官吏が貴族院議員や衆議院議員になる例が多くあったことにも関係する。今日も国家公務員だった国会議員は多数いるが、立候補する段階で国家公務員を退職することになる。

この条文の、地方公務員法との大きな違いは、区域の概念がないことである。地方公共団体は、日本国を区域に分けて地方自治を行うが、日本国は一つである。このため、国家公務員は勤務地が東京の霞ヶ関でも、地方の出張所でも、政治的行為の制限は全国に及ぶ。これは国家公務員の職務は日本全国に及ぶから、政治的中立性の観点からも、区域による限定をしていないのである。

この区域の限定について、地方公務員である教員に適用したのが、**教育公務員特例法**（昭和二十四年一月十二日法律第一号）の第十八条である。教育公務員特例法は、地方公務員法などの特例を定めるための法律である。

（公立学校の教育公務員の政治的行為の制限）

第十八条　公立学校の教育公務員の政治的行為の制限については、当分の間、地方公務員法第三十六条の規定にかかわらず、国家公務員の例による。

2　前項の規定は、政治的行為の制限に違反した者の処罰につき国家公務員法（昭和二十二年法律第百二十号）第百十条第一項の例による趣旨を含むものと解してはならない。

この第十八条第一項は、公立学校の教育公務員の政治的行為の制限は、地方公務員法第三十六条ではなく、「国家公務員の例による。」として、前に見た国家公務員法第百二条を用いることを定めている。つまり、教育公務員については、地方公務員のような地方自治体の**区域**による制限の解除がなく、国家公務員と同じく日本国全体に及ぶということになる。そのうえで違反した場合の処罰は、国家公務員法第百十条第一項による「三年以下の懲役又は百万円以下」の罰則を適用するものではないと第二項に断っている。

話を簡単にすると、同じA市の市役所の一般の公務員は区域外のB市では選挙の応援演説などもできるわけだが、A市立中学校の教育公務員はB市でもできないことになる。これは教育公務員が、政治的中立性を強く求められること、直接の職務が限定される一般の公務員よりも区域外での影響が大きいこともある。実際にA市の教員でも同じ都道府県ならばB市が異動前の勤務校であるかもしれない。

政治的教養と政治的中立性

教育全般で重視される**政治的中立性**については、**教育基本法**（平成十八年十二月二十二日法律第百二十号）において次のように定めている。

（政治教育）
第十四条　良識ある公民として必要な政治的教養は、教育上尊重されなければならない。
2　法律に定める学校は、特定の政党を支持し、又はこれに反対するための政治教育その他政治的活動をしてはならない。

この**政治教育**の規定は、第一項では**政治的教養**を学校教育などで尊重することを求めるものである。同時に法律の定める学校、つまり学校教育法（昭和二十二年三月三十一日法律第二十六号）第一条の定める**一条校**においては、国公私立を問わず、「特定の政党を支持し、又はこれに反対するための政治教育その他政治的活動」を禁止している。これは先に見た政治的中立性について、学校そのものの在り方として規定しているのである。

さらに、義務教育の学校については、**中確法**または**義務教育中立法**と略称される義務教育諸学校における教育の政治的中立の確保に関する臨時措置法（昭和二十九年六月三日法律第百五十七号）を定めている。ここに言う**政治的中立**は、ここまでに出た政治的中立性と同義とみてよい。国公私学を問わず、特定の政党を支持させるための教育を教唆することを禁止したものである。

ここにあげた中確法は、戦後改革とその反動の政治的混乱で制定された歴史的産物であるという見方もある。また、国際的にみても、教員の個人としての政治参加まで禁止することは行きすぎであるという批判もある。その一方で、現実に学校教育において、政治に関する教材の取り扱いについて、地域住民や保護者からのクレームの多い事項であることも確かである。十八歳選挙権に連動して、公平な政治的教養を培う政治教育が重視されるなか、誤解やトラブルを避けるためにも、教員として政治的中立性に基づいて政治教育を行っているという姿勢が必要である。

文部科学省では、国政選挙のあるごとにトラブルを防止するため、教育委員会を通じて注意喚起を行っている。図表1では、二〇一九（令和元）年に出された、文部科学事務次官発、各都道府県知事・各都道府県教育委員会教育長・各指定都市・中核市市長・各指定都市教育委員会教育長宛「教職員等の選挙運動の禁止等について（通知）」（令和元年六月三日元文科初第七十二号）から、具体例を示した資料を掲げておく。中核市は、政令指定都市に並ぶ大都市として指定されたもので、教育行政の裁量権が大きくなるために、通知の対象となっている。

なお、地方公務員法、国家公務員法、教育公務員特例法が適用されるのは、公務員である教員であり、私立学校の教員には適用されていない。しかしながら、教育基本法の求める政治的中立はすべての一条校に適用されており、政治的教養のための政治教育を豊かにするためにも、国公私立を問わず教育の政治的中立性は十分に守られなければならない。

6 広告、ポスター、あいさつ状等	
(1)選挙用ポスタ－を貼ってまわること。	規則6項13号
(2)受持ちの児童生徒に選挙用ポスタ－を貼らせること。	法136条の2、137条、137条の2、規則6項1号
(3)特定の政党や候補者を推薦する保護者あての文書を児童生徒に持ち帰らせること。	法136条の2、137条、142条、規則6項1号、13号
(4)選挙運動期間中、政党、候補者あるいはその家族、選挙運動員などの名を記載した年賀状、暑中見舞状などのあいさつ状を配ったり、掲示したりすること。	法142条、143条、146条、規則6項13号
(5)「○○候補者の当選を期す」というようなポスタ－などを職員室の壁に貼ること。	法143条、145条、規則6項13号
(6)選挙期間中、文書などについての配布又は掲示の禁止の規制を免れる行為として、いかなる名義をもってするを問わず、政党や候補者の名を記載した文書(推薦お礼のポスタ－など)を配ったり、掲示したりすること。	法146条、規則6項13号
(7)選挙運動用のポスタ－や葉書に推薦人として肩書を付して名前を連ねること。	法136条の2、137条、規則6項1号
7 演説等	
(1)選挙運動のため、個人演説会又は街頭で演説すること。	規則6項8号、11号
(2)不特定多数の人に対し、特定の政党や候補者を支持し又は反対する意見を述べること。	規則6項11号
(3)選挙運動のための個人演説会などで、ピケを張ったり、必要以上にやじったりして妨害すること（集団で行えば更に重い罰則がある。)。	法225条、230条
8 資金カンパ	
特定の政党、候補者などを支持し若しくは反対するために資金カンパを求め、又はそのような資金カンパの計画立案に参与し、又はその集金を援助すること。	規則6項3号
9 その他	
(1)選挙運動のために放送設備（例えば校内放送設備）を使用すること。	法151条の5、規則6項11号
(2)受持ちの児童生徒の保護者が候補者、選挙運動員又は有権者であるとき、担当教員である地位を利用して、これらの者を威迫すること。	法225条、136条の2、137条、規則6項1号
(3)勤務時間中において、いわゆる紹介者カードの記入・作成等の職務と関係ない行為を行うこと。	地方公務員法第35条(職務専念義務)
(4)勤務時間の内外を問わず、選挙運動等のために、公の設備である学校の電話、ＦＡＸ、パソコン、コピー機等を用いること。	地方公務員法第33条(信用失墜行為)

図表1　教育公務員の違反行為の具体例

＊「法」とは「公職選挙法」を、「規則」とは「人事院規則14－7」を指す。

教育公務員の選挙運動等に関する公職選挙法、人事院規則等による違反行為の例	関係法令
1 候補者の推薦等	
(1)特定の候補者の当選を図るため、ＰＴＡ等の会合の席で、その候補者の推薦を決定させること。	法136条の2、137条、規則6項1号、8号、11号
(2)教員等の地位を利用して、投票の周旋勧誘（いわゆる票の割り当て等）を行うとか、あるいは、演説会の開催その他の選挙運動の企画に関与したりすること。	法136条の2、137条、規則6項1号、8号
(3)特定の候補者を支持するため、教員等の地位を利用して、その候補者の後援団体を結成したり、その団体の構成員となることを勧誘すること。	法136条の2、137条、規則6項1号、5号、6号
2 投票の依頼又は勧誘	
(1)ＰＴＡ等の会合の席上で特定の候補者へ投票するよう依頼すること。	法136条の2、137条、規則6項1号、8号、11号
(2)学校における児童生徒及び保護者に対する面接指導の際、自分の支持する政党や候補者の名を挙げること。	法136条の2、137条、規則6項1号
(3)家庭訪問の際に、特定の政党や候補者に投票するよう勧誘すること。	法136条の2、137条、規則6項1号、8号
(4)選挙運動員として、候補者の自動車などに乗り、投票を呼びかけること。	規則6項8号
(5)教員等としての地位を利用して電話で投票を依頼すること。	法136条の2、137条、規則6項1号、8号
3 署名運動	
(1)特定の政党や候補者の名を挙げて、賛成又は反対の署名運動をすること。	法138条の2、規則6項9号
(2)(1)の署名運動に協力するよう勧誘すること。	規則6項9号
4 デモ行進	
(1)特定の政党又は候補者などを支持し又は反対するためのデモ行進のような示威運動を企て、指導し、又は援助すること。	規則6項10号
(2)選挙運動のために、自動車を連ねたり、隊伍を組んで歩くなど気勢をはること。	法140条
5 新聞、雑誌、ビラ等	
(1)特定の政党や候補者などを支持し又は反対するために書かれた新聞、雑誌、ビラ等に関して、①発行すること、②回覧に供すること、③掲示し又は配布すること、④多数の人に朗読して聞かせること、⑤①～④いずれかの用に供するために著作し又は編集すること。	法142条、143条、146条、148条、規則6項13号
(2)特定の政党の機関紙や刊行物の発行、編集、配布又はこれらの行為の援助を行うこと。	規則6項7号

第四節　争議行為等の禁止

同盟罷業と怠業

地方公務員法の第三十七条は、地方公務員の**争議行為等の禁止**について定めている。

（争議行為等の禁止）

第三十七条　職員は、地方公共団体の機関が代表する使用者としての住民に対して同盟罷業、怠業その他の争議行為をし、又は地方公共団体の機関の活動能率を低下させる怠業的行為をしてはならない。又、何人も、このような違法な行為を企て、又はその遂行を共謀し、そそのかし、若しくはあおつてはならない。

2　職員で前項の規定に違反する行為をしたものは、その行為の開始とともに、地方公共団体に対し、法令又は条例、地方公共団体の規則若しくは地方公共団体の機関の定める規程に基いて保有する任命上又は雇用上の権利をもつて対抗することができなくなるものとする。

ここで禁止されている**同盟罷業**は、通常は**ストライキ**と呼ばれる仕事を放棄する**争議行為**である。**怠業**は、フランス語起源の外来語で**サボタージュ**と呼ばれる争議行為で、学生言葉の「サボる」と同語源である。こうしたストライキやサボタージュという争議行為を行うことも、また企画したり扇動したりすることも、禁止しているのである。

第二項でこうした行為を禁止するだけではなく、公務員としての身分の保障がなくなるということを明記している。ここまで厳密に書いている前提には、逆に言えば、同盟罷業や怠業は、本来は違法行為ではなく憲法をはじめとした法律で認められた権利であるという前提があるからである。それにもかかわらず、第一項の文言に「地方公共団体の機関が代表する使用者としての住民に対して」とあるように、地方公務員が本来は全体の奉仕者として行うべきことを放棄するがゆえに、禁止するという構造である。

団結権・団体交渉権・争議権

念のために、一般の労働者の権利について、中学校までに必ず覚えるべき知識ではあるが、復習しておこう。**日本国憲法**（昭和二十一年十一月三日憲法）では第二十八条で「勤労者の団結する権利及び団体交渉その他の団体行動をする権利は、これを保障する。」として**労働基本権**を定めている。これは第二十八条を分解して、**労働三権**と呼ばれ、「勤労者の団結する権利」として労働組合を結成する**団結権**、「団体交渉」をする権利としての**団体交渉権**、その他の団体行動をする権利としての**団体行動権**または**争議権**である。さらに**労働組合法**（昭和二十四年六月一日法律第百七十四号）は、労働者が労働組合を結成して労働条件について使用者と団体交渉をすることを助成して、暴力の行使によらない団体行動を認めている。そして第八条（損害賠償）において、「使用者は、同盟罷業その他の争議行為であつて正当なものによつて損害を受けたことの故をもつて、労働組合又はその組合員に対し賠償を請求することができない。」と定めている。つまり正当な同盟罷業が認められるだけではなく、その損害賠償も請求できないということまで、労働者の権利として認めているのである。

こうした一般の勤労者、労働者の権利と比較すると、労働組合を結成する団結権や、労働組合として労働条件の改善を掲げて首長と交渉する団体交渉権は認められていることになる。実際に、公務員や教員による労働運動は、盛んな分野である。しかしながら、国民、住民に大きな不利益を与えることから、同盟罷業や怠業が禁止されているのである。

なお、実際の戦後の歴史においては、公務員がストライキをする権利を求めて「スト権スト」が行われたように、同盟罷業や怠業の禁止は行きすぎであるという見解もある。国際的にもそうした権利までは禁止していない国も多い。また、私立学校については、教員は公務員ではなく労働者なのであるから、こうした禁止はされていない。また、その一方で、教員が児童生徒の学習権を守るためには争議は望ましくないという見解など、ストライキが社会一般で多く実施されていた一九八〇年代までの戦後史は、この条項についての多様な見地を提供している。

第五節　営利企業への従事等の制限

任命権者の許可

地方公務員法の第三十八条は、地方公務員の**営利企業への従事等の制限**について定めている。わかりやすく言えば、公務員の兼業の制限と理解してよい。

（営利企業への従事等の制限）

第三十八条　職員は、任命権者の許可を受けなければ、商業、工業又は金融業その他営利を目的とする私企業（以下この項及び次条第一項において「営利企業」という。）を営むことを目的とする会社その他の団体の役員その他人事委員会規則（人事委員会を置かない地方公共団体においては、地方公共団体の規則）で定める地位を兼ね、若しくは自ら営利企業を営み、又は報酬を得ていかなる事業若しくは事務にも従事してはならない。ただし、非常勤職員（短時間勤務の職を占める職員及び第二十二条の二第一項第二号に掲げる職員を除く。）については、この限りでない。

2　人事委員会は、人事委員会規則により前項の場合における任命権者の許可の基準を定めることができる。

ここで禁止されているのは、営利企業の自営者、役員、労働者、報酬の受給者などになることである。広く**兼業**や**兼職**と呼んでよいが、一時的に報酬を受ける場合なども含まれる。公務員は許認可権や予算執行などにかかわるのだから、こうした営利企業の関係者がいる場合は、全体の奉仕者として疑いが生じるし、不正入札や贈収賄などの温床になりかねないと誰でも理解できる。第一項の但し書きにあるように、非常勤職員つまりパートタイムの公務員は、本来は別の業務があることを明示して雇われているのだから、この制限からは除外される。

しかし、これは全面禁止ではなく、第一項の冒頭に「任命権者の許可を受けなければ」とあるのだから、**任命権者**が認めれば兼業は可能である。地方公務員の任命権者は地方自治体の首長であり、教育公務員の任命権者は、第7章で説明するシステムにより、都道府県教育委員会や政令指定都市教育委員会となる。実際には第二項にあるように、「任命権者の許可の基準」を定めてルール化されることになる。

たとえば公立病院の医師という地方公務員がいれば、私立病院の医師を兼務することが地方の医療のための貢献になる。こうした場合に、任命権者が許可することになる。逆に言えば、世のため、人のためでも、こっそり市立病院に兼務することは禁止されているのである。

教育に関する兼職

教育公務員が、教育に関して兼業することも、少なくない。このことについて、教育公務員特例法の第十七条は次のように定めている。

（兼職及び他の事業等の従事）

第十七条　教育公務員は、教育に関する他の職を兼ね、又は教育に関する他の事業若しくは事務に従事することが本務の遂行に支障がないと任命権者（地方教育行政の組織及び運営に関する法律第三十七条第一項に規定する県費負担教職員については、市町村（特別区を含む。以下同じ。）の教育委員会。第二十三条第二項及び第二十四条第二項において同じ。）において認める場合には、給与を受け、又は受けないで、その職を兼ね、又はその事業若しくは事務に従事することができる。

2　前項の規定は、非常勤の講師（地方公務員法第二十八条の五第一項に規定する短時間勤務の職を占める者及び同法第二十二条の二第一項第二号に掲げる者を除く。）については、適用しない。

3　第一項の場合においては、地方公務員法第三十八条第二項の規定により人事委員会が定める許可の基準によることを要しない。

この第十七条第一項は、教育公務員が、教育に関する業務について**兼職**などを認めている。ただし、よく読めば、ここでも地方公務員法第三十八条と同様であり、**任命権者**である教育委員会の許可が必要である。第二項で非常勤講師を適用外とすることも同様である。地方公務員法との大きな違いは、「従事することができる。」と第一項を結んだように、教育に関する兼職などを推奨するニュアンスがあることと、第三項にあるように一般の公務員の基準とは異なる基準を定めることなどである。

具体的に考えてみよう。ある公立学校の教諭が、他の私立学校の非常勤講師を兼職したり、教育のための公民館や民間団体の仕事を行ったりすることは、少なくない。またその場合には、「給与を受け、又は受けないで」とあるように、無報酬のボランティアであることも珍しくない。こうした教育への貢献を推奨するとともに、同時に教育公務員として全体の奉仕者である立場に矛盾しないように、任命権者による許可という手続きを定めているのである。

まずは相談すること

武蔵野美術大学の講義においてこの説明をすると、当日の感想カードには、毎年、類似した多くの質問が寄せられる。「美術教員をしながら作家活動を行い、個展は実施できるか」「絵画作品の販売はできるか」「コンペに応募して賞品は受け取ることができるか」などである。美術教員にとっての作品制作や発表は、第8章に説明する研修に該当する義務であり、推奨される。ただし、金銭の授受など、保護者や住民からのクレームの対象になるケースは十分に想定できる。一言で言えば、自分の常識で判断するのではなく、任命権者の許可が必要なケースかどうか校長などに相談して、任命権者の定める必要な手続きを行うことにつきる。

第一節で掲載した東京都教育委員会の「教職員の主な非行に対する標準的な処分量定」でも、無許可の兼業・兼職が記され、とくに「教科書・教材等の作成に関するガイドライン違反」が従事年数に従って区分されていた。どの教科でも、教員が教科書や教材作成にかかわることは、当然のことである。しかし、その場合でも印税などの報酬や教科書・教材の採択などをめぐって、犯罪の温床になりうるという見方もできるのである。

私立学校でも、契約や規則において、兼業等の手続きを定めることは通例である。現在は民間企業においても兼業の推奨が広がっているが、これも雇用者の許可などが前提となり、とくに競合企業との利益相反行為や情報流失などに注意が払われる。私立学校でも、教員が学習塾講師を兼務して、入試の便宜等が疑われるような事案は、学校自体の信用を失墜させる。これは近年、学校が学習塾と提携して進学指導を公式に行うケースとは、似て非なることである。

ここまで身分上の義務について説明してきた。教育をめぐる多くの事件には、教員本人は善意から行ったというケースも少なくない。兼業・兼職の規定が象徴するように、善意を前提にしつつも、その手続きを怠ると悪意となり、さらに違法行為になることもある。教員としては、主観として良識を高めるだけではなく、法令等の規則を遵守して、念には念を入れた対応をしていきたい。

第６章
不利益処分

キーワード

不利益処分　地方公務員法　平等取扱いの原則
分限処分（免職　休職　降任　降給）
懲戒処分（免職　停職　減給　戒告）　不服申立て

要　約

地方公務員法には、公務員本人には不利益となる不利益処分について定められ、公立学校の教員にも適用され、平等取扱いの原則に基づいて、公平に行われる。本人の責任ではない事情による不利益処分を分限処分という。これには免職や休職や降任や降給があり、やむを得ない事情や心身の故障などで行われる。一方で故意や過失など本人の責任について行われるのが懲戒処分である。これには、免職や停職や減給や戒告がある。こうした不利益処分については本人から不服申立てができるシステムも定められている。

第4章で三つの職務上の義務について、第5章で五つの身分上の義務について説明した。こうした義務を果たさない場合に懲戒処分が行われるが、同時に、本人の意図や責任に関係なく不利益な処分をせざるを得ない場合があって、分限処分と呼ばれる。この二つの処分を**不利益処分**と呼んで、本章で解説する。

第一節　平等取扱いの原則

法の下の平等

全体の奉仕者である公務員は、自分が公平に職務を果たすように、自分自身に対しても公平な待遇を求める権利があるはずである。このことを、**平等取扱いの原則**として**地方公務員法**（昭和二十五年十二月十三日法律第二百六十一号）に次のように定めている。

（平等取扱いの原則）

第十三条　全て国民は、この法律の適用について、平等に取り扱われなければならず、人種、信条、性別、社会的身分若しくは門地によつて、又は第十六条第四号に該当する場合を除くほか、政治的意見若しくは政治的所属関係によつて、差別されてはならない。

この条文の主語が「全て国民は」となっていることに違和感があるかもしれないが、公務員となった国民のみならず、公務員になることを希望する国民などにも適用されるからである。この記述の前提には、**日本国憲法**（昭和二十一年十一月三日憲法）が**法の下の平等**を定めた第十四条第一項の「すべて国民は、法の下に平等であつて、人種、信条、性別、社会的身分又は門地により、政治的、経済的又は社会的関係において、差別されない。」という文言が、前提になっている。また、第四十四条には衆参両院の選挙について「両議院の議員及びその選挙人の資格は、法律でこれを定める。但し、人種、信条、性別、社会的身分、門地、教育、財産又は収入によつて差別してはならない。」とあることも前提となる。公務員も国民として、日本国憲法第十九条に定める**思想の自由**を持ったうえで、第5章でみたように**政治的行為の制限**を身分上の義務として受けるわけであるから、ここにあるように「政治的意見若しくは政治的所属関係によつて、差別されてはならない。」と明記されるのである。そして第4章の服務の宣誓に関連して説明した**欠格条項**として、地方公務員法第十六条第四号の「日本国憲法施行の日以後において、日本国憲法又はその下に成立した政府を暴力で破壊することを主張する政党その他の団体を結成し、又はこれに加入した者」は、公務員にはなれないと制限することになる。

さらに公務員として、分限や懲戒などの不利益処分を受ける場合にも、**公正**が求められることを、地方公務員法第二十七条に次のように記している。

（分限及び懲戒の基準）
第二十七条　すべて職員の分限及び懲戒については、公正でなければならない。
2　職員は、この法律で定める事由による場合でなければ、その意に反して、降任され、若しくは免職されず、この法律又は条例で定める事由による場合でなければ、その意に反して、休職されず、又、条例で定める事由による場合でなければ、その意に反して降給されることがない。

3　職員は、この法律で定める事由による場合でなければ、懲戒処分を受けることがない。

こうした公正さが保たれるためには、たとえば第5章第一節で示した、東京都教育委員会の「教職員の主な非行に対する標準的な処分量定」のように、懲戒処分のガイドラインを公表することも含まれる。また不利益処分の法令上の根拠が明確でなければならない。このため、第二項で分限処分は、免職と降任は地方公務員法のみに、休職は地方公務員法と条例に、降給は条例によって定められた事由によることを定めている。また、第三項で懲戒処分は、すべて地方公務員法によることを定めている。

この説明を始める前に、四つの分限処分と、四つの懲戒処分は、名称も似ているので、図表1のように並べておく。

図表1　分限処分と懲戒処分

不利益処分	分限処分	免職	休職	降任	降給
	懲戒処分	免職	停職	減給	戒告

第二節　分限処分

免職・休職・降任・降給

分限処分とは、公務員の非違行為等の本人の法令や道徳に関する責任を問題にするものではなく、何らかのやむを得ない事情により行う不利益処分である。分限とは分際や立場という意味であり、分限処分は公務員としての立場に関する処分ということになる。

分限処分には四つの種類があり、免職、休職、降任、降給がある。分限処分となる事由を明記した地方公務員法第二十八条を掲げる。

（降任、免職、休職等）

第二十八条　職員が、次の各号に掲げる場合のいずれかに該当するときは、その意に反して、これを降任し、又は免職することができる。

一　人事評価又は勤務の状況を示す事実に照らして、勤務実績がよくない場合

二　心身の故障のため、職務の遂行に支障があり、又はこれに堪えない場合

三　前二号に規定する場合のほか、その職に必要な適格性を欠く場合

四　職制若しくは定数の改廃又は予算の減少により廃職又は過員を生じた場合

2　職員が、次の各号に掲げる場合のいずれかに該当するときは、その意に反して、これを休職することができる。

一　心身の故障のため、長期の休養を要する場合

二　刑事事件に関し起訴された場合

3　職員の意に反する降任、免職、休職及び降給の手続及び効果は、法律に特別の定めがある場合を除くほか、条例で定めなければならない。

4　職員は、第十六条各号（第二号を除く。）のいずれかに該当するに至つたときは、条例に特別の定めがある場合を除くほか、その職を失う。

第二十八条（降任、免職、休職等）の全体の構成は、冒頭に「その意に反して」とあるように、本人の希望によるものではない処分であり、本人にとっては不利益であるから、懲戒処分と同様に、**不利益処分**と呼ぶ。第一項が免職と降任の事由、第二項が休職の事由、第三項が条例の制定、第四項が失職の規定である。分限処分が重なって規定されているので、一つひとつみてみよう。

第一に、第一項にある**免職**は、職を免じること、公務員としての身分を剥奪することを意味する。第三節で説明する懲戒処分としての免職と用語が重なるので、**分限免職**と呼んで区別する。第三節にみる懲戒処分としての免職は退職金が支払われないが、分限免職は本人の責任ではないために、退職金などが支払われる。

第一項では、免職に該当する事由が四つあげられている。第一号が「人事評価又は勤務の状況を示す事実に照らして、勤務実績がよくない場合」だから、本人の責任による勤務不良ではないが、免職するわけである。第二号が「心身の故障のため、職務の遂行に支障があり、又はこれに堪えない場合」であるから、これも本人の責任ではないが、免職となる。第三号が「前二号に規定する場合のほか、その職に必要な適格性を欠く場合」であるから、第一号と第二号のほかにも職に適格ではない場合の免職である。第四号が「職制若しくは定数の改廃又は予算の減少により廃職又は過員を生じた場合」であるから、民間企業でいうリストラによる免職である。この全四号を読むと、もう簡単に首《くび》になるという不安になるが、実際にはそうではないことは、第四節で説明する。しかしこうした規定を法律で定めることで、地方自治体の深刻な事態にも対応できるわけである。

第二に、第二項にある**休職**は、公務員としての身分を有したまま、その職務に従事しないことを意味する。その該当する事由が解消すれば、復職する。該当する事由には全二号があげられる。第一号は、「心身の故障のため、長期の休養を要する場合」である。この**病気休職**は、第四節でみるように教員では少なくない。多くの自治体の条例では、三年以内が定められ、それでも復職できないときは第一項第二号の免職が想定される。これもやむを得ない事由による休職であるから、給与等の補償が条例で定められる。第二号は「刑事事件に関し起訴された場合」であるから、本人が刑事事件で訴えられたことによる**起訴休職**である。冷静に考えると、刑事事件で起訴されるのだから、よほどのことがあるわけで、信用失墜行為などにより懲戒処分が先に行われれば、この起訴休職にはならない。しかし、地方自治体としての処分が確定する前に刑事事件として起訴された場合は、被告人が有罪と確定するまで起訴休職として公務員の地位を有するままに休職となる。無罪であれば復職するし、有罪が確定すれば第四項のいう第十六条各号（第二号を除く。）の欠格条項に該当して失職する。

起訴休職中は、いわば白黒がはっきりしない状態であるから刑事裁判が終わるまでは病気休職同様に給与が支払われる。このために、「悪い公務員が給与を受け取っている」という批判を浴びることがある。

なお、本人の希望による、出産、育児、介護や大学院の就学などのための休職や休業も法令で定められているが、こちらは本人の希望、本人の権利の行使によるものであるから、この第二項各号には該当しない。

第三に、地方公務員としての職を下位の職に降ろす、**降任**である。第一項に免職と並んで記載され、該当する事由も同じである。たとえば、勤務実績や適格性に問題がある場合に、免職となる場合も降任となる場合もあるわけである。この降任は分限処分として本人の意に反して行うものであるから、校長が「定年退職前は教壇に立ちたいので教諭にしてください」と嘆願するケースは、分限処分としての降任にはあたらない。

第四に、**降給**である。降給は第三項に条例で規定するとあり、この第二十八条にはそれ以上の事由などは規定されていない。降任などで職に異動があるときも給料は下がるが、これは降給とは呼ばれない。この降給は、第三節でみるが、数か月下げるのではなく、それ以後も下がったままになる、あるいは下がったところから次の昇給が始まるというものである。

失職

最後の第四項には、**失職**の規定がある。こちらも広義の不利益処分であるが、通常は免職、休職、降任、降給とは区別して、地方公務員法第十六条に定める**欠格条項**により公務員である前提が失われたために自動的に職が失われる状態である。

第十六条第一号は「禁錮以上の刑に処せられ、その執行を終わるまで又はその執行を受けることがなくなるまでの者」として刑事事件の刑が確定した場合であり、第二号は「当該地方公共団体において懲戒免職の処分を受け、当該処分の日から二年を経過しない者」という新規の任用の規定であるから「第二号を除く。」となり、第三号は「人事委員会又は公平委員会の委員の職にあつて、第六十条から第六十三条までに規定する罪を犯し、刑に処せられた者」として第五節にみる人事委員会などの委員が地方公務員法の罰則を受けるケースを重く規定し、第四号は「日本国憲法施行の日以後において、日本国憲法又はその下に成立した政府を暴力で破壊することを主張する政党その他の団体を結成し、又はこれに加入した者」であり、ここまでに説明したとおりである。

第三節　懲戒処分

免職・停職・減給・戒告

懲戒処分も分限処分と同様に本人の意に反した不利益処分であり、本人の故意や過失の責任について制裁として行うものである。地方公務員法第二十九条は、次のとおり定めている。

（懲戒）

第二十九条　職員が次の各号の一に該当する場合においては、これに対し懲戒処分として戒告、減給、停職又は免職の処分をすることができる。

一　この法律若しくは第五十七条に規定する特例を定めた法律又はこれに基く条例、地方公共団体の規則若しくは地方公共団体の機関の定める規程に違反した場合

二　職務上の義務に違反し、又は職務を怠つた場合

三　全体の奉仕者たるにふさわしくない非行のあつた場合

2　職員が、任命権者の要請に応じ当該地方公共団体の特別職に属する地方公務員、他の地方公共団体若しくは特定地方独立行政法人の地方公務員、国家公務員又は地方公社（地方住宅供給公社、地方道路公社及び土地開発公社をいう。）その他その業務が地方公共団体若しくは国の事務若しくは事業と密接な関連を有する法人のうち条例で定めるものに使用される者（以下この項において「特別職地方公務員等」という。）となるため退職し、引き続き特別職地方公務員等として在職した後、引き続いて当該退職を前提として職員として採用された場合（一の特別職地方公務員等として在職した後、引き続き一以上の特別職地方公務員等として在職し、引き続いて当該退職を前提として職員として採用された場合を含む。）において、当該退職までの引き続く職員としての在職期間（当該退職前に同様の退職（以下この項において「先の退職」という。）、特別職地方公務員等としての在職及び職員としての採用がある場合には、当該先の退職までの引き続く職員

としての在職期間を含む。次項において「要請に応じた退職前の在職期間」という。）中に前項各号のいずれかに該当したときは、これに対し同項に規定する懲戒処分を行うことができる。

3　職員が、第二十八条の四第一項又は第二十八条の五第一項の規定により採用された場合において、定年退職者等となつた日までの引き続く職員としての在職期間（要請に応じた退職前の在職期間を含む。）又はこれらの規定によりかつて採用されて職員として在職していた期間中に第一項各号の一に該当したときは、これに対し同項に規定する懲戒処分を行うことができる。

4　職員の懲戒の手続及び効果は、法律に特別の定がある場合を除く外、条例で定めなければならない。

まず第一項では、四つの懲戒処分の事由を三つに分けて定めている。第一号は「この法律若しくは第五十七条に規定する特例を定めた法律又はこれに基く条例、地方公共団体の規則若しくは地方公共団体の機関の定める規程に違反した場合」という**法令違反**を懲戒理由とするものである。「この法律」は地方公務員法そのものであり、「第五十七条に規定する特例を定めた法律」は教育公務員に適用される**教育公務員特例法**などが該当する。第二号は「職務上の義務に違反し、又は職務を怠つた場合」であるから、**職務上の義務**は地方公務員法に含まれているが、**職務怠慢**とあわせて、強調していると読み取るべきである。第三号の「全体の奉仕者たるにふさわしくない非行のあつた場合」は、法令に含まれていなくても、**非行**となる場合も該当するというもので、これも地方公務員法の**信用失墜行為の禁止**に該当する。つまり、こうした法令や道義に反する**非違行為**があった場合に、制裁として懲戒処分を行うということになる。

法令本文では、「戒告、減給、停職又は免職」といわば軽い順から列記されているが、ここでは重い順から説明していこう。

免職は、公務員としての職を失わせる処分であり、その意味では分限処分の免職と同じである。ただし、制裁として行うのであるから、免職に伴う退職金は支給しないことが通例であり、分限免職と区別して、**懲戒免職**と呼ばれる。第9章で説明するように、教員の場合は免許状の失効が重複して行われる。

停職は、公務員としての職に一定期間従事させない処分である。これも分限処分としての休職と似ているが、制裁として行うので、停職の期間は給与などを支給しない。無期や数年にわたる停職はなく、通常は条例により六か月を上限とする。「停職六月」（六か月の意味）といった形で発令される。この停職が終わった段階で、制裁が終了して、元の職に復することになる。このためセクシュアル・ハラスメントで本人が非を認めていない事件では、復職後に再発する危険性がある処分でもある。

減給は、一定期間、一定の割合で給料を減じる処分である。停職と同様に、減給もその期間が終われば、給与が元に戻ることになる。停職は給与を支払わないことで事実上の退職勧告としての意味があるが、減給は職務を継続しているので、通常は条例により六か月や一割を上限とする。「減給十分の一、一月」（一〇パーセントが一か月間という意味）といった形で発令される。

戒告は、責任を明らかにして、将来にそうしたことがないように戒めて告げる行為である。内容は文書にして交付され、記録される。一見軽い懲戒処分に思われるが、地方公務員法に基づいて公式に行われるものであるから、重要な処分と言え、昇任や昇給にも影響を与える記録にもなる。

地方公務員法によらない教育的指導

地方公務員法によらず、条例などによって行われている事実上の懲戒処分に推する処分もある。これについても、説明しておこう。

諭旨退職というのは、本人の一身上の都合による**依願退職**であるから法令に基づく懲戒処分ではないが、懲戒免職を減じて退職を上司が勧奨して本人が辞職を願い出る場合である。停職などの懲戒処分に関連して本人が依願退職することもある。諭旨退職では、退職金が支払われたり、減額されたりするケースがある。

訓告は、上司の監督権に基づいて、懲戒処分に相当する非違行為などを訓《おし》えて告げる行為である。いわば教育的指導であり、地方公務員法に基づく懲戒処分ではない。ただし、次に述べる厳重注意よりも重いものと扱われる。

厳重注意は、同じく上司の監督権に基づいて、厳重に注意する行為である。また**譴責**《けんせき》と呼んで、本人の始末書を提出させる行為もある。厳重注意や譴責は、今日も報道などで見聞すると言葉の響きとして重い処分の印象を受けるが、ここまで述べたものと比べると、軽いことになる。

第四節　不利益処分の実際

大半を占める病気休職

ここまで四つの分限処分と、四つの懲戒処分について説明した。実際の不利益処分の実数は、それぞれ大きく異なる。ここでは文部科学省が毎年発表している教育公務員の統計より本書執筆段階での最新版、「令和元年度公立学校教職員の人事行政状況調査について」より抜粋して紹介する。

図表２（一四〇頁）は分限処分について過去数年の全国の公立学校教職員についての実数である。別途に発表された内訳を見ると、適格性などによる免職や降任、刑事事件による起訴休職なども少数ある。降給はゼロとなるが、給与表が定められた公務員の給与制度では個別には行いにくく、また民間の給与をもとに給与を見直す公務員の給与体系全体としても実効性の乏しいものとみられている。

それに対して、突出するのは、**病気休職**である。とりわけ、精神疾患が多くを占めている。文部科学省はこの統計を整理して図表３のように傾向をまとめて、人数は過去最多であり、在籍者に占める割合は二〇〇九（平成二一）年度に次いでいると発表した。ここに見る休職者は、精神疾患のなかでも分限休職を行った重いものである。こうした実態は、**教員の働き方改革**、ことにストレスの多い職務に対する精神的なケアの必要性などを示唆している。

続いて、懲戒処分の統計を図表４に掲げた。地方公務員法に基づく免職、停職、減給、戒告に比して、それ以外の教育的指導である訓告等が多いこともわかる。

図表３　教育職員の精神疾患による病気休職者数の推移

2009（平成 21）年度～ 2019（令和元）年度

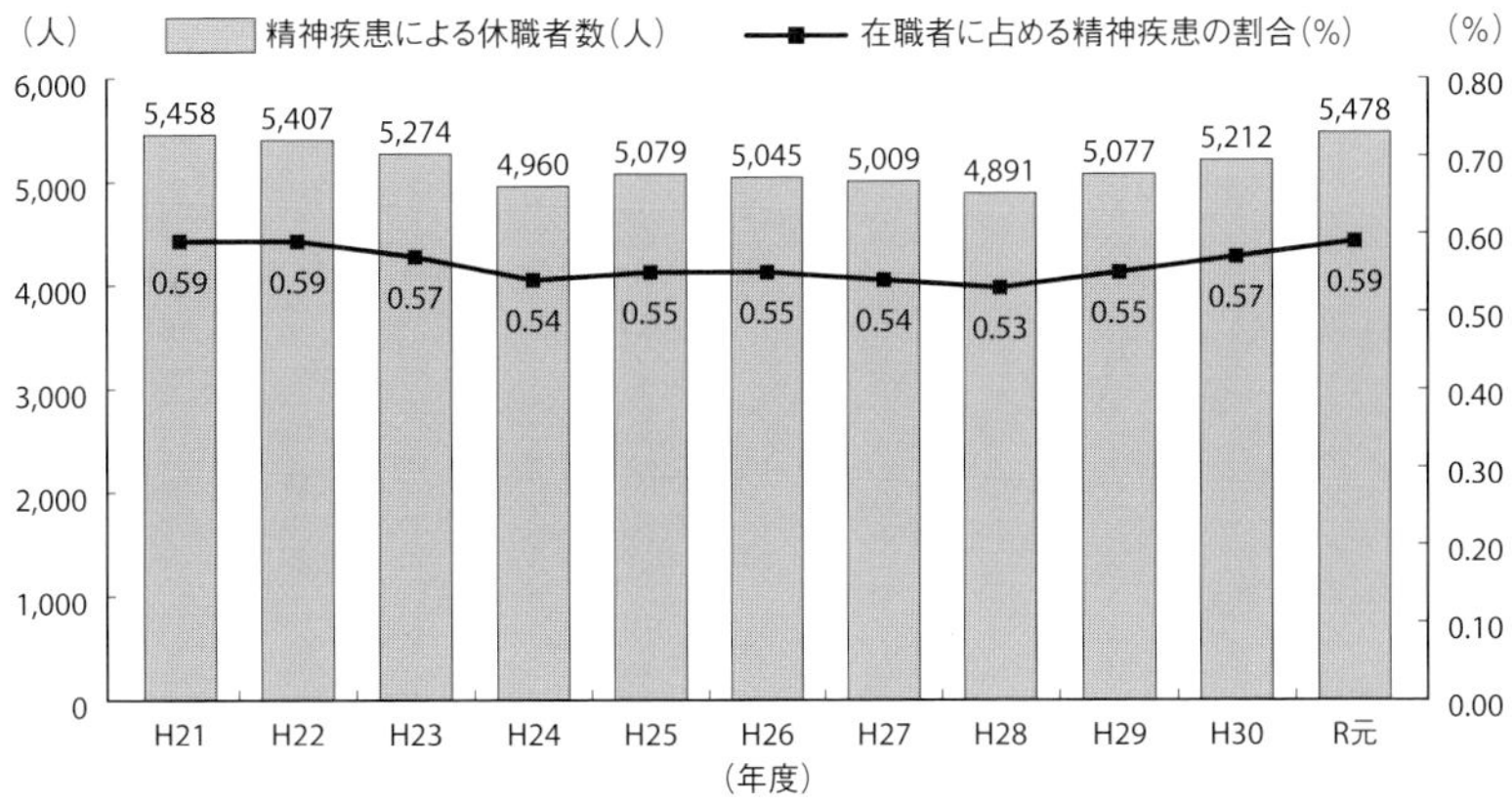

図表2　分限処分の状況一覧（教育職員）2019（令和元）年度

（単位：人）

都道府県 指定都市	分限処分の種類							合計
	降任	免職	休職				降給	
			起訴休職	病気休職	（うち精神疾患）	その他		
1 北海道			1	337	216			338
2 青森県				87	55			87
3 岩手県				104	71			104
4 宮城県				125	82			125
5 秋田県				57	32			57
6 山形県				58	38			58
7 福島県		1		74	46			75
8 茨城県		1		202	137			203
9 栃木県				113	77			113
10 群馬県			2	104	44			106
11 埼玉県			1	317	215			318
12 千葉県		2	1	266	184			269
13 東京都		1		818	633	3		822
14 神奈川県				231	144	4		235
15 新潟県		1		118	87			119
16 富山県				63	43			63
17 石川県				40	27			40
18 福井県				40	30			40
19 山梨県				22	12			22
20 長野県			2	118	81			120
21 岐阜県			1	116	76			117
22 静岡県		1		88	59			89
23 愛知県			1	304	237			305
24 三重県				118	87			118
25 滋賀県				86	58			86
26 京都府			1	87	64			88
27 大阪府			1	459	336	31		491
28 兵庫県				141	47	17		158
29 奈良県				65	55	3		68
30 和歌山県				74	46			74
31 鳥取県				49	34			49
32 島根県			1	57	35			58
33 岡山県				81	51			81
34 広島県				129	81			129
35 山口県				103	55			103
36 徳島県				49	31			49
37 香川県				50	30			50
38 愛媛県			1	79	48			80
39 高知県				87	48			87
40 福岡県			2	164	112			166
41 佐賀県				64	47	2		66
42 長崎県				99	66			99
43 熊本県				96	72			96
44 大分県				80	44			80
45 宮崎県			1	95	53			96
46 鹿児島県				158	99			158
47 沖縄県			1	419	190			420
48 札幌市				91	59			91
49 仙台市				42	20			42
50 さいたま市				55	36			55
51 千葉市				45	36			45
52 川崎市				92	69			92
53 横浜市			1	193	161			194
54 相模原市				41	29			41
55 新潟市				44	28			44
56 静岡市				21	18			21
57 浜松市			1	11	8			12
58 名古屋市				115	99			115
59 京都市				104	69			104
60 大阪市			1	162	133			163
61 堺市				55	36			55
62 神戸市			1	129	81	4		134
63 岡山市				38	27			38
64 広島市				67	38			67
65 北九州市				33	24			33
66 福岡市				99	73			99
67 熊本市				29	19			29
合　計	0	7	21	8,157	5,478	64	0	8,249
2018（平成30）年度	2	7	24	7,949	5,212	56	0	8,038
2017（平成29）年度	2	10	23	7,796	5,077	51	0	7,882

図表4　懲戒処分等の状況一覧（教育職員）2019（令和元）年度

（単位：人）

都道府県 指定都市	懲戒処分の種類				合計	訓告等	総計	対教育職員数割合（当事者）（%）
	免職	停職	減給	戒告				
1 北海道	8	9	25	32	74	10 (9)	84 (9)	0.23%
2 青森県	3	1	1	11	16	59 (5)	75 (5)	0.66%
3 岩手県	6		3 (1)	2 (4)	11 (5)	19 (31)	30 (36)	0.26%
4 宮城県	5		1	2	8	155 (28)	163 (28)	1.28%
5 秋田県	2	2	1	4	9	43 (4)	52 (4)	0.61%
6 山形県	2		2	5 (1)	9 (1)	27 (7)	36 (8)	0.39%
7 福島県	6		5	2 (1)	13 (1)	117 (3)	130 (4)	0.79%
8 茨城県	5	2	6 (10)	2 (3)	15 (13)	54 (26)	69 (39)	0.30%
9 栃木県	3	1	2		6	16 (7)	22 (7)	0.14%
10 群馬県	4	1	1 (1)		6 (1)	139 (20)	145 (21)	0.92%
11 埼玉県	19	5	3	10	37	104 (19)	141 (19)	0.36%
12 千葉県	7	6	5 (3)	3 (6)	21 (9)	31 (35)	52 (44)	0.15%
13 東京都	14	14	24	22 (1)	74 (1)	288 (283)	362 (284)	0.56%
14 神奈川県	8	5	4 (1)	(3)	17 (4)	136 (66)	153 (70)	0.58%
15 新潟県	3	1	13 (1)	5	22 (1)	22 (6)	44 (7)	0.30%
16 富山県	1		3	2	6	40 (5)	46 (5)	0.54%
17 石川県	1	1		(1)	2 (1)	21 (7)	23 (8)	0.25%
18 福井県	1	2	1	14	18	141 (12)	159 (12)	2.21%
19 山梨県	2	1			3	15 (22)	18 (22)	0.25%
20 長野県	2	1		2 (3)	5 (3)	92 (10)	97 (13)	0.55%
21 岐阜県	1	5	7 (1)	7 (3)	20 (4)	75 (35)	95 (39)	0.56%
22 静岡県	9	4	1	7 (1)	21 (1)	66 (13)	87 (14)	0.46%
23 愛知県	3	13	5	1	22	38 (38)	60 (38)	0.15%
24 三重県	1		2	1	4	219 (17)	223 (17)	1.51%
25 滋賀県	1	3	2		6	37 (17)	43 (17)	0.35%
26 京都府	3				3	90 (17)	93 (17)	0.83%
27 大阪府	6	3	21 (1)	13	43 (1)	70 (52)	113 (53)	0.27%
28 兵庫県	7	11	29 (2)	15 (1)	62 (3)	229 (27)	291 (30)	0.91%
29 奈良県	4	2	(2)		6 (2)	17 (15)	23 (17)	0.22%
30 和歌山県	1	2	2	(1)	5 (1)	1 (6)	6 (7)	0.07%
31 鳥取県	1		1		2	64 (11)	66 (11)	1.15%
32 島根県	2	3	1		6	27 (14)	33 (14)	0.44%
33 岡山県	5			(3)	5 (3)	10 (19)	15 (22)	0.12%
34 広島県	1	5	1	3	10	54 (13)	64 (13)	0.45%
35 山口県	1		3	(1)	4 (1)	52 (2)	56 (3)	0.48%
36 徳島県	2		2	1	5	11 (7)	16 (7)	0.22%
37 香川県		3	2	5	10	17 (5)	27 (5)	0.33%
38 愛媛県	3	1	3		7	6 (12)	13 (12)	0.12%
39 高知県		1			1	16 (8)	17 (8)	0.23%
40 福岡県	8	5	2		15	61 (37)	76 (37)	0.33%
41 佐賀県	3	1		1	5	83 (5)	88 (5)	1.05%
42 長崎県	3			2	5	33 (24)	38 (24)	0.31%
43 熊本県	3	3	3	3 (2)	12 (2)	15 (22)	27 (24)	0.24%
44 大分県	3	1	2 (3)	1 (2)	7 (5)	22 (47)	29 (52)	0.29%
45 宮崎県	3	2		3 (1)	8 (1)	463 (15)	471 (16)	4.64%
46 鹿児島県	1		2	3	6	73 (1)	79 (1)	0.48%
47 沖縄県	3	10	2	1	16	30 (1)	46 (1)	0.30%
48 札幌市	2	1	9	4	16	57 (4)	73 (4)	0.86%
49 仙台市	2		2 (1)	1 (1)	5 (2)	17 (9)	22 (11)	0.41%
50 さいたま市	1	1	1	3 (1)	6 (1)	26 (26)	32 (27)	0.55%
51 千葉市	1	1	(3)		2 (3)	8 (5)	10 (8)	0.22%
52 川崎市	2	1	2	1	6	1 (2)	7 (2)	0.11%
53 横浜市	6	4	1	3	14	30 (26)	44 (26)	0.26%
54 相模原市						2 (2)	2 (2)	0.06%
55 新潟市		1	1		2	6 (3)	8 (3)	0.20%
56 静岡市			1		1	14	15	0.48%
57 浜松市	2	2	2		6	1 (5)	7 (5)	0.18%
58 名古屋市		2	3 (2)		5 (2)	6 (3)	11 (5)	0.10%
59 京都市	1				1	33 (3)	34 (3)	0.47%
60 大阪市	5	7	7	7 (1)	26 (1)	75 (5)	101 (6)	0.77%
61 堺市	3	2	2	3	10	31 (12)	41 (12)	0.91%
62 神戸市	5	2	4 (1)	11	22 (1)	53 (14)	75 (15)	0.91%
63 岡山市						4	4	0.11%
64 広島市	1		2	1	4	10 (7)	14 (7)	0.23%
65 北九州市	1		2	1	4	22 (5)	26 (5)	0.50%
66 福岡市		1	3	2	6	12 (12)	18 (12)	0.23%
67 熊本市	1	2	2	2 (1)	7 (1)	30 (11)	37 (12)	0.93%
合　計	213 (0)	157 (0)	237 (33)	224 (42)	831 (75)	3,846 (1,239)	4,677 (1,314)	0.51%
2018（平成30）年度	231 (0)	176 (0)	251 (38)	240 (49)	898 (87)	5,080 (1,426)	5,978 (1,513)	0.65%
2017（平成29）年度	193 (0)	180 (0)	199 (18)	205 (40)	777 (58)	4,332 (1,239)	5,109 (1,297)	0.55%

（注）（　）は、非違行為を行った所属職員（事務職員等含む。）に対する監督責任により懲戒処分等を受けた者の数で外数

内訳を見ると、勤務時間以外の事故が多い道路交通法関係が多数を占める。また、体罰、わいせつ行為等も少なくない。過失によって起こりやすい個人情報の不適切な取り扱いも目立つ。

ここで見た統計は文部科学省が教育委員会からの報告をまとめて発表したものである。このほか、公務員の懲戒処分は、教育委員会のウェブページなどで公表されている。

第五節　不服申立て

人事委員会と公平委員会

ここまで述べた不利益処分は、**任命権者**、つまり都道府県教育委員会や政令指定都市教育委員会によって行われることになる。地方公務員法第四十九条は、この手続きの厳正を期するために、文書による説明書などを規定している。

（不利益処分に関する説明書の交付）

第四十九条　任命権者は、職員に対し、懲戒その他その意に反すると認める不利益な処分を行う場合においては、その際、その職員に対し処分の事由を記載した説明書を交付しなければならない。

2　職員は、その意に反して不利益な処分を受けたと思うときは、任命権者に対し処分の事由を記載した説明書の交付を請求することができる。

3　前項の規定による請求を受けた任命権者は、その日から十五日以内に、同項の説明書を交付しなければならない。

4　第一項又は第二項の説明書には、当該処分につき、人事委員会又は公平委員会に対して審査請求をすることができる旨及び審査請求をすることができる期間を記載しなければならない。

不利益処分を受ける公務員には、処分について不服があることもある。故に、第四項は審査請求のできる期間を明示して、**不服申立て**の権利を明示する。

処分を行うのは任命権者であるが、これとは独立して**人事委員会**または**公平委員会**という三名の委員による合議制の組織が置かれる。これは都道府県と政令指定都市では必置で、それ以外の市区町村でも置くことができる。ここで公務員が不服の申し立てをした場合に、審査にあたることになる。

こうした手続きは、**行政処分**としての不利益処分についての行政内部の手続きと理解できる。申し立てについて人事委員会や公平委員会が行った決裁についてさらに不服の場合は、裁判の手続きを行うことができる。

民事事件と刑事事件

次に公務員ではない国民、住民の立場から不利益処分について考えよう。ここで述べた不利益処分、とりわけ公務員の不祥事などに関する懲戒処分は、主権者として知りうる立場にある。さらに日本国憲法は第十六条において、「何人も、損害の救済、公務員の罷免、法律、命令又は規則の制定、廃止又は改正その他の事項に関し、平穏に請願する権利を有し、何人も、かかる請願をしたためにいかなる差別待遇も受けない。」として**請願権**を認めているので、教員の非違行為などについて任命権者である教育委員会に対して処分を求めることができる。

以上は、**行政処分**についてのことであるが、同じ事件が、**刑事事件**や**民事事件**となることがある。**刑法**（明治四十年四月二十四日法律第四十五号）などの手続きは**刑事訴訟法**（昭和二十三年七月十日法律第百三十一号）により、**民法**（明治二十九年四月二十七日法律第八十九号）などの手続きは**民事訴訟法**（平成八年六月二十六日法律第百九号）による。

たとえば体罰事件を公立学校の教員が起こした場合は、地方公務員法による懲戒処分を任命権者が審査して処分を行うことになる。同時に体罰事件は刑法による殺人罪、傷害罪、暴行罪に該当するので、刑事裁判が行われることもある。また、体罰の被害者である本人や保護者が、教員の不法行為について民事裁判で争うこともある。

ここまで、公立学校の教員に即して地方公務員法を中心に概観した。同様の処分は、契約や規則に基づいて、私立学校でも定められているのが通例である。教員を志望する読者では、ここまでの説明を聞いて将来を重苦しく感じた場合もあるかもしれない。しかしながら、全体の奉仕者としての立場や、教育を担う教員としての立場からも、こうした厳密な規定による責任を十分に理解する必要がある。また、法律に基づく不利益処分や不服申立ての手続きは、同時に誤認や恣意から公務員が保護される規定でもあることを理解しておきたい。

第7章
教員の任用

キーワード

任用　採用　昇任　降任　転任　任命権者　県費負担教職員
競争試験　選考　条件付採用　内申　意見具申

要　約

地方公務員法では教員が公務員として任用されることを、採用や昇任や降任や転任という用語で整理している。こうした任用をするのが任命権者であり、一般の公務員では地方公共団体の首長である。しかし、公立学校教員は県費負担教職員という立場で、都道府県教育委員会が任命権者と呼ばれる。教員の採用は教育公務員特例法では、一般の公務員のような競争試験ではなく、人物や能力による選考であると定められている。また条件付採用も1年間と長い。県費負担教職員については任命権者とは異なる市町村教育委員会も教員の任用について内申する権利があり、また学校の校長も意見具申を行う。

第3章から始まって、教員の立場、義務、処分などを話してきたが、この堅い話題はまだまだ続く。この第7章は教員になって、働き続ける任用についての話題である。本来は任用の話から始まって、義務へと進む順序もあるだろうが、教育委員会のシステムなどを語る必要があるので、この章にまとめた。

第一節　任命権者と県費負担教職員

任命権者

任命権者という言葉はすでに出てきたが、**地方公務員法**（昭和二十五年十二月十三日法律第二百六十一号）に次のように定めている。

（任命権者）

第六条　地方公共団体の長、議会の議長、選挙管理委員会、代表監査委員、教育委員会、人事委員会及び公平委員会並びに警視総監、道府県警察本部長、市町村の消防長（特別区が連合して維持する消防の消防長を含む。）その他法令又は条例に基づく任命権者は、法律に特別の定めがある場合を除くほか、この法律並びにこれに基づく条例、地方公共団体の規則及び地方公共団体の機関の定める規程に従い、それぞれ職員の任命、人事評価（任用、給与、分限その他の人事管理の基礎とするために、職員がその職務を遂行するに当たり発揮した能力及び挙げた業績を把握した上で行われる勤務成績の評価をいう。以下同じ。）、休職、免職及び懲戒等を行う権限を有するものとする。

2　前項の任命権者は、同項に規定する権限の一部をその補助機関たる上級の地方公務員に委任することができる。

任命権者の筆頭にあげられている地方公共団体の長とは、都道府県知事や市町村長という首長であるが、このほか議会職員であれば議会の議長という形で、同じ地方公共団体でも独立性のある部門は任命権者になることができる。つまりそこで人事をまとめないと、機関の独立性が担えないのである。そして**地教行法**と略称される地方教育行政の組織及び運営に関する法律（昭和三十一年六月三十日法律第百六十二号）に基づいて都道府県と市町村に置かれる**教育委員会**も、この第六条の規定上は任命権者となる。

県費負担教職員

この地方公務員法を受けて、地教行法では、第三十四条（教育機関の職員の任命）において、「教育委員会の所管に属する学校その他の教育機関の校長、園長、教員、事務職員、技術職員その他の職員は、この法律に特別の定めがある場合を除き、教育委員会が任命する。」と学校の職員全般について、教育委員会が任命権者であると述べる。この文中に「この法律に特別の定めがある場合を除き」という例外があるが、第三十七条（任命権者）で、第一項に「市町村立学校職員給与負担法（昭和二十三年法律第百三十五号）第一条及び第二条に規定する職員（以下「県費負担教職員」という。）の任命権は、都道府県委員会に属する。」と述べる。

ここで話が難しくなってきた。普通に考えると市町村立の小中学校の職員は、その学校を設置した市町村の教育委員会が任命権者のはずなのだが、その市町村が含まれる区域の都道府県の教育委員会が任命権者であるという構造である。**市町村立学校職員給与負担法**（昭和二十三年七月十日法律第百三十五号）は、市町村の小学校や中学校などの義務教育段階の学校の職員の給与を、市町村ではなく、都道府県が負担することを定めた法律である。なぜそんな複雑な法律を定めたかというと、市町村による財政力には格差があり、それが義務教育を担う教員の待遇の悪化、ひいては義務教育を受ける権利を侵害するということがないように、都道府県の大きなくくりでまとめたわけである。教育格差の解消のためと理解できる。実際に戦前の日本では市町村財政によって教員の給与の不払いなどもあったので、戦後の教育のためにこうした法律ができたのである。こうして**県費負担教職員**と呼ばれる小中学校の校長や教諭や事務職員などの多くの教職員の任命権者は、市町村ではなく都道府県となる。さらに都道府県に匹敵する財政基盤を有する政令指定都市教育委員会も、この県費負担教職員の任命権者になる。ここまで話が進むと、それなりに教員の採用について情報を集めている学生は、「だから神奈川県の教員採用選考試験は、神奈川県だけでなく、横浜市と川崎市と相模原市がしているのに、小田原市はしていないいんだ」という情報に符合するだろう。なお、この県費負担教職員という言葉は、地教行法などの法律に定義されている言葉なので、北海道だから道費負担教職員だと勝手に置き換えてはいけない。

複雑な話はまだ続く。県費負担教職員だから、その財源は都道府県の地方税などに依拠した財源だろうと思える。しかし、市町村のみならず、都道府県にも、格差はある。都道府県を問わず全国の教育の水準を維持するためにも、この人件費は安定的でなければならない。このために**義務教育費国庫負担法**（昭和二十七年八月八日法律第三百三号）が定められて、義務教育に該当する小学校、中学校、義務教育学校、中等教育学校の前期課程、特別支援学校の小学部と中学部について、その教職員の給与などの三分の一を国が、三分の二を都道府県が負担することになる。この法律は、一八九六（明治二九）年に五年以上勤務した小学校教員の加算部分のみを国庫負担とした市町村立小

図表1　県費負担教職員と任命権者

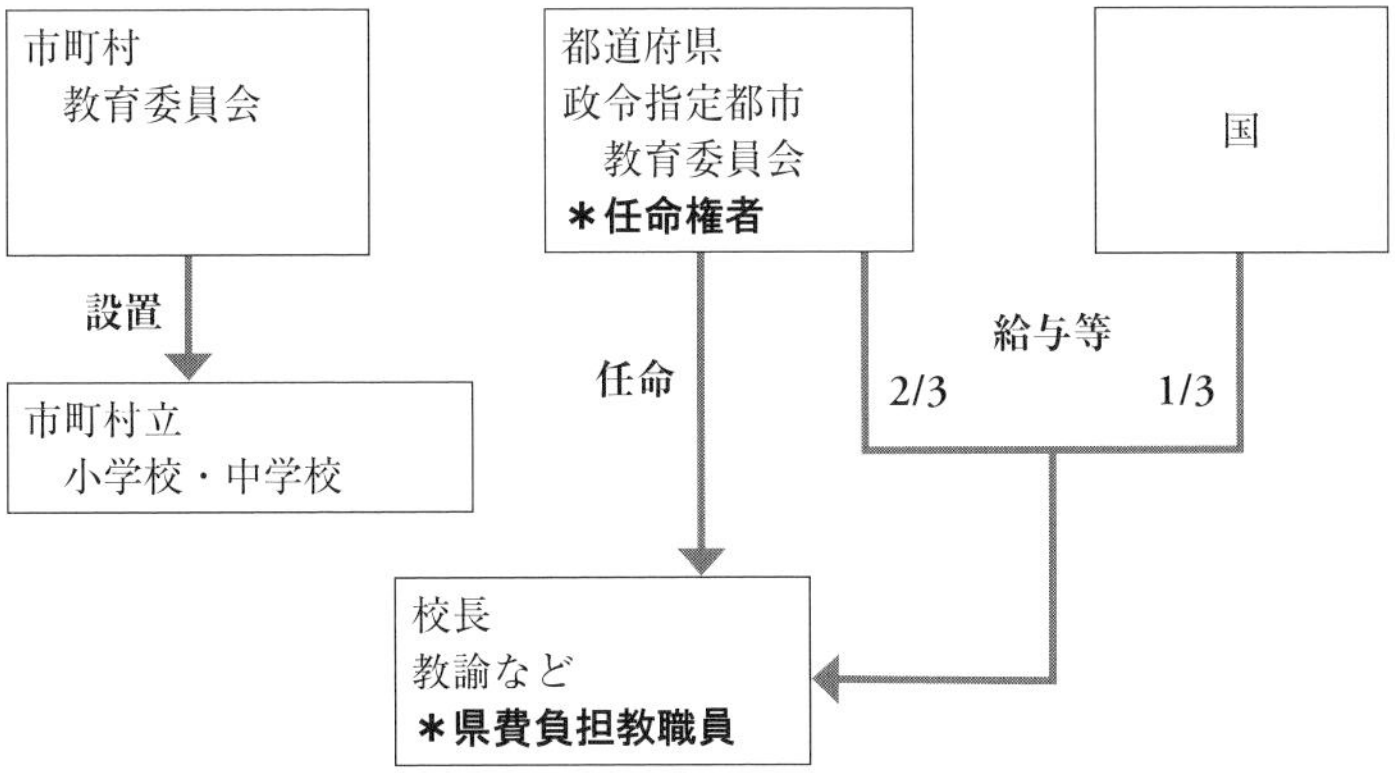

学校教員年功加俸国庫補助法（明治二十九年三月二十四日法律第十四号）をはじめとして、実に百数十年の歴史的背景のあるものである。近年までは、国と都道府県が半額ずつとなっていたが、地方自治制度や税制の見直しに伴って法律が改正され、二〇〇六（平成一八）年度から現在の割合になっている。

さらに実際の市町村立の小学校や中学校のすべてのスタッフが県費負担教職員というわけではなく、**義務教育標準法**と略称される公立義務教育諸学校の学級編制及び教職員定数の標準に関する法律（昭和三十三年五月一日法律第百十六号）には第11章に説明するように、標準となる教職員の定数が定められているので、これに含まれない補助的なスタッフや定員を超える教職員については市町村の負担となっているケースも多い。

高等学校は義務教育ではないので、義務教育費国庫負担法の対象とはなっていないが、都道府県教育委員会が任命権者となる。

このほか、様々な例外や国や地方自治体の取り組みがあるが、最も簡単に制度をまとめると、図表1のようになる。

変な言い方になるが、実は**教員の働き方改革**は、とりわけ生きていくための労働条件の改善としては、明治期から百数十年の歴史があることになる。そして、現在の到達として、これほど説明が複雑になる法令の整備がされてきたことになる。こうした職種は、日本国の他の専門職でも、探すことは難しいだろう。

第二節　任用

任用の根本基準

ところで、労働法の世界や私立学校で**雇用**と呼ばれる関係は、ここまでの様々な法令のなかで、任用、任命、採用など類似する言葉が出てきた。これらの用語を整理しておきたい。

まず、地方公務員法は、第十五条でその**任用の根本基準**を次のように定めている。

（任用の根本基準）
第十五条　職員の任用は、この法律の定めるところにより、受験成績、人事評価その他の能力の実証に基づいて行わなければならない。

つまり、採用の時の受験成績や、採用後の人事評価などの実証できる能力のみによって任用するということである。一言で言えば、能力主義である。人類の歴史を通覧すると、身分や血縁関係などによる地位から、能力や経験による地位へと変化していった。身分主義から能力主義への変化は、たしかに競争激化などの弊害もあるが、個人の尊厳、公平、平等を共通の価値とした近代市民社会以後は定着してきた。この条文は、第6章でみた日本国憲法の定める**法の下の平等**や、地方公務員法の不利益処分に関する**平等取扱いの原則**と呼応することがわかる。

念のために言うと、公務員とりわけ教育公務員をめぐる採用などにおいて、縁故などの不公正が問題となるケースもある。公務員のなかでも警察官や教員は、親の職業を継承しやすい傾向があるが、そのことが身分主義のような弊害を生んではならない。教員採用における面接試験などでは、こうした配慮が重視されている。

採用・昇任・降任・転任

続いて、地方公務員法の第十五条の二において、任用をめぐる用語の定義をしている。「第十五条の二」というのは、第十五条がもともとあって、その後の第十六条を動かさずに、もう一つの条文をあとから追加する法令改正のときに使う法令用語の技術である。類似する用語が多いので、地方公務員法及び地方独立行政法人法の一部を改正する法律（平成二十六年五月十四日法律第三十四号）により、この定義の条文が追加されたわけである。

（定義）
第十五条の二　この法律において、次の各号に掲げる用語の意義は、当該各号に定めるところによる。
一　採用　職員以外の者を職員の職に任命すること（臨時的任用を除く。）をいう。
二　昇任　職員をその職員が現に任命されている職より上位の職制上の段階に属する職員の職に任命することをいう。
三　降任　職員をその職員が現に任命されている職より下位の職制上の段階に属する職員の職に任命することをいう。

四　転任　職員をその職員が現に任命されている職以外の職員の職に任命することであつて前二号に定めるものに該当しないものをいう。
五　標準職務遂行能力　職制上の段階の標準的な職（職員の職に限る。以下同じ。）の職務を遂行する上で発揮することが求められる能力として任命権者が定めるものをいう。
2　前項第五号の標準的な職は、職制上の段階及び職務の種類に応じ、任命権者が定める。
3　地方公共団体の長及び議会の議長以外の任命権者は、標準職務遂行能力及び第一項第五号の標準的な職を定めようとするときは、あらかじめ、地方公共団体の長に協議しなければならない。

まずは**任命**は、**任用**と、ほぼ同じとみてよい。とくに校長や教諭、課長や係長といった職につけるときに任命と言い、それを行う者を任命権者と言い、第十五条のように状態を含めて広く用いるときに任用という用語が使われている。

採用は、職員ではない者を初めて「職員の職に任命」することであるから、専任の教諭であれば、第4章でみた、服務の宣誓をする最初の一回だけである。臨時的任用つまり有期のアルバイトも含まれるから、一年契約の非常勤講師のように、毎年四月に採用されるケースもある。

昇任は、「現に任命されている職より上位の職制上の段階に属する職員の職に任命する」だから、普通に言う昇進である。一般の職員であれば、係長が課長になったりすると、職務が増えるが給与も増えて、お祝いするだろう。教員であれば、教諭が、主幹教諭や副校長になったりする場合で、同じく祝われるだろう。

降任は、「現に任命されている職より下位の職制上の段階に属する職員の職に任命する」だから、普通に言うめでたくない降格、左遷である。一般の職員であれば、課長が係長になったりすると、職務が軽減されるが、給与も下がる。本人の事情による願いでなければ、第6章にある**分限処分**としての降任である。

転任は、「現に任命されている職以外の職員の職に任命すること」であり、同時に「前二号に定めるものに該当しないもの」であるから、別の職にはなるが、昇任でも降任でもない場合である。西地区出張所の経理主任が東地区出張所の総務主任に転勤するようなケースである。教育公務員の世界では、数年に一度の転任がルール化している。

こうした職については、恣意によって任命が左右されてはならないから、第五号には**標準職務遂行能力**が定義され、「職制上の段階の標準的な職の職務を遂行する上で発揮することが求められる能力」を任命権者が定めるものとされる。さらに第二項では**標準的な職**についても、「職制上の段階及び職務の種類に応じ」て任命権者が定める。そしてこの標準職務遂行能力や標準的な職は、第三項により、「地方公共団体の長及び議会の議長以外の任命権者」などは、「あらかじめ、地方公共団体の長に協議しなければならない。」と定められている。たとえば、都道府県の教育委員会が、ある職やその職の標準職務遂行能力を定めるときは、都道府県知事に協議して定めるわけである。

なお、広く公務員の世界で用いる用語として、昇任、降任、転任を含んで、**異動**という言葉がある。広く住民にも影響を与えるので、公務員の幹部や教員などについては新聞の地方欄に「人事異動」と題して掲載されることも多い。

第三節　採用の方法としての選考

競争試験と選考

前節でみた地方公務員法第十五条（任用の根本基準）のとおり、公務員を採用するときは、公平性の見地からも能力によって客観的な判定が重視される。地方公務員においては、第十八条（試験機関）採用のための**競争試験**としての**採用試験**は人事委員会などが行い、第十八条の二（採用試験の公開平等）には、「採用試験は、人事委員会等の定める受験の資格を有する全ての国民に対して平等の条件で公開されなければならない。」と定められている。つまり、オープンな競争試験にすることにより、一般の公務員として優秀な人物を公平に採用できるようにしているのである。

こうした一般の公務員の競争型の採用試験に対して、教育公務員は選考という方式が用いられる。**教育公務員特例法**（昭和二十四年一月十二日法律第一号）において、第十一条で次のように定めている。

（採用及び昇任の方法）

第十一条　公立学校の校長の採用（現に校長の職以外の職に任命されている者を校長の職に任命する場合を含む。）並びに教員の採用（現に教員の職以外の職に任命されている者を教員の職に任命する場合を含む。以下この条において同じ。）及び昇任（採用に該当するものを除く。）は、選考によるものとし、その選考は、大学附置の学校にあつては当該大学の学長が、大学附置の学校以外の公立学校（幼保連携型認定こども園を除く。）にあってはその校長及び教員の任命権者である教育委員会の教育長が、大学附置の学校以外の公立学校（幼保連携型認定こども園に限る。）にあってはその校長及び教員の任命権者である地方公共団体の長が行う。

「大学附置の学校」つまり附属校のケースなどが書き込まれているために、文章が入り組んでいるが、公立学校の校長と教員については、「公立学校の校長の採用並びに教員の採用及び昇任は、選考によるものとし、その選考は、その校長及び教員の任命権者である教育委員会の教育長が行う。」と短縮できる。つまり、選考という方式が強調されているのである。ここで言う**選考**とは、筆記試験で客観的に設問の正否を判定して点数順に合否が判定可能な競争試験と異なり、その能力や経験についての主観的な判定も含めて行うものである。具体的には、意欲や適性を自由度のある論文試験で問うたり、印象を含めて人物が表現される面接試験で行ったりするものである。もちろん、競争試験と同じような設問に解答して正否が判定できる試験もあわせて行われることも通例である。**教員採用選考試験**という言い方が多い。図表2には二〇二〇（令和二）年の夏に実施された東京都教育委員会の教員採用試験について「令和二年度東京都公立学校教員採用候補者選考（三年度採用）実施要綱」の試験の項目から、最も受験者の多い「A」の選考枠を抜粋した。

第一次選考で行われる教職教養や専門教養の試験は、近年の東京都では五問択一の正否が客観的にわかるものである。これに対して、第一次選考の論文では、「課題把握」や「論理的表現力」だけではなく、「教師としての実践的指導力」という人物としての能力や経験も評価対象となる。さらに、第二次選考の面接試験では、「教職への理解」や「教科等の指導力」や「対応力」といった能力や経験はもちろん、「将来性」「心身の健康と人間的な魅力」

図表２　教員採用選考試験の実例（2020年実施の東京都の例より抜粋）

選考日及び選考の方法等

第一次選考		令和２年７月12日（日）	①教職教養〔60分間〕 ②専門教養〔60分間〕 ③論文〔70分間〕
第二次選考	面接	以下の日程中、指定する一日 令和２年８月21日（金） 令和２年８月22日（土） 令和２年８月23日（日）	①集団面接 ②個人面接 ◆選考日を選択することはできません。
	実技	令和２年９月13日（日）	◆中高共通、小中共通、特別支援学校の音楽・美術・保健体育・英語、小学校全科（英語コース）の受験者が対象です。

第一次選考

	内容	主な評価の観点等
教職教養	60分間、択一式、マークシート方式 東京都公立学校の教員として職務を遂行する上で必要な教育に関する法令や理論等に関する問題を出題する。	正答及び各問当たりの配点は、第一次選考終了後にホームページに掲載する。
専門教養	60分間、主として多肢選択による客観式の検査方式、マークシート方式 教員として各教科（科目等）の授業等を行う上で必要な専門的教養に関する問題を出題する。	
論文	70分間　1,050字（35字30行）以内で論述する。 ○小学校全科（理科コース・英語コースを含む。） 小学校の教育に関する問題を出題する。 ○上記以外の校種等・教科（科目等） 教育に関する問題を２問出題する。受験者はこのうち１問を選択して論述する。	課題把握、教師としての実践的指導力、論理的表現力等を評価する。

第二次選考

	内容	主な評価の観点
集団面接	指定された課題について、受験者間の話合いや質疑応答を行う。	教職への理解、教科等の指導力、対応力、将来性、心身の健康と人間的な魅力等を評価する。
個人面接	受験者があらかじめ作成し面接当日に提出する「面接票」及び「単元指導計画」等を基にして、質疑応答を行う。	

◆「単元」とは学習内容の一つのまとまりを指し、「単元指導計画」とは複数時間にわたって授業を組み立てる計画のことをいいます。ただし、音楽、美術、家庭及び技術の受験者は「ある題材に基づく一連の指導計画」を、自立活動、理療及び養護教諭の受験者は「学習指導案」を、それぞれ「単元指導計画」に代えて作成し、面接当日に提出します。
◆単元指導計画等の作成要領は、第一次選考の合格通知とともに書類にてお知らせします。

という主観的な印象による事項までが評価されるのである。

教員の採用が選考として行われる前提には、まずは志願者の資格として、公務員のような広範な年齢や学歴ではなく、当該学校の校種及び教科などに合致した免許状を有する者という限定された範囲で実現することがある。つまり、その免許状を有するならば、日本国の制度としては本来は誰でも教員になれるはずである。免許状とはそこまで重いものである。しかし、免許状を有していても、その任命権者が求める教員として人物がふさわしいかは、また別となる。それゆえに、論文や面接といった、時間と労力のかかる方法を用いて、選考として行うわけである。東京都ではこの第二次選考に合格した者を「採用候補者」と呼んで、実際の採用までに、学校等での面接を課している。

なお、昇任の場合、つまり教諭が校長、副校長、教頭、主幹教諭などになるための手続きも、多くの都道府県では法令等の知識を問う試験のほか、面接等を含めた選考の方式で行われている。

条件付採用

教員採用選考試験に合格すると、任命権者により教諭の職に任命されて、採用されることになる。地方公務員法では、第二十二条に次のように定めている。

（条件付採用）

第二十二条　職員の採用は、全て条件付のものとし、当該職員がその職において六月を勤務し、その間その職務を良好な成績で遂行したときに正式採用になるものとする。この場合において、人事委員会等は、人事委員会規則（人事委員会を置かない地方公共団体においては、地方公共団体の規則）で定めるところにより、条件付採用の期間を一年に至るまで延長することができる。

つまり、採用されてから六か月の間を一律に**条件付採用**として、その後に正式な採用となる。こうした契約は、民間でも**試用期間**と呼んで、契約に含まれる場合がある。

教育公務員特例法では、第十二条でこの地方公務員法の規定を一年間に延長している。

（条件付任用）

第十二条　公立の小学校、中学校、義務教育学校、高等学校、中等教育学校、特別支援学校、幼稚園及び幼保連携型認定こども園（以下「小学校等」という。）の教諭、助教諭、保育教諭、助保育教諭及び講師（以下「教諭等」という。）に係る地方公務員法第二十二条に規定する採用については、同条中「六月」とあるのは「一年」として同条の規定を適用する。

2　地方教育行政の組織及び運営に関する法律（昭和三十一年法律第百六十二号）第四十条に定める場合のほか、公立の小学校等の校長又は教員で地方公務員法第二十二条（同法第二十二条の二第七項及び前項の規定において読み替えて適用する場合を含む。）の規定により正式任用になつている者が、引き続き同一都道府県内の公立の小学校等の校長又は教員に任用された場合には、その任用については、同法第二十二条の規定は適用しない。

地方公務員よりも長い試用期間が教育公務員に適用される理由としては、第8章で述べる**初任者研修**が一年間であることと重なることがある。初任の教諭として、ある程度は負担を軽減しながら研修が重視されて、一年後に正規の採用となるわけである。ただし、実際の任用としては継続しており、服務の宣誓をするのも初日であって一年後ではない。また、民間の試用期間では給与等の待遇が低い場合があるが、教育公務員の場合は大きな差はない。

もちろん条件付採用は、地方公務員法第二十二条に「その間その職務を良好な成績で遂行したときに正式採用になる」とあるように、任命権者の側に裁量権が与えられている。実際には、正式採用にならない例が多いわけではないないし、現実には本人が教員に合わないとして退職する契機になっている側面もある。

第四節　内申と意見具申

市町村教育委員会の内申

ここまでの説明では、実際に教員採用選考試験を実施する都道府県や政令指定都市の教育委員会の権限が、任命権者として、大きいことがわかる。そうなると、小学校や中学校の多数を占める市町村立の学校の立場では、教員の実際の任用に関与できないことになってしまう。こうした矛盾を埋めるために、**地教行法**と略称される地方教育行政の組織及び運営に関する法律（昭和三十一年六月三十日法律第百六十二号）では、様々な規定がある。

（服務の監督）
第四十三条　市町村委員会は、県費負担教職員の服務を監督する。

2　県費負担教職員は、その職務を遂行するに当つて、法令、当該市町村の条例及び規則並びに当該市町村委員会の定める教育委員会規則及び規程（前条又は次項の規定によつて都道府県が制定する条例を含む。）に従い、かつ、市町村委員会その他職務上の上司の職務上の命令に忠実に従わなければならない。

3　県費負担教職員の任免、分限又は懲戒に関して、地方公務員法の規定により条例で定めるものとされている事項は、都道府県の条例で定める。

4　都道府県委員会は、県費負担教職員の任免その他の進退を適切に行うため、市町村委員会の行う県費負担教職員の服務の監督又は前条若しくは前項の規定により都道府県が制定する条例の実施について、技術的な基準を設けることができる。

（人事評価）

第四十四条　県費負担教職員の人事評価は、地方公務員法第二十三条の二第一項の規定にかかわらず、都道府県委員会の計画の下に、市町村委員会が行うものとする。

第四十三条（服務の監督）の定めるとおり、「市町村委員会は、県費負担教職員の服務を監督する。」とあり、学校を設置した市町村教育委員会が**服務の監督**を行う。究極的には**県費負担教職員**という立場を考えると、任命権者である都道府県教育委員会が教員の服務全般を監督するはずであるが、実際にはこの規定により市町村教育委員会が市町村立学校の教職員の**服務監督権者**となっている。そして第二項には、念を入れて、県費負担教職員の法令遵守義務について、「市町村委員会その他職務上の上司の職務上の命令に忠実に従わなければならない。」と規定して、「県費負担だから、市町村は関係ない」という事態がないようにしている。

採用や昇任など市町村立学校にいる県費負担教職員の任用全般についても、地教行法第三十八条（市町村委員会の内申）の第一項では、「都道府県委員会は、市町村委員会の内申をまつて、県費負担教職員の任免その他の進退を行うものとする。」と、市町村教育委員会が都道府県教育委員会に行う**内申**を定めている。先ほどの東京都の教員採用でもあったように、新任の教諭の採用も最後は市町村の教育委員会や学校で面接をして事実上の選考とするわけである。市町村には、都道府県と異なる実態があり、教育の計画もある。地方自治の本旨からしても、教員の任用の安定性のための県費負担教職員の制度でその本旨がゆがめられないようにしているのである。

また、市町村教育委員会が設置した小学校や中学校にも、それぞれ異なる学区の事情や学校教育の計画がある。このことについて地教行法の第三十九条（校長の所属教職員の進退に関する意見の申出）では、「市町村立学校職員給与負担法第一条及び第二条に規定する学校の校長は、所属の県費負担教職員の任免その他の進退に関する意見を市町村委員会に申し出ることができる。」として、校長による**意見の申出**を定めている。この意見の申し出は、**意見具申**と呼ばれることが多い。ここに登場した市町村立学校職員給与負担法については、第一節で確認した。

教職員にも個人や家庭の事情がある。地教行法の第三十六条（所属職員の進退に関する意見の申出）では、「学校その他の教育機関の長は、この法律及び教育公務員特例法に特別の定がある場合を除き、その所属の職員の任免その他の進退に関する意見を任命権者に対して申し出ることができる。この場合において、大学附置の学校の校長にあつては、学長を経由するものとする。」として、その学校の教職員の任用に関する意見を校長が申し出る意見具申も定めている。

ここで説明したプロセスを、先にみた図表1に重ねると図表3のようになる。

実際の人事異動は、校長の意見具申や市町村教育委員会の内申をまって行われるが、言葉どおりに内々の意見の

図表3　内申と意見具申

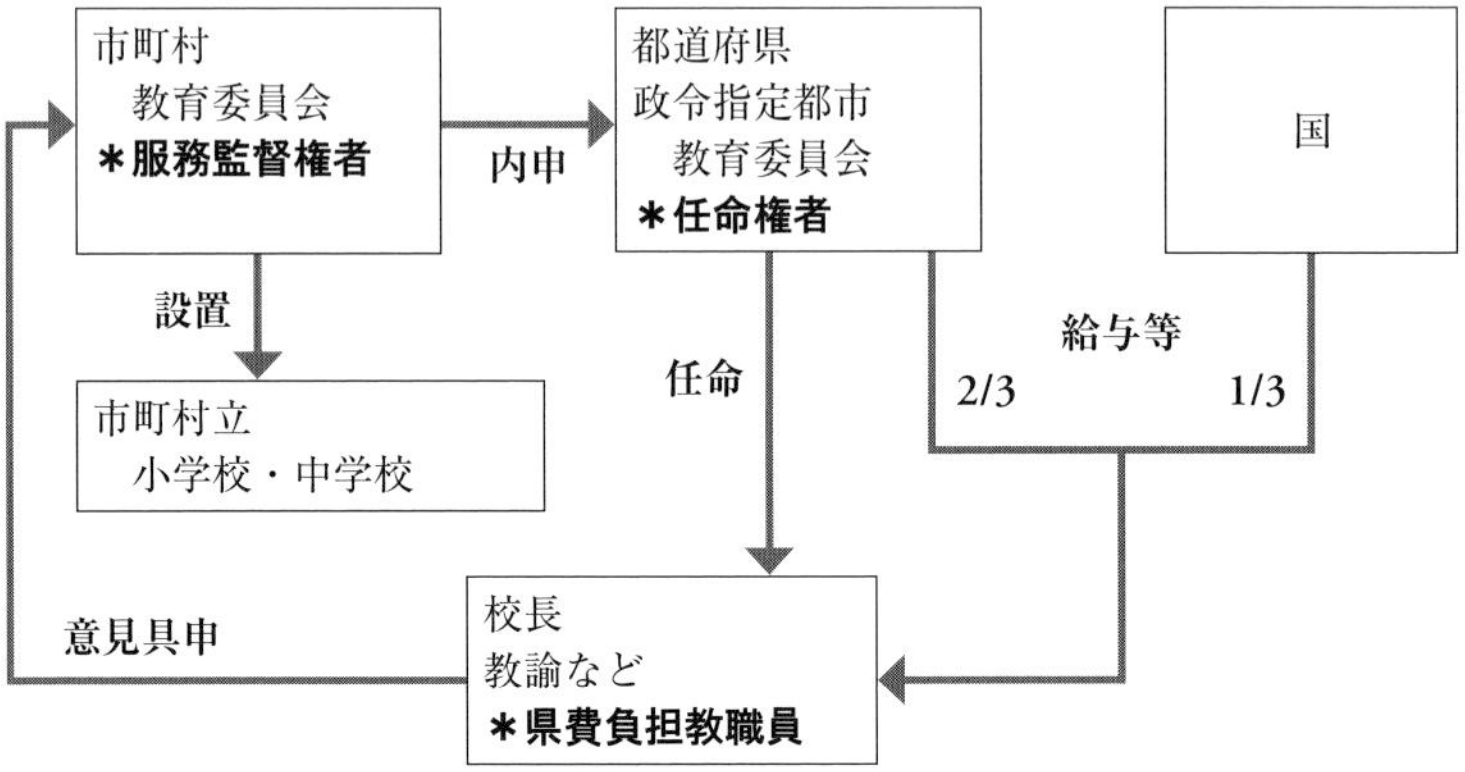

「具《つぶ》さな申し上げ」であるから、任命権者がそのまま行うとは限らない。しかし、こうしたプロセスがきちんと法律に示されているところに、人事の透明性、民主主義国家としての矜持がある。

こうした手続きは、**チーム学校**が学校に責任を持ちながら教員が教育を続けていくためにも、大切なプロセスである。また学校運営協議会を設置する学校つまりコミュニティ・スクールにおいては、さらに住民の代表も参加する開かれた人事システムが目指されている。

第8章
研修と人事評価

キーワード

学び続ける教員　研究　修養　研修　初任者研修
中堅教諭等資質向上研修　大学院修学休業　指導改善研修
人事評価

要　約

教員は学び続ける教員であることが求められる。教育基本法や教育公務員特例法には、教員には研究と修養、つまり研修の権利と義務があることが定められている。研修には多様なスタイルがあり、教育委員会が計画的に行っている。教諭に任命されて1年目の初任者研修や、その後の中堅教諭等資質向上研修が代表的な制度だが、本人の権利として大学院修学休業を申し出ることもできる。また指導が不適切な教員には指導改善研修が課せられ、改善されない場合は分限免職となる制度もある。公務員については、現在は人事評価として評価する側とされる側が納得できるシステムで取り組まれている。

教師という仕事は、毎日が学びである。それは、教育実践のなかでは、働き続けるという任用についての話題である。教師論の講義では、美術教員を志望する学生から、「教員になってからも作家活動はできますか」とか「ずっと制作を続けたいのですが大丈夫ですか」という質問が毎年のように寄せられる。これは、第5章でみた営利企業への従事等の制限における兼業の許可をめぐって不安として生じることが多い。もちろんそこで述べたように、校長などと相談して任命権者が定める手続きを行うという回答につきるのだが、それ以上に重要になるのが、ここで述べる研修である。この話題は、中央教育審議会が二〇一五（平成二七）年に「これからの学校教育を担う教員の資質能力の向上について」で答申された、**学び続ける教員**というキーワードに連動する。「ずっと制作を続けたい」という研究の姿勢を持ち続け、その成果を教育として還元していくことが、教員としての義務であり、かつ権利である。このことは大学から幼稚園まで、あらゆる教員に共通する大切な課題と言える。

第一節　研修の権利と義務

権利と義務としての研修

研修という言葉は、**教育基本法**（平成十八年十二月二十二日法律第百二十号）に記されている。この第九条は、ここまでに何度か引用、言及しているのだが、それでももう一度確認してほしい。

（教員）
第九条　法律に定める学校の教員は、自己の崇高な使命を深く自覚し、絶えず研究と修養に励み、その職責の遂行に努めなければならない。
2　前項の教員については、その使命と職責の重要性にかんがみ、その身分は尊重され、待遇の適正が期せられるとともに、養成と研修の充実が図られなければならない。

第九条（教員）の第一項では、「法律に定める学校の教員」つまり学校教育法第一条に定める国公私立の学校の教員は、精神として「自己の崇高な使命を深く自覚し」て、行動として「その職責の遂行に努めなければならない。」となるのだが、この精神と行動の間にあるのが、「絶えず研究と修養に励み」という文言である。順序で考えると、使命を自覚するがゆえに研究と修養に励むとなるし、また研究と修養に励むがゆえに職責が遂行できるとなる。使命を自覚したから職責を遂行するのだというつながりの間に、重要な位置づけで研究と修養が置かれていることがわかる。そして「絶えず」ということは、教員である限りは、常に行うということになる。

ここで言う**研究**は、教師としての職務の前提となる専門分野の学術技芸や共通の基礎となる教育学などを研ぎ究めることを意味する。**学校教育法**（昭和二十二年三月三十一日法律第二十六号）は、第九十二条第六項で大学の教授の職務を規定して、教授は「学生を教授し、その研究を指導し、又は研究に従事する。」という。大学の教員の場合はもっぱら学術技芸の研究のみに従事することがあるが、学生に教授つまり教育をしながら、学生の研究を指導することが大きな職務となる。日本の教員養成は、大学における教員養成が前提となるので、ここで登場した学生の数年後の姿が、学校の教員でもある。学生として教員を目指すときはもちろん、教員になってからも自ら研究し、あるいは様々な指導や交流を受けて研究を進めるわけである。この研究が、あらゆる学校の教育の内容や方法を豊かにしていく。

続いて**修養**は、教員の人格や幅広い教養などを修め養うことである。そもそも教育基本法第一条（教育の目的）は「人格の完成」という崇高な目的を掲げている。これはあらゆる人間に関することであるがゆえに、また教員にもあてはまる。教員養成のプロセスでは、専門分野の学術技芸や教育学などを学ぶだけではなく、**介護等体験法**と略される小学校及び中学校の教諭の普通免許状授与に係る教育職員免許法の特例等に関する法律（平成九年六月十八日法律第九十号）により、第一条にいう「個人の尊厳」や「社会連帯の理念」を理解するために、障害者や高齢者の介護や介助や交流などの体験を行うものである。実はこの法律のモデルは、公務員や教員に広がっていた社会福祉施設での体験ボランティアの研修であった。専門家としての教員には深い専門性が求められるが、同時に人間としての広い経験や教養も求められるわけである。

第九条第二項では、「養成と研修の充実が図られなければならない。」と規定している。**養成**とは大学における教員養成を意味するが、研修は、ここまで述べた研究と修養の両方を意味する。つまり学生が教員になるためのプロセスと、教員として研究と修養を続けていくことが、規定されている。

さて、もう一度本文を確認してほしい。第九条第一項は「教員は」を主語として「努めなければならない。」として努力義務の表現を用いて**研修の義務**を定めている。第二項は「教員については」と話題を提示しつつも人物や組織としての機関を明示せずに「図られなければならない。」として、教員を任用する国や地方自治体や学校法人などに取り組みを求めて、教員の側からは**研修の権利**を定めている。教員にとって研修は、努めるべき義務であり、同時に、保障された権利なのである。

教育基本法は国公私立の学校の教員を問わずに適用されるが、二〇〇六（平成一八）年全部改正で研修規定が教育基本法に盛り込まれる前から、**教育公務員特例法**（昭和二十四年一月十二日法律第一号）では、第二十一条で次のように研修の権利や義務が規定されていた。

（研修）

第二十一条　教育公務員は、その職責を遂行するために、絶えず研究と修養に努めなければならない。

2　教育公務員の任命権者は、教育公務員（公立の小学校等の校長及び教員（臨時的に任用された者その他の政令で定める者を除く。以下この章において同じ。）を除く。）の研修について、それに要する施設、研修を奨励するための方途その他研修に関する計画を樹立し、その実施に努めなければならない。

第二十一条（研修）の第一項は、教育基本法第十九条第一項のもとになった文言で、ここでは職責の遂行のための研修について記している。これは教育公務員としての研修の義務である。そして、第二項は、主語が**任命権者**として明確になっている。都道府県教育委員会などが、研修の実施に努める義務を持つわけである。この教育委員会による施設の整備や計画の樹立により、教育公務員の研修の権利が保障されることになる。

研修の権利や義務は、教育基本法では国公私立の一条校のすべての教員に、教育公務員特例法では教育公務員に、定められている。もちろん、教員以外の職業においても、研修は必要なものとなる。**地方公務員法**（昭和二十五年十二月十三日法律第二百六十一号）では、第三十九条（研修）において、第一項で「職員には、その勤務能率の発揮及び増進のために、研修を受ける機会が与えられなければならない。」として、第二項で「前項の研修は、任命権者が行うものとする。」と規定して、地方公務員についての研修の義務や権利を定めている。

多様な形態

教員の権利としての研修の在り方を明確にしたのが、教育公務員特例法の第二十二条である。

（研修の機会）

第二十二条　教育公務員には、研修を受ける機会が与えられなければならない。

2　教員は、授業に支障のない限り、本属長の承認を受けて、勤務場所を離れて研修を行うことができる。

3　教育公務員は、任命権者の定めるところにより、現職のままで、長期にわたる研修を受けることができる。

第二十二条（研修の機会）の第一項は、「教育公務員には、研修を受ける機会が与えられなければならない。」という形で、**研修の権利**を明確な言葉で定義している。次節で述べるように教育委員会は、**研修の義務**を有する教員のための計画的な研修を実施するのであるが、単に職務として研修するのではなく、自主的な研修を含めて保障されているのである。教育委員会や学校が法令に基づいて行う研修は勤務時間中に職務として行い、学会や研究会など自主的な研修は勤務時間外に行うことも多い。

職務としての研修についても、自主的な研修についても、職務を行う場所である学校以外の場所で行われている場合があるので、第二項には「教員は、授業に支障のない限り、本属長の承認を受けて、勤務場所を離れて研修を行うことができる。」と定めている。教育研究所や研修所という名称で教育委員会の施設で教育委員会の研修が行われることもあるし、自主的な学会や研究会が大学などで行われることもある。こうした場合は本属長、つまり勤務する学校の校長などから承認を受けることになる。これは現場の知恵であるが、教育系の学会の全国大会が行われるときには事前に開催地の教育委員会と学会が相談して、「○○県教育委員会後援」と明示することで、本属長が承認しやすいようにすることも多い。なお、民間企業での研修の用語であるが、勤務地で仕事をしながら行う研修を**OJT**（On-the-Job Training）、勤務地を離れて行う研修を**Off-JT**（Off-the-Job Training）と呼び、教育委員会の文書でも使うことが多い。

研修は、その日の授業が終わったあとで学校の職員室や会議室で一時間ほど行ったり、教育委員会の施設で数日間行うことも多い。しかし、後に述べる一年にわたる初任者研修や、三年以内の大学院修学休業のように、長期になることもある。そこで第三項には、「教育公務員は、任命権者の定めるところにより、現職のままで、長期にわたる研修を受けることができる。」と定めている。

職務か自主的か、勤務地かそれ以外か、長期か短期かと分けてみると、図表1のような立方体の図を描くとわかりやすい。

法令上の用語ではないが広く使われているものとして、実際の授業を他の教員にも参加してもらって、授業後に相互に意見交換する**研究授業**が昔から行われている。大学の教育実習でもこのスタイルが用いられる。学校で取り組んだ研究課題などについて、他校の教員や研究者、近年では保護者や地域住民にも知らせて行う**公開研究会**も、定着したスタイルである。実際に研究授業で学校を代表して発表する教員や、教育委員会や学校から派遣された教員は職務として参加するが、有給休暇を取って自主的な見学として参加する熱心な教員の姿もある。図表1のような区分は、実際の研

図表1　研究の多様な形態

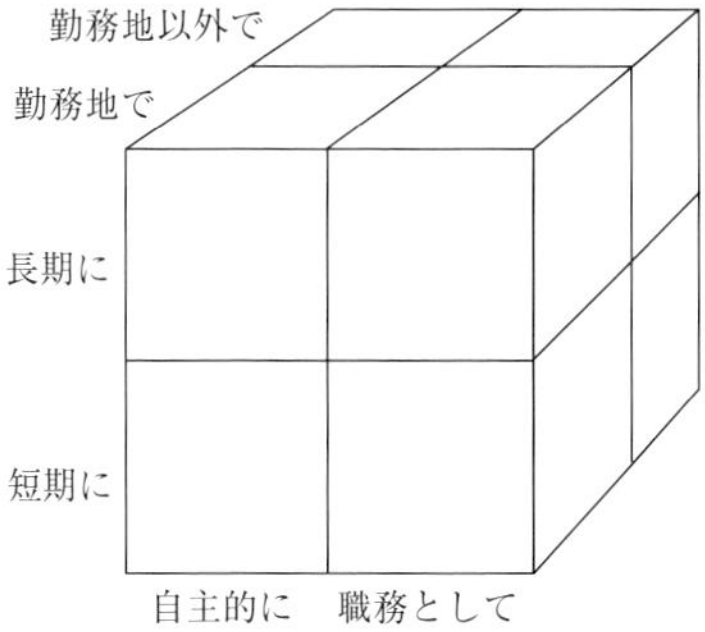

修では複雑に入り組むのが通常である。

第二節　教育委員会による研修

教育委員会の役割

前節で教育公務員特例法第二十一条（研修）の第二項に教育公務員の任命権者が研修を実施すること、地方公務員法第三十九条（研修）の第二項においても任命権者が研修を実施することを確認した。義務教育段階の市町村立学校の教員など**県費負担教職員**の任命権者は、都道府県や政令指定都市の教育委員会となるため、**地教行法**と略称される地方教育行政の組織及び運営に関する法律（昭和三十一年六月三〇日法律第百六十二号）で、市町村教育委員会の役割を次のように定めている。

（研修）
第四十五条　県費負担教職員の研修は、地方公務員法第三十九条第二項の規定にかかわらず、市町村委員会も行うことができる。
2　市町村委員会は、都道府県委員会が行う県費負担教職員の研修に協力しなければならない。

実際に多くの市町村教育委員会は小中学校の教員研修を行うとともに、都道府県の大規模な研修の調整にあたっている。

こうした研修について、養成、採用、研修にわたって学び続ける教員像を打ち立てたのが二〇一五（平成二七）年十二月二十一日の「これからの学校教育を担う教員の資質能力の向上について」という中央教育審議会の答申である。これに基づいて二〇一六（平成二八）年には教育公務員特例法等の一部を改正する法律（平成二十八年十一月二十八日法律第八十七号）により、次のように教育公務員特例法第二十二条のあとに研修に関する条項として、これから概観する第二十二条の二から第二十二条の五までが追加された。

（校長及び教員としての資質の向上に関する指標の策定に関する指針）
第二十二条の二　文部科学大臣は、公立の小学校等の校長及び教員の計画的かつ効果的な資質の向上を図るため、次条第一項に規定する指標の策定に関する指針（以下「指針」という。）を定めなければならない。
2　指針においては、次に掲げる事項を定めるものとする。
一　公立の小学校等の校長及び教員の資質の向上に関する基本的な事項
二　次条第一項に規定する指標の内容に関する事項
三　その他公立の小学校等の校長及び教員の資質の向上を図るに際し配慮すべき事項
3　文部科学大臣は、指針を定め、又はこれを変更したときは、遅滞なく、これを公表しなければならない。

第二十二条の二（校長及び教員としての資質の向上に関する指標の策定に関する指針）は、まず文部科学省が定める**教員育成指針**についての規定である。文部科学省ではこれに基づいて、各課題の指針を発表している。

（校長及び教員としての資質の向上に関する指標）

第二十二条の三　公立の小学校等の校長及び教員の任命権者は、指針を参酌し、その地域の実情に応じ、当該校長及び教員の職責、経験及び適性に応じて向上を図るべき校長及び教員としての資質に関する指標（以下「指標」という。）を定めるものとする。

2　公立の小学校等の校長及び教員の任命権者は、指標を定め、又はこれを変更しようとするときは、あらかじめ第二十二条の五第一項に規定する協議会において協議するものとする。

3　公立の小学校等の校長及び教員の任命権者は、指標を定め、又はこれを変更したときは、遅滞なく、これを公表するよう努めるものとする。

4　独立行政法人教職員支援機構は、指標を策定する者に対して、当該指標の策定に関する専門的な助言を行うものとする。

第二十二条の三（校長及び教員としての資質の向上に関する指標）では、文部科学省の教員育成指針に基づいて、任命権者である都道府県教育委員会などは、**教員育成指標**を定めることになる。こうした指標は、実際には都道府県教育委員会が研修などの規則や説明書として発表している。たとえば東京都教育委員会では、「東京都教員人材育成基本方針」（平成二十七年二月改正版）を発表している。こうした取り組みの助言にあたる独立行政法人である**教職員支援機構**は、二〇〇一（平成一三）年に設立された国レベルの教員研修センターを前身とし、二〇一七（平成二九）年に再編されて、免許状更新講習や教員資格認定試験などにもあたっている。

（教員研修計画）

第二十二条の四　公立の小学校等の校長及び教員の任命権者は、指標を踏まえ、当該校長及び教員の研修について、毎年度、体系的かつ効果的に実施するための計画（以下この条において「教員研修計画」という。）を定めるものとする。

2　教員研修計画においては、おおむね次に掲げる事項を定めるものとする。

一　任命権者が実施する第二十三条第一項に規定する初任者研修、第二十四条第一項に規定する中堅教諭等資質向上研修その他の研修（以下この項において「任命権者実施研修」という。）に関する基本的な方針

二　任命権者実施研修の体系に関する事項

三　任命権者実施研修の時期、方法及び施設に関する事項

四　研修を奨励するための方途に関する事項

五　前各号に掲げるもののほか、研修の実施に関し必要な事項として文部科学省令で定める事項

3　公立の小学校等の校長及び教員の任命権者は、教員研修計画を定め、又はこれを変更したときは、遅滞なく、これを公表するよう努めるものとする。

教育公務員特例法の第二十二条の四（教員研修計画）では、任命権者である都道府県教育委員会などは、**教員研修計画**を定めることになる。第二項で**任命権者実施研修**というのが、都道府県教育委員会が県費負担教職員を対象として行う公式の研修である。たとえば東京都教育委員会では、「東京都教員人材育成基本方針」とともに、「ＯＪＴガイドライン」（平成二十七年十月改正版）、「学校管理職育成指針」（平成二十五年五月改正版）として発表して

いる。

（協議会）

第二十二条の五　公立の小学校等の校長及び教員の任命権者は、指標の策定に関する協議並びに当該指標に基づく当該校長及び教員の資質の向上に関して必要な事項についての協議を行うための協議会（以下「協議会」という。）を組織するものとする。

2　協議会は、次に掲げる者をもつて構成する。

一　指標を策定する任命権者

二　公立の小学校等の校長及び教員の研修に協力する大学その他の当該校長及び教員の資質の向上に関係する大学として文部科学省令で定める者

三　その他当該任命権者が必要と認める者

3　協議会において協議が調つた事項については、協議会の構成員は、その協議の結果を尊重しなければならない。

4　前三項に定めるもののほか、協議会の運営に関し必要な事項は、協議会が定める。

第二十二条の五（協議会）では、任命権者である都道府県教育委員会が、教員養成指標や実際の研修を進めていくために、都道府県にある教員養成を行う大学なども集めて**教員育成協議会**を開くことを定めている。こうした教員養成、採用、研修までも見越した一貫した体制を整備することが、この法改正の目的であった。

第三節　初任者研修

初めて教諭になったとき、一年間にわたって初任者として参加するのが**初任者研修**である。任命権者である教育委員会の計画のもとで、所属する学校での**校内研修**や教育委員会の研修所などでの**校外研修**など、多様な研修に参加する。根拠となるのは教育公務員特例法の第二十三条の規定であるが、これが第7章でみた教育公務員特例法第十二条の**条件付採用**の一年間と連動する。

（初任者研修）

第二十三条　公立の小学校等の教諭等の任命権者は、当該教諭等（臨時的に任用された者その他の政令で定める者を除く。）に対して、その採用（現に教諭等の職以外の職に任命されている者を教諭等の職に任命する場合を含む。附則第五条第一項において同じ。）の日から一年間の教諭又は保育教諭の職務の遂行に必要な事項に関する実践的な研修（以下「初任者研修」という。）を実施しなければならない。

2　任命権者は、初任者研修を受ける者（次項において「初任者」という。）の所属する学校の副校長、教頭、主幹教諭（養護又は栄養の指導及び管理をつかさどる主幹教諭を除く。）、指導教諭、教諭、主幹保育教諭、指導保育教諭、保育教諭又は講師のうちから、指導教員を命じるものとする。

3　指導教員は、初任者に対して教諭又は保育教諭の職務の遂行に必要な事項について指導及び助言を行うものとする。

第二十三条（初任者研修）の第一項は、都道府県教育委員会などの任命権者が初任者研修を行う義務を定めている。初任者はいわば見習いのようにも見えるが、教諭または、認定こども園では保育教諭という職にある。つまり教員免許状を持って実際に教科担任やクラス担任をする立派な「先生」である。そこで学校の現場では、第二十三条第二項に定めるように、経験ある他の教諭などが**指導教員**としてOJTを担当するわけである。なおここで言う指導教員とは、同項に出てくる指導教諭という職とは限定しない。指導教員は、第三項に「指導及び助言」とあるように、**指導助言**をするわけである。

第二項と第三項は学校現場での研修、OJTが中心であるが、もちろん学校現場を離れたOff-JTもある。文部科学省は二〇一八（平成三〇）年六月二六日に、文部科学省初等中等教育局長発、各都道府県教育委員会教育長・各指定都市教育委員会教育長宛「初任者研修の弾力的実施について（通知）」（三十文科初第四百九十三号）において、従来から校内研修については週一〇時間以上、年間三〇〇時間以上、校外研修については年間二五日間以上などを都道府県教育委員会などに周知していたが、今後は採用前の経験を勘案したり、効果的な方法を工夫することなどを述べている。

第四節　中堅教諭等資質向上研修

初任者研修のあと、区切りを一〇年目に求めて**十年経験者研修**が教育職員免許法で定められたが、これに代わって柔軟性のある形に変更されたのが、**中堅教諭等資質向上研修**である。その背景には、第10章で述べる免許状更新講習が一〇年ごとであるために重複があり、前掲の二〇一五（平成二七）年の中央教育審議会の答申を経て、翌年に次の第二十四条のように定められた。

（中堅教諭等資質向上研修）

第二十四条　公立の小学校等の教諭等（臨時的に任用された者その他の政令で定める者を除く。以下この項において同じ。）の任命権者は、当該教諭等に対して、個々の能力、適性等に応じて、公立の小学校等における教育に関し相当の経験を有し、その教育活動その他の学校運営の円滑かつ効果的な実施において中核的な役割を果たすことが期待される中堅教諭等としての職務を遂行する上で必要とされる資質の向上を図るために必要な事項に関する研修（以下「中堅教諭等資質向上研修」という。）を実施しなければならない。

2　任命権者は、中堅教諭等資質向上研修を実施するに当たり、中堅教諭等資質向上研修を受ける者の能力、適性等について評価を行い、その結果に基づき、当該者ごとに中堅教諭等資質向上研修に関する計画書を作成しなければならない。

この第二十四条（中堅教諭等資質向上研修）の規定も、任命権者が実施する研修である。しかし一〇年目になると教員の役割や適性も様々で、当然に研修の方向性も多様である。こうしたキャリアを勘案して、さらに**中堅教諭**と呼ぶべき学校内での大きな役割を期待して実施する研修である。

実際の各都道府県が行っている研修では、必ずしも中堅教諭等資質向上研修という長い名称は用いずに、教科教育や学校経営など多様な課題を扱い、学校教育全体を担うためのキャリア形成として計画されることが多い。

第五節　大学院修学休業

権利としての研修という側面を端的に表しているのが、**大学院修学休業**である。就学ではなく、修学というのは大学院の課程を三年以内で修めて**専修免許状**を受けることを目的とするからである。

第五章　大学院修学休業

（大学院修学休業の許可及びその要件等）

第二十六条　公立の小学校等の主幹教諭、指導教諭、教諭、養護教諭、栄養教諭、主幹保育教諭、指導保育教諭、保育教諭又は講師（以下「主幹教諭等」という。）で次の各号のいずれにも該当するものは、任命権者の許可を受けて、三年を超えない範囲内で年を単位として定める期間、大学（短期大学を除く。）の大学院の課程若しくは専攻科の課程又はこれらの課程に相当する外国の大学の課程（次項及び第二十八条第二項において「大学院の課程等」という。）に在学してその課程を履修するための休業（以下「大学院修学休業」という。）をすることができる。

一　主幹教諭（養護又は栄養の指導及び管理をつかさどる主幹教諭を除く。）、指導教諭、教諭、主幹保育教諭、指導保育教諭、保育教諭又は講師にあつては教育職員免許法（昭和二十四年法律第百四十七号）に規定する教諭の専修免許状、養護をつかさどる主幹教諭又は養護教諭にあつては同法に規定する養護教諭の専修免許状、栄養の指導及び管理をつかさどる主幹教諭又は栄養教諭にあつては同法に規定する栄養教諭の専修免許状の取得を目的としていること。

二　取得しようとする専修免許状に係る基礎となる免許状（教育職員免許法に規定する教諭の一種免許状若しくは特別免許状、養護教諭の一種免許状又は栄養教諭の一種免許状であつて、同法別表第三、別表第五、別表第六、別表第六の二又は別表第七の規定により専修免許状の授与を受けようとする場合には有することを必要とされるものをいう。次号において同じ。）を有していること。

三　取得しようとする専修免許状に係る基礎となる免許状について、教育職員免許法別表第三、別表第五、別表第六、別表第六の二又は別表第七に定める最低在職年数を満たしていること。

四　条件付採用期間中の者、臨時的に任用された者、初任者研修を受けている者その他政令で定める者でないこと。

2　大学院修学休業の許可を受けようとする主幹教諭等は、取得しようとする専修免許状の種類、在学しようとする大学院の課程等及び大学院修学休業をしようとする期間を明らかにして、任命権者に対し、その許可を申請するものとする。

第二十六条（大学院修学休業の許可及びその要件等）は長くなったが全文を引用した。いずれにせよ、第9章で説明する専修免許状を取得する教諭などが権利の主体となる。すでに副校長や教頭の職にある者は除外されており、主幹教諭を最上位とする職の者が対象となる。今まで述べたような、教育委員会が義務としてお膳立てしてくれる研修ではないから、第二項にあるように、教員本人が自ら三年以内の計画を明示して、教育委員会に申請するわけである。なお、大学院修士課程であるから、通常は二年となるが、長めに研修する必要もありうるので、三年を最長の期間としている。

（大学院修学休業の効果）

第二十七条　大学院修学休業をしている主幹教諭等は、地方公務員としての身分を保有するが、職務に従事しない。

2　大学院修学休業をしている期間については、給与を支給しない。

第二十七条（大学院修学休業の効果）は「厳しい」という印象になるだろう。大学院修学休業の間は、第一項にあるように学校での職務は行わないので、第二項にあるように給与は支給されない。研修は権利だというのだからもっと優遇されてよいと思うかもしれない。しかし、教員免許状はあくまでも本人の有するものであり、その取得や自己都合の研修であるから、勤労の対価としての給料はストップとなるのである。しかし、地方公務員としての**身分**は保有されるので、大学院を修了すれば、もとの職に戻ってくる。実際の学校の名簿には「研修中」として記載されることが多く、復職が保障されているのである。念のために言うと、身分を保有しているから、第5章で説明した身分上の義務としての**営利企業への従事等の制限**は適用される。

なお、この制度と類似するものとして、教育委員会の計画に従って教員を大学や大学院に研究生として派遣するシステムもある。こうした場合は教育委員会が対象者を選抜するが、大学院修学休業は本人が休業中の金銭的な蓄えをしていれば権利として申請できる点がメリットである。

第六節　指導改善研修

最初に言うと、指導改善研修は、ここまで述べた権利としての研修という性格とは異なるものになる。この制度は、二〇〇七（平成一九）年に教育職員免許法及び教育公務員特例法の一部を改正する法律（平成十九年六月二十七日法律第九十八号）により制度化された。教育公務員特例法第二十五条を見てみよう。

（指導改善研修）

第二十五条　公立の小学校等の教諭等の任命権者は、児童、生徒又は幼児（以下「児童等」という。）に対する指導が不適切であると認定した教諭等に対して、その能力、適性等に応じて、当該指導の改善を図るために必要な事項に関する研修（以下「指導改善研修」という。）を実施しなければならない。

2　指導改善研修の期間は、一年を超えてはならない。ただし、特に必要があると認めるときは、任命権者は、指導改善研修を開始した日から引き続き二年を超えない範囲内で、これを延長することができる。

3　任命権者は、指導改善研修を実施するに当たり、指導改善研修を受ける者の能力、適性等に応じて、その者ごとに指導改善研修に関する計画書を作成しなければならない。

4　任命権者は、指導改善研修の終了時において、指導改善研修を受けた者の児童等に対する指導の改善の程度に関する認定を行わなければならない。

5　任命権者は、第一項及び前項の認定に当たつては、教育委員会規則（幼保連携型認定こども園にあつては、地方公共団体の規則。次項において同じ。）で定めるところにより、教育学、医学、心理学その他の児童等に対する指導に関する専門的知識を有する者及び当該任命権者の属する都道府県又は市町村の区域内に居住する保護者（親権を行う者及び未成年後見人をいう。）である者の意見を聴かなければならない。

6　前項に定めるもののほか、事実の確認の方法その他第一項及び第四項の認定の手続に関し必要な事項は、教育委員会規則で定めるものとする。

7　前各項に規定するもののほか、指導改善研修の実施に関し必要な事項は、政令で定める。

指導改善研修は、第二十五条第一項にあるように任命権者である教育委員会が、「指導が不適切であると認定した教諭等」つまり**指導が不適切な教員**に対して、行うものである。第二項にあるように期間一年以内で、二年まで延長される。これを指導が不適切な教員の能力や適性に応じて実施するために、第三項にある計画書が個別に作成され、第四項にある終了時の改善の程度の認定が行われる。実際の研修は、指導が不適切な状態のままで教壇に立つことは児童生徒の不利益であるから、教育委員会の研修所などで行われる。また、この制度が客観性や公平性があるものでなければならないので、第五項では指導が不適切な教員の認定や改善の程度の認定にあたって、教育学、医学、心理学などの専門家の意見や保護者の意見を聴くことを定め、さらに第六項や第七項で法令の整備を求めている。

この制度に伴って、文部科学省は二〇〇八（平成二〇）年二月八日に「指導が不適切な教員に対する人事管理システムのガイドライン」を発表している。指導が不適切な教員に該当するケースとしては、第一に、教科に関する専門的知識、技術等が不足しているため、学習指導を適切に行うことができない場合（教える内容に誤りが多かったり、児童等の質問に正確に答えることができない等）、第二に、指導方法が不適切であるため、学習指導を適切に行うことができない場合（ほとんど授業内容を板書するだけで、児童等の質問を受けつけない等）、第三に、児童等の心を理解する能力や意欲に欠け、学級経営や生徒指導を適切に行うことができない場合（児童等の意見を全く聞かず、対話もしないなど、児童等とのコミュニケーションをとろうとしない等）をあげている。

（指導改善研修後の措置）

第二十五条の二　任命権者は、前条第四項の認定において指導の改善が不十分でなお児童等に対する指導を適切に行うことができないと認める教諭等に対して、免職その他の必要な措置を講ずるものとする。

この第二十五条の二（指導改善研修後の措置）により、指導が不適切な教員が第二十五条第四項による指導改善研修の終了時の認定で改善がされたと認められない場合は、免職などが行われる。第６章の概念では、不利益処分としての分限処分に該当する。すなわち、分限免職として教諭等の職を失うわけである。

この**分限免職**は、**地方公務員法**の第二十八条（降任、免職、休職等）第一項第一号の「人事評価又は勤務の状況を示す事実に照らして、勤務実績がよくない場合」や第三号の「その職に必要な適格性を欠く場合」に該当するので、さらに**教育職員免許法**（昭和二十四年五月三十一日法律第百四十七号）により、公立学校では第十条（失効）としての免許状の**失効**の手続きが行われ、免許状の免許管理者への返納が行われる。また国立や私立の学校の教員はこの指導改善研修の制度の外にあるが、教育職員免許法第十一条（取上げ）により、この地方公務員法の規定と同様に「分限免職の事由に相当する事由により解雇されたと認められるとき。」は、免許管理者が免許状の**取上げ**の手続きを行う。

近年の教育改革の動向としては、今日の教員の働き方への世論の同情とは異なり、この制度が導入された当時は、教員バッシングと言うべき背景があった。たしかに、児童生徒からも、保護者からも、指導が不適切な教員が存在することは事実であるが、この制度自体を運用することの難しさも指摘されてきた。

第七節　人事評価

地方公務員法には、**勤務評定**という上司により勤務を評定する規定が以前にはあった。すなわち第四十条第一項「任命権者は、職員の執務について定期的に勤務成績の評定を行い、その評定の結果に応じた措置を講じなければならない。」である。全体の奉仕者としての公務員の勤務が公平に評定されて、昇格などの人事が行われること自体は当然と言える。ただ、教育の現場では、何をもって勤務成績とみるかは難しい。児童・生徒の成績は教員が評定するものであるし、全国的な児童・生徒の成績順位が明らかにされても、これをもって教員の勤務成績とみなすことも困難である。一九五〇年代末に地方公務員同様に公立学校教員に勤務評定が導入されることが予定されると、各地で勤評闘争と呼ばれた紛争が教育委員会と教職員組合の間に発生した。[*1]

その後も、研修制度の改革や、一方通行にならない人事評価の試みが、各地で行われてきた。そして公務員の世界でも上司による勤務評定が見直される流れとなった。二〇一四（平成二六）年には地方公務員法及び地方独立行政法人法の一部を改正する法律（平成二十六年五月十四日法律第三十四号）により、勤務評定から人事評価へと地方公務員法が改正された。

総務省による説明文書「地方公共団体における人事評価制度の導入等について」（二〇一四年六月九日）によると、改正の眼目は、勤務評定との違いであり、勤務評定には「評価項目が明示されていない」「上司からの一方的な評価で結果を知らされていない」「人事管理に十分活用されない」などの問題点が指摘されたという。そしてあらたな**人事評価**では、能力・業績の両面から評価して、評価基準の明示や自己申告、面談、評価結果の開示などの仕組みにより客観性等を確保し、人材育成にも活用するとした。**地方公務員法**の改正箇所は多岐に及ぶが、基本となる第二十三条を引用する。

（人事評価の根本基準）
第二十三条　職員の人事評価は、公正に行われなければならない。
2　任命権者は、人事評価を任用、給与、分限その他の人事管理の基礎として活用するものとする。

人事評価の実施者は任命権者であり、県費負担教職員では都道府県教育委員会が行うことになるので、**地教行法**と略称される地方教育行政の組織及び運営に関する法律（昭和三十一年六月三十日法律第百六十二号）では次のように定めた。

（人事評価）
第四十四条　県費負担教職員の人事評価は、地方公務員法第二十三条の二第一項の規定にかかわらず、都道府県委員会の計画の下に、市町村委員会が行うものとする。

このようにあらたな人事評価制度は、教育委員会と学校、そしてチーム学校を構成する多様な教員に適正な評価を与えるための基盤となりうるものである。

ここまで制度の概略を述べた。もちろん、研修の権利や義務にせよ、あらたな人事評価制度にせよ、それが教育の現場にどうプラスになるかは、教育委員会や学校での教員ほかの努力による。民間企業でも言えることだが、研修がサービス残業の原因になったり、人事評価がトラブルの原因になったりすることは枚挙にいとまがない。地方自治の本旨や教育の本旨に立ち返り、こうした改革が前に進むためにも、教育を担う人たちの努力と見識が必要となる。

＊註

1　勤務評定をめぐる歴史の研究が進んでいる。代表的なものでは、米田俊彦『一九五八年「教員の勤務評定」紛争の研究』（『野間教育研究所紀要』第六〇集、公益財団法人野間教育研究所、二〇一八年）。

第９章
教員免許状の制度

キーワード

教育職員免許法　免許状主義　校長　普通免許状　一種免許状
二種免許状　専修免許状　授与　授与権者　欠格条項　失効
取上げ

要　約

教育職員免許法は、戦後教育改革のなかで大学での教員養成や開放制の原則に基づいて、学校種や教科に相当する免許状を有する者以外は担当できない免許状主義を原則として確立した。教諭の免許状などを定め、校長なども それを前提に資格を定めている。普通免許状は、学士の一種免許状、短期大学士の二種免許状、修士の専修免許状に分かれる。こうした免許状の授与は、都道府県教育委員会が授与権者として行う。また欠格条項に該当する者には与えられず、現職教員も教員免許状の失効や取上げが行われる。

教員免許状というものを具体的に概観するのが、この第9章の課題である。すでに、第1章では法令に基づく免許と資格は違うということ、第2章では免許が近代になって確立したこと、第3章では教育職員免許法に基づく教員免許状であることを確認した。教師になるために、そしてなってからも、この免許というものを常に意識していく必要がある。

第一節　免許状主義

教育職員の資質の保持と向上

第1章から何度も出てきた、現在の学校教員の免許を規定した法律が、**教育職員免許法**（昭和二十四年五月三十一日法律第百四十七号）である。**教員免許状**の定義と授与から、失効や罰則までを定める法律である。免許を持たない者が学校の授業を行って教育職員免許法違反として送検されたといった報道もある。*1 医師法（昭和二十三年七月三十日法律第二百一号）により無免許の医療行為が犯罪となるのと同様に、無免許で学校教育を行うとこの法律の第二十二条の罰則で、無免許の教員も、雇った側も、ともに刑事事件となって罰せられるのである。

そんな重みを感じながら、第3章でも概観したが、改めて教育職員免許法第一条を見てみよう。

（この法律の目的）
第一条　この法律は、教育職員の免許に関する基準を定め、教育職員の資質の保持と向上を図ることを目的とする。

教育職員免許法は、教育職員の**資質**の保持と向上が目的である。本来は第2章で教師の歴史をみたように、人類の歴史における教師の資質は、よく学んで知っている人であって、法律で定められたものとは限らない。しかし現在は、教員の基本的な能力が保たれていないと学校教育は成立しないし、そもそもその学校教育が向上するためのシステムを組み立てる必要がある。そこでこの法律では教育職員の免許に関する基準を定めるわけである。さらに実施のために、内閣では政令として教育職員免許法施行令（昭和二十四年九月十九日政令第三百三十八号）を定め、文部省、現在では文部科学省が、省令として教育職員免許法施行規則（昭和二十九年十月二十七日文部省令第二十六号）などを定めている。続く第10章でも述べるが、日本の教育制度を改革する場合も、この教育職員免許法が焦点となっていくのである。

次に教育職員を定義した教育職員免許法第二条第一項を掲げる。第二項以下は省略した。

（定義）

第二条　この法律において「教育職員」とは、学校（学校教育法（昭和二十二年法律第二十六号）第一条に規定する幼稚園、小学校、中学校、義務教育学校、高等学校、中等教育学校及び特別支援学校（第三項において「第一条学校」という。）並びに就学前の子どもに関する教育、保育等の総合的な提供の推進に関する法律（平成十八年法律第七十七号）第二条第七項に規定する幼保連携型認定こども園（以下「幼保連携型認定こども園」という。）をいう。以下同じ。）の主幹教諭（幼保連携型認定こども園の主幹養護教諭及び主幹栄養教諭を含む。以下同じ。）、指導教諭、教諭、助教諭、養護教諭、養護助教諭、栄養教諭、主幹保育教諭、指導保育教諭、保育教諭、助保育教諭及び講師（以下「教員」という。）をいう。

〔第二項以下省略〕

この定義により、教育職員免許法の対象となる**教育職員**の範囲が規定される。戦後日本の学校教育制度を法律主義に基づいて確立した法律が、学校教育法である。その根幹となる学校種別が第一条に列記される。列記された**一条校**と照合すると、大学と高等専門学校が抜けていることがわかる。日本では六七〇年頃に大学寮が成立して、律令制度の学令で博士の資格が規定されたが、その後の朝廷も幕府も明治政府も免許制度はとらなかった。これは学問の自由に基づく多様な教員登用のためであるとも解釈できる。現在では、大学教員の任用や雇用にあたっては資格審査が厳密に実施され、大学設置基準等の法令に基づいて学位や業績などの教員審査が文部科学省や大学教授会で行われることになる。高等専門学校もこの大学のモデルによることになる。これに対して、免許状がある学校では、任用や雇用をするべき者がはっきりしているのである。

また教育職員として列記された職については、第11章で説明することになるが、校長、副校長、教頭が抜けていることに気づくだろう。校務をつかさどり教職員を監督することが職務である校長は、直接的に教育職員免許法の対象とされていないが、後に説明するように免許と経験のある教員などに対して任用や雇用がなされる。

相当の免許状

次に第三条第一項を見てみよう。

（免許）
第三条　教育職員は、この法律により授与する各相当の免許状を有する者でなければならない。
〔第二項以下省略〕

これが明瞭な**免許状主義**の規定であり、第二条第一項で定義された教育職員は免許状を持つ者でなければならないということである。

ここでは**相当**という用語が重要である。免許状には学校種別や教科が記されているので、「相当の免許状」とは、この明記された事項に合致する学校の教科を担当することを意味する。このあと同第二項では、学校教育全般に職務が及ぶ主幹教諭と指導教諭は「各相当学校の教諭の免許状」でよいことを定める。小学校の免許状は全科なので矛盾は起きないが、中学校や高等学校は教科別だから、特定の教科の専門の免許状を持つ主幹教諭や指導教諭が、それ以外の教科について関与することになる。ただし、養護と栄養の指導及び管理は専門性が高いので、それをつかさどる主幹教諭としては、それぞれ養護教諭や栄養教諭の免許状を有する者しか相当とならない。さらに同第三項で特別支援学校の教員では、特別支援学校の教員の免許状のほか、特別支援学校の各部に相当する学校の教員の免許状を有する者でなければならないことを定めている。同第四項と第五項では、義務教育学校や中等教育学校の教員は、それぞれ小学校と中学校、中学校と高等学校の免許状の両方を有する者でなければならないと定めていて、これについて別に片方でもよいとした当面の移行処置も定められている。

これが免許状主義の規定である。この原則に外れて「相当の免許状を有しない者」を任命や雇用した場合は、同第二十二条の**罰則**によって、任命した教育委員会や雇用した学校法人も、無免許の教員も三〇万円以下の罰金に処するなどの刑事罰が定められている。

免許状主義の例外

一方で、教育職員免許法は、実態にあわせた手続きを経た任用も法律で明記している。現在多くみられるケースを述べよう。中学校や高等学校の免許状を持つ者が相当する小学校の教科を教えることは、同第十六条の五第一項で認められている。「第十六条の五」とは、第十六条の後に追加された条である。これが東京都などでみられる小学校図画工作科や音楽科の**専科教諭**や**専科講師**のケースである。これは小学校図画工作科や小学校音楽科の普通免許状が存在しないなかで、小学校教育を向上させる施策として続けられているものである。また附則第十六項では、当分の間、特別支援学校免許状を持たないが相当する学校の免許状があれば、教諭などになれることを定めている。これは特別支援学校の教員確保の必要から生じたものだが、特別支援学校の専門性からも研修等により特別支援学校免許状の取得を促進することが課題になっている。

免許状についての学校と教科の関係は複雑なので、文部科学省の資料の一部を図表1に掲げる。

このほか特例としては、第三条の二に、免許状を持たない者を教科の領域の一部などを担当する非常勤講師として、都道府県教育委員会への届出によって任用できる制度、**特別非常勤講師**の制度が規定されている。家庭科の充実のため調理師を講師として依頼して実習を行うといったケースで説明される。また附則第二項には、免許外の教科の担任の特例が定められており、この場合は都道府県教育委員会の許可が必要である。**免許外教科担任**と呼ばれる。いわゆる山間地、へき地の学校など、教員を教科数だけ配置できない学校もある。こうした特殊事情による処置は、あくまでも例外として想定されており、学校教育の水準を考えると望ましいものとは言えない。

図表1　免許状と学校・教科

文部科学省「教員免許制度の概要」2019年4月1日より抜粋

担任が可能な学校種及び教科等＼所有する免許状の種類	幼	小					中				高		
		各教科	道徳	外国語活動	総合的な学習の時間	特別活動	各教科	道徳	総合的な学習の時間	特別活動	各教科	総合的な学習の時間	特別活動
幼稚園のみ	○	×	×	×	×	×	×	×	×	×	×	×	×
小学校のみ	×	○	○	○	○	○	×	×	×	×	×	×	×
中学校のみ	×	△	○	△	△	○	○	○	○	○	×	×	×
高校のみ	×	△	○	△	△	○	▲	×	▲	×	○	○	○

義務教育学校									
担任が可能な学校種及び教科等＼所有する免許状の種類	前期課程					後期課程			
	各教科	道徳	外国語活動	総合的な学習の時間	特別活動	各教科	道徳	総合的な学習の時間	特別活動
小学校のみ	○	○	○	○	○	×	×	×	×
中学校のみ	△	○	△	△	○	○	○	○	○
小学校と中学校両方を併有	○	○	○	○	○	○	○	○	○

中等教育学校								
担任が可能な学校種及び教科等＼所有する免許状の種類	前期課程				後期課程			
	各教科	道徳	総合的な学習の時間	特別活動	各教科	道徳	総合的な学習の時間	特別活動
中学校のみ	○	○	○	○	×	×	×	×
高等校のみ	▲	×	▲	×	○	○	○	○
中学校と高等学校両方を併有	○	○	○	○	○	○	○	○

△：中学校又は高等学校の教諭の免許状を有する者は、小学校、義務教育学校の前期課程において、所有免許状の教科に相当する教科の担任や、総合的な学習の時間における所有免許状の教科に関する事項の担任が可能です（自立活動は含まれません）。小学校の外国語活動の担任は、英語の教員免許状を所有する者のみ可能です（教育職員免許法第16条の5第1項）。

▲：高等学校の工芸、書道、看護、情報、農業、工業、商業、水産、福祉、商船、看護実習、情報実習、農業実習、工業実習、商業実習、水産実習、福祉実習、商船実習、柔道、剣道、情報技術、建築、インテリア、デザイン、情報処理、計算実務の教諭の免許状を所有する者は、中学校、義務教育学校の後期課程、中等教育学校の前期課程において、所有免許状の教科に相当する教科の担任や、総合的な学習の時間における所有免許状の教科に関する事項の担任が可能です（教育職員免許法16条の5第2項）。

なお、学校教員以外で授業にかかわる人々は多い。総合的な学習の時間のゲストティーチャー、授業を手伝う学校ボランティア、チームティーチングのための補助者、学校行事の講演者などは、あくまでも免許状を持った教諭や講師の行う授業等を助ける立場であるから、免許状は必要ない。

校長の資格

校長となる資格は、教育職員免許法の免許状主義を前提として、学校教育法施行規則（昭和二十二年五月二十三日文部省令第十一号）で定めている。その第二十条では、「校長の資格」として、まず、教諭の専修免許状又は一種免許状、高等学校と中等教育学校の校長では専修免許状を有していることを求める。さらに、教育に関する職として教諭等の場合は五年以上、それ以外の場合は一〇年以上就いていた経験を求めている。一般的な資格と法令による免許という関係で言うと、この条文では、**校長の資格**として、資格のなかに上位の免許状や教員経験を求めることで、資格を厳格にしている。校長は直接に児童生徒などに教科を教える職務ではないので免許状の学校種別や教科は問わないが、第二節で説明する一種や専修というレベルを規定している。中学校教諭経験者が小学校の校長になるといった学校間の異動も可能としている。また第二十一条では、私立学校では第二十条の「十年」のケースを「五年」にするなどの緩和をしている。校長の資格についての規定は、第二十三条により副校長や教頭の資格としても準用される。

続く学校教育法施行規則第二十二条は、校長の資格の例外を定めている。

第二十二条　国立若しくは公立の学校の校長の任命権者又は私立学校の設置者は、学校の運営上特に必要がある場合には、前二条に規定するもののほか、第二十条各号に掲げる資格を有する者と同等の資質を有すると認める者を校長として任命し又は採用することができる。

これが**民間人校長**と呼ばれる規定である。国公私立学校で、「前二条」つまりすでにみた第二十条や第二十一条の規定と同等の人物であれば、免許状や教員経験のない人物でも校長に任用したり採用したりできるという規定である。この規定は、学校外から幅広く優秀な人材を登用することができるように、一九九八（平成一〇）年九月二一日の中央教育審議会答申「今後の地方教育行政の在り方について」で提起されたものである。学校教育法施行規則を改正して、二〇〇〇（平成一二）年度から実施された。文部科学省の発表データでは二〇一七（平成二九）年四月現在の任用者数は、民間人校長が一七都府県市で六四名、民間人副校長等が三府県市で五名であり、減少傾向にあり、大阪を中心に少数にとどまっている。[*2]

この民間人校長は企業等で活躍した人材を登用して注目を集め、教育改革の担い手となって期待された成果をあげている者も多い。一方で二〇一三（平成二五）年度には大阪市で民間人校長によるセクハラ事件などが相次ぎ、期待とは逆に社会常識に欠けた民間人校長の不祥事が社会問題となった。[*3] 現実には、開放制の教員養成により免許状を持つ、教員以外の社会人が多く存在して教員に転職する可能性があるのだから、学校経営の中心となる校長に免許状のない者を登用するリスクも十分に考えられるべきだろう。なお、「民間人校長」という呼び方は文部科学省もマスコミも用いている。しかし、学校教育法施行規則第二十二条は私立学校にも適用されているものであり、矛盾する。免許状を持つ教育公務員も学生や社会人などの民間人から採用されているし、公立学校校長になれば当人は公務員である。だから、免許状を持たない者として登用された校長を民間人校長とする呼称は、まことに不思議であり、「無免許校長」が正しい呼称のはずである。民間人という言い方は、公務員との対比のほか、かつては軍人・軍属との対比でも使われてきたので、第2章でみた師範学校における兵式体操や兵役の特典など軍人を模範としてきた教員像が今も世間にあるのだろうか。

第二節　免許状の種類

授与権者と免許管理者

教育職員免許法に基づいて**教員免許状**を授与するのが都道府県教育委員会であり、これを**授与権者**と言う。授与権者は免許状を授与した都道府県教育委員会だが、他の都道府県で学校教員になることも珍しくないので、勤務する学校のある都道府県教育委員会を**免許管理者**と言う。教育職員免許法による教員免許制度を所管するのは文部科学省であり、免許状を受ける教員を養成するのは大学だが、免許状を授与して管理するのは都道府県教育委員会なのである。

教育職員免許法第四条では、普通免許状、特別免許状、臨時免許状という三つの免許状の種類を定めている。図表2にまずは概要を掲げ、図表3に普通免許状の種類を示す。

普通免許状（専修・一種・二種）

普通免許状は、学校種別ごとに与えられる教諭や、養護教諭、栄養教諭の免許状である。第二条で示された教育職員の範囲のうち、幼稚園、小学校、中学校、高等学校、特別支援学校は学校ごとに免許状が授与され、義務教育

図表 2　普通免許状と特別免許状と臨時免許状

免許状の種類	有効期間	有効な範囲	職	概要
普通免許状 専修免許状	10 年	全国	教諭 養護教諭 栄養教諭	大学で所定の単位や学位を取得して授与権者から受ける。
特別免許状	10 年	授与を受けた都道府県	教諭	社会的経験を有する者に、任命または雇用しようとする者の推薦により、教育職員検定を経て授与。
臨時免許状	3 年	授与を受けた都道府県	助教諭 養護助教諭	普通免許状を有する者を採用することができない場合に限り、教育職員検定を経て授与。

図表 3　普通免許状の種類

専修免許状（修士課程程度）、一種免許状（大学卒業程度）、二種免許状（短期大学卒業程度）に分かれる

学校ごとの種類	教科又は領域による種類
幼稚園教諭免許状	
小学校教諭免許状	
中学校教諭免許状	国語、社会、数学、理科、音楽、美術、保健体育、保健、技術、家庭、職業、職業指導、職業実習、外国語（英語、ドイツ語、フランス語その他の外国語に分ける。）、宗教
高等学校教諭免許状	国語、地理歴史、公民、数学、理科、音楽、美術、工芸、書道、保健体育、保健、看護、看護実習、家庭、家庭実習、情報、情報実習、農業、農業実習、工業、工業実習、商業、商業実習、水産、水産実習、福祉、福祉実習、商船、商船実習、職業指導、外国語（英語、ドイツ語、フランス語その他の外国語に分ける。）、宗教、柔道、剣道、情報技術、建築、インテリア、デザイン、情報処理、計算実務
特別支援学校教諭免許状	視覚、聴覚、知的障害、肢体不自由、病弱者
特別支援学校自立教科教諭免許状	理療、理学療法、音楽、理容、特殊技芸（美術、工芸、被服）
特別支援学校自立活動教諭免許状	視覚障害教育、聴覚障害教育、肢体不自由教育、言語障害教育
養護教諭免許状	
栄養教諭免許状	

＊中央教育審議会「教職生活の全体を通じた教員の資質能力の総合的な向上方策について（答申）」2012（平成 24）年 8 月 28 日の参考資料 II-1 より作成

学校や中等教育学校や幼保連携型認定こども園には独自の免許状がない。教科に分かれていない幼稚園や、担任が全教科を教えることが原則である小学校では免許状は一つだけであるが、中学校と高等学校では教科ごとに授与される。なお、教育職員免許法では高等学校の美術を教科と呼ぶが、学校教育法などでは高等学校の芸術科という教科のなかに美術科という科目がある。教科と科目の区別など、法令によって若干の呼称の相違がある。特別支援学校では、特別支援教育領域ごとに免許状が授与され、学校教育法で特別支援学校が学習者として列記する視覚障害者、聴覚障害者、知的障害者、肢体不自由者又は病弱者（身体虚弱者を含む。）に関する領域となる。免許状の効力は一〇年であり、すべての都道府県で有効である。免許状更新講習によりその効力を更新することができる。

普通免許状は、さらに専修免許状、一種免許状、二種免許状の三つに区分される。この三つは免許状授与のための**基礎資格**として、それぞれ修士、学士、短期大学士の三つの学位によって区別される。大学院修士課程の修了者である**修士**を基礎資格とするのが**専修免許状**である。大学卒業者である**学士**を基礎資格とするのが**一種免許状**、短期大学卒業者の**短期大学士**を基礎資格とするのが**二種免許状**である。短期大学士は、一九九一（平成三）年七月から二〇〇五（平成一七）年九月までは準学士という称号であった。高等学校の免許状には二種免許状がなく、短期大学では高等学校免許状の課程認定がなされない。また二種免許状を持つ現職教員は、一種免許状を取得する**上進**も定められている。

通常のプロセスで普通免許状を受けるには、文部科学省から免許状を授与する課程として認められた課程認定のある大学、大学院、短期大学で、教科に関する科目や教職に関する科目などの指定された単位を修得することや、卒業・修了して基礎資格のある者となることが必要である。こうして、後に説明する欠格条項等に該当しない証明とともに申請して免許状を受けることができる。なお、小学校と中学校の免許状では、**介護等体験法**と略称される

「小学校及び中学校の教諭の普通免許状授与に係る教育職員免許法の特例等に関する法律」（平成九年六月十八日法律第九十号）が適用されるので、七日間の特別支援学校や社会福祉施設で行う介護等体験の証明書も必要となる。

特別免許状と臨時免許状

特別免許状は、学校種別ごとに与えられる教諭の免許状であるという点で普通免許状と類似する。大学で免許状を取得できなかった社会人に都道府県教育委員会が行う教育職員検定によって免許状を授与する制度であり、一九八八（昭和六三）年の教育職員免許法の改正により制度化された。公立学校の教員として**任命**しようとする**教育委員会**や私立学校などの教員として**雇用**しようとする**学校法人**などが推薦を行う制度で、同第五条第四項により、「担当する教科に関する専門的な知識経験又は技能を有する者」であり、同時に「社会的信望があり、かつ、教員の職務を行うのに必要な熱意と識見を持っている者」であることが必要である。この基準で都道府県教育委員会が教育職員検定として学識経験者からの意見聴取などを行ってから、特別免許状を授与する。特別免許状の効力は、授与した都道府県内に限定される。免許状の効力は一〇年であり、免許状更新講習により更新することができる。

この特別免許状は、優秀な社会人を登用する制度として説明された。しかし開放制の教員養成や様々な免許状を受ける機会によって、教員以外に免許状を持つ社会人も少なくないのだから、免許のない大卒者に特別に免許状を与える制度への疑問もあった。制度創設から一九九八（平成一〇）年までの授与は四二件にとどまった。二〇一八（平成三〇）年には二〇八件となり増加傾向にある。

臨時免許状は、学校種別ごとに与えられる助教諭、養護助教諭の免許状である。免許状を持つ者を採用できない場合に、短期大学士の学位などを持つ者に助教諭の臨時免許状を都道府県教育委員会が行う教育職員検定を経て与

図表4　教員免許状授与件数

2018（平成30）年度、文部科学省総合教育政策局教育人材政策課教員免許企画室「平成30年度教員免許状授与件数等調査結果について」より

区分		幼稚園	小学校	中学校	高等学校	特別支援学校	養護教諭	栄養教諭	特別支援学校自立教科等	計
普通免許状	専修免許状	207	1,587	4,806	5,965	229	90	12		12,896
	一種免許状	18,223	23,294	40,667	52,470	5,174	2,863	1,256	37	143,984
	二種免許状	30,892	3,905	2,753		7,886	1,077	654	3	47,170
	小　計	49,322	28,786	48,226	58,435	13,289	4,030	1,922	40	204,050
特別免許状			13	58	125				12	208
臨時免許状		208	3,934	1,837	2,268	547	152		17	8,963
合　計		49,530	32,733	50,121	60,828	13,836	4,182	1,922	69	213,221

える制度である。臨時免許状の効力は、授与した都道府県内に限定される。免許状の効力は三年である。免許状主義の例外を免許状とした、まさに臨時の免許状であるが、二〇一八（平成三〇）年には八九六三件の授与があった。

これらの免許状の種類ごとに二〇一八（平成三〇）年の授与件数を一覧にすると、図表4のとおりである。この表を見ると、一年で約二〇万件の免許状が授与されていることになる。もちろん、これは免許状の授与件数であり、一人が同時に複数の免許状を受ける場合はダブルカウント、トリプルカウントとなっている。

第三節　授与と失効・取上げ

課程認定と教育職員検定

学校教員の免許状は**授与権者**である都道府県教育委員会から授与される。教育職員免許法第五条第一項では、二つの方式を定めている。一つは、課程認定を受けた大学などで学んで、**基礎資格**である学位を得るとともに、必要科目の**単位**を修得する方式である。これが戦後教育改革で確立した**開放制**、**大学における教員養成**という基本スタイルである。この水準を維持するために、文部科学省が大学などの**課程認定**を厳密に行うなど、法令の整備がなされている。

もう一つは、すでに述べた**特別免許状**や**臨時免許状**のような例外的なケースで、授与権者が個別に審査して授与するもので、**教育職員検定**と呼ばれる。開放制による教員養成の原則からは例外であるが、原則だけではカバーできないケースに対応するものであり、これも大学で授与される学位や単位などと連動している。教育職員検定は、教育職員免許法第六条第一項に「受検者の人物、学力、実務及び身体について」行うことが定められ、さらに詳細な条件が規定されている。

この教育職員検定は、普通免許状についても、一つの免許状を持つ者が他の学校種別や他の科目の免許状を追加して受けるためのプロセスでも、実施される。大学通信教育では、現職教員が現場での必要から、こうしたスタイルで多数学んでいる。

また、短期大学を卒業して二種免許状を持って教員となった場合、一種免許状に**上進**するといって、上位の免許状をあらたに受ける努力義務が第九条の五で定められている。こうした場合にも教員勤務年数や大学での単位修得を条件として教育職員検定を受けて、上進することになる。

このほか、第2章の戦前の教員養成制度で例外として出てきた文検のような試験制度が現在も特例的に残っており、教育職員免許法第十六条の二に**教員資格認定試験**が定められている。これは特例的に文部科学省が行うもので、二〇一八（平成三〇）年度から、文部科学大臣が行う教員資格認定試験の実施に関する事務を独立行政法人**教職員支援機構**が行うようになった。二〇一九（令和元）年度では幼稚園、小学校、特別支援学校について実施されており、小学校では七八〇人の受験者のうち二四八人の合格者である。

欠格条項

授与権者は、免許状を受ける者にふさわしくないケースを記した欠格条項に該当していないことを確認することになる。**欠格条項**は欠格事項や欠格事由とも呼ばれる。欠格条項は、**地方公務員法**に明記されていることを第4章や第6章でみた。しかし、教育職員免許法では、公務員としての任用ではなく、免許状を授与されるときに適用されるのである。

教育職員免許法では、第五条第一項に全六号が列記されている。

（授与）

第五条　普通免許状は、別表第一、別表第二若しくは別表第二の二に定める基礎資格を有し、かつ、大学若しくは文部科学大臣の指定する養護教諭養成機関において別表第一、別表第二若しくは別表第二の二に定める単位を修得した者又はその免許状を授与するため行う教育職員検定に合格した者に授与する。ただし、次の各号のいずれかに該当する者には、授与しない。

一　十八歳未満の者

二　高等学校を卒業しない者（通常の課程以外の課程におけるこれに相当するものを修了しない者を含む。）。ただし、文部科学大臣において高等学校を卒業した者と同等以上の資格を有すると認めた者を除く。

三　禁錮以上の刑に処せられた者

四　第十条第一項第二号又は第三号に該当することにより免許状がその効力を失い、当該失効の日から三年を経過しない者

五　第十一条第一項から第三項までの規定により免許状取上げの処分を受け、当該処分の日から三年を経過しない者

六　日本国憲法施行の日以後において、日本国憲法又はその下に成立した政府を暴力で破壊することを主張する政党その他の団体を結成し、又はこれに加入した者

第一号と第二号は年齢や学歴の規定である。大学での教員養成が基本であるから、高等学校卒業以後の一八歳からが授与の対象である。短期大学で学んで二種免許状を受けるならば最短一九歳での取得があり得る。第三号は禁錮《きんこ》以上の刑であるから、死刑、懲役刑、禁錮刑が該当する。第四号と第五号は、後に説明する第十条（失効）や第十一条（取上げ）との関係であり、この処分から三年間を経過しないと新しい免許状は与えられないことになる。第六号は、日本国憲法の施行日である一九四七（昭和二二）年五月三日以後に、憲法や政府を暴力的に破壊しよう

とする団体などの結成者や構成員には与えないということである。二・二六事件など過去のクーデターや、憲法改正や政府の改革などを暴力を用いず主張することは、対象とならない。

なお、欠格条項は、**学校教育法**第九条にも校長と教員の欠格条項としてほぼ類似する規定があり、こちらは国公私立を通じて、免許状の必要ない大学や高等専門学校にも適用される。なお地方公務員法（昭和二十五年十二月十三日法律第二百六十一号）の第十六条（欠格条項）にも公務員の任用規定として類似したものがある。地方公務員法では地方公共団体の懲戒免職の処分日から二年を経過しない者の欠格条項があるが、教員免許状は三年間はあらたには与えられないので、一年の差異がある。

失効と取上げ

教育職員免許法第十条は免許状の**失効**を定めている。第一項に示された次の全三号のどれかに該当するときは、すでに授与された免許状が失効する。

（失効）

第十条　免許状を有する者が、次の各号のいずれかに該当する場合には、その免許状はその効力を失う。

一　第五条第一項第三号又は第六号に該当するに至つたとき。

二　公立学校の教員であつて懲戒免職の処分を受けたとき。

三　公立学校の教員（地方公務員法（昭和二十五年法律第二百六十一号）第二十九条の二第一項各号に掲げる者に該当する者を除く。）であつて同法第二十八条第一項第一号又は第三号に該当するとして分限免職の処分を受けたとき。

2　前項の規定により免許状が失効した者は、速やかに、その免許状を免許管理者に返納しなければならない。

この第一項第一号が示しているのは、先に見た第五条のうち、第三号の禁錮以上の刑、第六号の暴力的破壊団体のケースである。免許状を持っている者がこれに該当したときに、その免許状が効力を失うのである。これは学校教員でない者にも適用される。第二号は公立学校での免職の懲戒処分を受けた場合の失効である。第三号は入り組んで読み取りにくい。公立学校の教員のうち、地方公務員法第二十九条の二（適用除外）第一項に明記された一年間の条件付採用期間や臨時任用の教員を除いた者が、地方公務員法第二十八条の定める分限処分として第一項第一号の「勤務実績がよくない場合」や第三号の「その職に必要な適格性を欠く場合」という本人に問題があるケースに該当する処分を受けた場合に、免許状の失効の対象となるという規定である。

この失効のケースのうち、先に見た欠格条項の第五条第四号では、第十条第一項第二号と第三号の該当者が、「当該失効の日から三年を経過しない」場合は免許状を与えられないとしている。懲戒免職や分限免職による免許状失効があっても、三年を経てからならば再起を期し、あらたな免許状を取得し直すことは可能ということになる。

続く第二項の規定により、免許状が失効した場合は、速やかに免許状を免許管理者たる都道府県教育委員会に返納する義務がある。免許状が失効したにもかかわらず、手元にあると混乱をきたすから、免許状そのものを返納するのである。

なお、この条項でいう失効は、免許状の有効期間に免許状更新講習を受けて更新しなかった場合に、期限が切れて効力を失する場合とは区別される。

次に失効のケースに含まれないケースへの対応として、免許状の**取上げ**についての規定が第十一条に定められている。失効が公立学校で、取り上げが国立学校と私立学校と理解しても大きく間違いではない。

（取上げ）

第十一条　国立学校、公立学校（公立大学法人が設置するものに限る。次項第一号において同じ。）又は私立学校の教員が、前条第一項第二号に規定する者の場合における懲戒免職の事由に相当する事由により解雇されたと認められるときは、免許管理者は、その免許状を取り上げなければならない。

2　免許状を有する者が、次の各号のいずれかに該当する場合には、免許管理者は、その免許状を取り上げなければならない。

一　国立学校、公立学校又は私立学校の教員（地方公務員法第二十九条の二第一項各号に掲げる者に相当する者を含む。）であつて、前条第一項第三号に規定する者の場合における同法第二十八条第一項第一号又は第三号に掲げる分限免職の事由に相当する事由により解雇されたと認められるとき。

二　地方公務員法第二十九条の二第一項各号に掲げる者に該当する公立学校の教員であつて、前条第一項第三号に規定する者の場合における同法第二十八条第一項第一号又は第三号に掲げる分限免職の事由に相当する事由により免職の処分を受けたと認められるとき。

3　免許状を有する者（教育職員以外の者に限る。）が、法令の規定に故意に違反し、又は教育職員たるにふさわしくない非行があつて、その情状が重いと認められるときは、免許管理者は、その免許状を取り上げることができる。

4　前三項の規定により免許状取上げの処分を行ったときは、免許管理者は、その旨を直ちにその者に通知しなければならない。この場合において、当該免許状は、その通知を受けた日に効力を失うものとする。
5　前条第二項の規定は、前項の規定により免許状が失効した者について準用する。

第十一条第一項は、国立と私立の学校における教員の懲戒免職のケースである。第十条第一項第二号の失効は地方公務員法による懲戒免職の規定であるが、国立学校教員や私立学校教員は雇用されている国立大学法人や学校法人の規定に委ねられていて、懲戒免職という用語も統一されているとは限らない。そのため「懲戒免職の事由に相当する事由により解雇された」と判断されるときに、免許管理者たる都道府県教育委員会がその者の免許状を取り上げるのである。

さらに第二項でも、免許状を取り上げるケースを定めている。この第一号と第二号は読みにくい。第一号は、国立学校や私立学校の教員を対象としており、付加された「地方公務員法第二十九条の二第一項各号に掲げる者に相当する者を含む。」とは、国立学校や公立学校における条件付採用期間や臨時任用の教員に相当する者を含むということである。第二号は第十条第一項第三号で失効の対象から除外された条件付採用期間や臨時任用の教員を対象としている。こうして第一号と第二号をあわせると、第十条第一項第三号で規定された最も狭義の地方公務員である教員以外は、すべて対象に含まれることになる。そして、第十条第一項第三号では、地方公務員法第二十八条の定める分限処分として第一項第一号の「勤務実績がよくない場合」や第三号の「その職に必要な適格性を欠く場合」という問題があるケースに該当する処分を受けた場合に免許状の失効の対象としたが、これに「相当する事由」で解雇されたときも、免許状を取り上げるというものである。わかりにくいとは思うが、本人に問題がある分限免職の場合には、特別な条件のない公立学校教員は免許状の失効の対象となり、それ以外の教員は免許状の取り上げとなる。任命や雇用された立場に応じて区別してあると理解するとよい。

第三項では、教育職員ではない者についても免許状を持っている場合に、故意の法令違反や教育職員としてふさわしくない非行があって、重大な情状があると判断される場合に、免許管理者が免許状を取り上げることが可能であると定めている。第十条第一項第一号では教員ではない者も禁錮以上の刑を受ければ失効の対象とされているが、それに相当するような重大な非行についても情状によって免許状の取り上げを可能としているのである。

第四項では、「前三項」つまり第一項から第三項までのどれかの規定で免許状取り上げの処分が行われたときに、免許管理者が該当者に通知し、その通知日に免許状が効力を失うことを定めている。

第五項では、「前条第二項」つまり、失効を定めた第十条第二項の免許管理者への返納の規定が、この第十一条の取上げのケースについても準用されることを定めている。つまり、同様に免許管理者に免許状そのものを返納するのである。

ここまで、教員免許状の概要について記した。随分と複雑であるから、実際に大学で教職課程を履修するときには、オリエンテーションで説明を聞いて学び始め、教育実習が終わった頃、基礎資格である学位と単位修得が明確になった段階で、授与権者である都道府県教育委員会に対して、大学から一括申請と呼ばれる手続きを行う。このために、こうしたシステムを十分に知らないで免許状を受けることもありうる。

しかし、教員になると、第10章でみる免許状更新講習をはじめ、多くのプロセスで教員免許状の理解が求められる。この免許状があるがゆえに、教諭や講師として採用されるという自覚も大切である。

＊註

1　「免許外授業疑い　2人を書類送検　長野・才教学園」『朝日新聞』二〇一三年一一月七日朝刊、三七面（東京本社版）。「才教学園前理事長ら書類送検　違法重ね悪循環に　運営優先、辞職増、免許不正」『朝日新聞』二〇一三年一一月七日朝刊、三一面（長野東北信版）。「（きょういく埼玉）採用時、甘いチェック　教員免許失効の元教諭が教壇に」『朝日新聞』二〇一三年一一月一九日朝刊、二八面（埼玉全県版）。

2　文部科学省「平成二九年度公立学校教職員の人事行政状況調査について」令和二年一一月三〇日更新。

3　「民間人校長、戸惑う現場　3カ月で辞職など、6人に問題　対応迫られる大阪市」「民間人校長、3人トラブル　セクハラや教頭土下座…　大阪市」『朝日新聞』二〇一三年九月二〇日朝刊、一面、三八面（大阪本社版）。

第 10 章
教員免許更新制

キーワード

教員免許更新制　有効期間　免許状更新講習　免許管理者
復活講習

要　約

2009（平成 21）年度より、従来は無期限であった普通免許状に 10 年の有効期限が定められ、教員免許更新制が開始した。現職教員は有効期限が切れる前の 2 年間に、大学などで 30 時間の免許状更新講習を受講して、合格して、必要な手続きを行うことになる。手続きは免許管理者である勤務する学校のある都道府県の教育委員会に対して行う。現職教員でない者は免許状更新講習を受講しないが、教員になる場合は事前に復活講習を受講して、免許状を有効にしておかねばならない。

現在、大学等を卒業して教員免許状を受けるときには、免許状に有効期限が明記されている。ここでは、先に現在の免許状更新講習を概観して、免許状を受けた立場の者が、教員になる場合も、ならない場合も、そして人生の転機で様々なコース変更をする場合も、どのような手続きが必要かを理解しておいてほしい。

第一節　教員免許更新制の現在

免許状の更新

二〇〇九（平成二一）年四月から開始された**教員免許更新制**は、**教員免許状**に一〇年間の有効期間をつけて、更新するために**免許状更新講習**を修了する手続きを定めるものである。

この根拠となる**教育職員免許法**（昭和二十四年五月三十一日法律第百四十七号）の現在の規定を、追加された第九条の二から四までによって概観しよう。

（有効期間の更新及び延長）

第九条の二　免許管理者は、普通免許状又は特別免許状の有効期間を、その満了の際、その免許状を有する者の申請により更新することができる。

2　前項の申請は、申請書に免許管理者が定める書類を添えて、これを免許管理者に提出してしなければならない。

3　第一項の規定による更新は、その申請をした者が当該普通免許状又は特別免許状の有効期間の満了する日までの文部科学省令で定める二年以上の期間内において免許状更新講習の課程を修了した者である場合又は知識技能その他の事項を勘案して免許状更新講習を受ける必要がないものとして文部科学省令で定めるところにより免許管理者が認めた者である場合に限り、行うものとする。

4　第一項の規定により更新された普通免許状又は特別免許状の有効期間は、更新前の有効期間の満了の日の翌日から起算して十年を経過する日の属する年度の末日までとする。

5　免許管理者は、普通免許状又は特別免許状を有する者が、次条第三項第一号に掲げる者である場合において、同条第四項の規定により免許状更新講習を受けることができないことその他文部科学省令で定めるやむを得ない事由により、その免許状の有効期間の満了の日までに免許状更新講習の課程を修了することが困難であると認めるときは、文部科学省令で定めるところにより相当の期間を定めて、その免許状の有効期間を延長するものとする。

6　免許状の有効期間の更新及び延長に関する手続その他必要な事項は、文部科学省令で定める。

言うまでもなく第九条の二（有効期間の更新及び延長）というのは、以前はなく、この制度が導入されたときに、第九条のあとに追加されたことを意味している。改正以前の第九条（効力）は、普通免許状、特別免許状、臨時免許状の効力を定めて、その状況にあらたに追加されたわけである。

第一項にいう**免許管理者**は、第二条（定義）の第二項で、「免許状を有する者が教育職員及び文部科学省令で定める教育の職にある者である場合にあつてはその者の勤務地の都道府県の教育委員会、これらの者以外の者である場合にあつてはその者の住所地の都道府県の教育委員会をいう。」と定めている。免許状の授与権者同様に、**都道**

府県教育委員会であるが、国公私立の学校に勤めている教員であれば勤務する学校の都道府県の教育委員会、勤務する前に更新するケースならば住民票のある都道府県の教育委員会となる。普通免許状や特別免許状には、**有効期間**が書かれているから、その満了の際に、自ら**申請**することで、更新が完了するわけである。

ここで極めて重要なことを述べておきたい。**免許状**というのは、学校や機関の職とは違い、個人が有しているものである。この免許状を有している個人が、免許を前提に学校や機関の職に就いたわけである。だから、運転免許でも医師免許などでも同じように、この免許状は個人の権利であり、個人の義務となる。ここでは、免許管理者である都道府県教育委員会は免許を管理するが、あくまでも「免許状を有する者」自身が申請しなければならないのである。よって第二項でも、「前項の申請は、申請書に免許管理者が定める書類を添えて、これを免許管理者に提出してしなければならない。」としている。実際に「都道府県教育委員会が免許を与えて（授与権者）、その教育公務員を雇っているか（任命権者）、面倒をみているのだから（免許管理者）、自動的に更新していいのではないか」という意見や質問は、導入前後の説明会でも現場から出された。しかし、同じく有効期限のある運転免許と同様に、免許を受けた個人が申請する原則なのである。

第三項は、「免許状更新講習を受ける必要がない」とする場合である。文部科学省令とは、**免許状更新講習規則**（平成二十年三月三十一日文部科学省令第十号）などの省令を意味する。複数の免許状を有して有効期限の異なるケースや、指導的な職にある場合には省略される。具体的には、校長（園長）、副校長（副園長）、教頭、主幹教諭、指導教諭という職にある場合や、教育長、指導主事、社会教育主事、その他教育委員会において学校教育又は社会教育に関する指導等を行う者、さらに免許状更新講習の講師については対象外となる。念のために言うと、こうした職にあるときに、免許状更新講習を受けることが省略されるのであって、第一項や第二項の申請は省略されていない。

第四項は、更新後の**有効期間**である。一言で言えば、一〇年である。

第五項は、「やむを得ない事由」による有効期間の延長である。病気や出産による休職中などの場合が定められている。また二〇二〇（令和二）年の新型コロナウイルス対応でも、こうした処置がされた。

そして、第六項は免許状更新講習規則など文部科学省令で詳細を定めることを法律として明記した条項である。

免許状更新講習の規定

教育職員免許法ではさらに免許状更新講習の基本的制度を定めている。

（免許状更新講習）

第九条の三　免許状更新講習は、大学その他文部科学省令で定める者が、次に掲げる基準に適合することについての文部科学大臣の認定を受けて行う。

一　講習の内容が、教員の職務の遂行に必要なものとして文部科学省令で定める事項に関する最新の知識技能を修得させるための課程（その一部として行われるものを含む。）であること。

二　講習の講師が、次のいずれかに該当する者であること。

イ　文部科学大臣が第十六条の三第四項の政令で定める審議会等に諮問して免許状の授与の所要資格を得させるために適当と認める課程を有する大学において、当該課程を担当する教授、准教授又は講師の職にある者

ロ　イに掲げる者に準ずるものとして文部科学省令で定める者

三　講習の課程の修了の認定（課程の一部の履修の認定を含む。）が適切に実施されるものであること。
四　その他文部科学省令で定める要件に適合するものであること。
2　前項に規定する免許状更新講習（以下単に「免許状更新講習」という。）の時間は、三十時間以上とする。
3　免許状更新講習は、次に掲げる者に限り、受けることができる。
一　教育職員及び文部科学省令で定める教育の職にある者
二　教育職員に任命され、又は雇用されることとなつている者及びこれに準ずるものとして文部科学省令で定める者
4　前項の規定にかかわらず、公立学校の教員であつて教育公務員特例法（昭和二十四年法律第一号）第二十五条第一項に規定する指導改善研修（以下この項及び次項において単に「指導改善研修」という。）を命ぜられた者は、その指導改善研修が終了するまでの間は、免許状更新講習を受けることができない。
5　前項に規定する者の任命権者（免許管理者を除く。）は、その者に指導改善研修を命じたとき、又はその者の指導改善研修が終了したときは、速やかにその旨を免許管理者に通知しなければならない。
6　文部科学大臣は、第一項の規定による認定に関する事務を独立行政法人教職員支援機構（第十六条の二第三項及び別表第三備考第十一号において「機構」という。）に行わせるものとする。
7　前各項に規定するもののほか、免許状更新講習に関し必要な事項は、文部科学省令で定める。

第九条の三（免許状更新講習）は、教員等が受講する**免許状更新講習**の規定である。第一項は、その講習の水準を明確にするため、第一号で内容が十分であることを定めている。「最新の知識技能」という文言がキーワードで

あり、この講習は、何か高度な内容を伝えたり、免許のレベルを上げたりすることではなく、**大学における教員養成**の原則を踏まえつつ、かつて学んだ内容について最新のものに、リニューアルすることである。そして、第二号では講習の講師の資格を定めているが、「第十六条の三第四項の政令で定める審議会等に諮問して免許状の授与の所要資格を得させるために適当と認める課程を有する大学」というのが、課程認定を受けた大学である。大学以外でも十分な水準と講師陣がいる機関で実施することが認められている。そして、免許状更新講習を実施するものは、第三号の規定により「修了の認定」や「課程の一部の履修の認定」として試験を行い、その合格を認定して、**修了証明書**を受講者に授与する。言い換えれば、更新講習に座っているだけではダメで、「最新の知識技能」が修得されたことが証明されないといけない、つまりその講習のあとに**修了認定試験**に合格しないといけないのである。その他、第四号にあるとおり文部科学省が詳細な規定を定めている。

第二項では、免許状更新講習の時間を、三〇時間以上としている。この三〇時間について文部科学省は学校等で行われる五〇分や四五分を一時間と勘定するのではなく、実質的な六〇分による三〇時間を定めている。

第三項は、免許状更新講習を受講する資格である。第一号の「教育職員及び文部科学省令で定める教育の職にある者」とは国公私立の学校の教員である。これが現職教員で、第二号の「教育職員に任命され、又は雇用されることとなつている者及びこれに準ずるものとして文部科学省令で定める者」は、受講時にはまだ教員でない者であり、これがすでに免許状の有効期限が終わっていて、この有効性を復活させる場合で、**復活講習**と呼ばれる。

第四項は、この免許状更新講習と同時にできた教育公務員特例法（昭和二十四年一月十二日法律第一号）第二十五条第一項に規定する**指導改善研修**との関係で、該当する**指導が不適切な教員**は、免許状更新講習からは外され、第五項により任命権者が免許管理者に通知したり、同じ教育委員会であればそれを省略したりする。

第六項は、免許状更新講習の改革として、事務を独立行政法人である**教職員支援機構**が行うというものであり、第七項はその他必要な事項は文部科学省令が定めるという規定である。

（有効期間の更新又は延長の場合の通知等）
第九条の四　免許管理者は、普通免許状又は特別免許状の有効期間を更新し、又は延長したときは、その旨をその免許状を有する者、その者の所轄庁（免許管理者を除く。）及びその免許状を授与した授与権者（免許管理者を除く。）に通知しなければならない。
2　免許状の有効期間を更新し、若しくは延長したとき、又は前項の通知を受けたときは、その免許状を授与した授与権者は、その旨を第八条第一項の原簿に記入しなければならない。

第九条の四（有効期間の更新又は延長の場合の通知等）では、免許管理者である都道府県教育委員会が、免許状を延長したときの通知の手続きや原簿への記入を定めている。実際にはこの制度を契機に、ネットワークでの免許管理システムが文部科学省と都道府県教育委員会を中心に整備された。

第二節　免許状更新講習と手続き

新免許状と旧免許状

基本となる教育職員免許法の規定を確認したが、教員免許状を受けた者は、すぐに教諭になる場合も、非常勤講師として兼業する場合も、別の職業について何年か後に教師に転職する場合も、この教員免許更新制についてきちんと理解しておく必要がある。「非常勤講師だったので誰も言ってくれなくて、知らないで受講せず有効期間がすぎました」とか、「もう一〇年たったから教師への道はないのだと思ったのです」とか、知らないことによるトラブルだけは避けてほしいのである。

まずこの制度が導入されてからの一〇年前と現在では違いが起きている。いろいろな情報では混乱することがあるから、その変化を述べる。

まずは、以前の制度からの移行である。二〇〇九（平成二一）年三月三一日以前に授与された免許状には有効期間がなく、これは**旧免許状**と呼ばれる。こうした旧免許状を持つ教員には、生年月日により修了確認期限が割り振られていた。現職教員は、免許状には有効期間は書かれていないため、本人の年齢三五歳、四五歳、五五歳を標準に、二年間の受講するべき年度が指定された。それに従って免許状更新講習を受講して修了し、修了確認期限の二か月前までに、免許管理者に更新講習修了確認申請を行う必要があった。

そして、教員免許更新制に伴い、二〇〇九（平成二一）年四月一日以後に授与される免許状には一〇年の有効期間がつけられることになった。これは**新免許状**と呼ばれ、免許状に「有効期間の満了の日」が記載されている。現在の大学生が、通常の大学であれば基礎資格となる学位が授与される卒業式の日に、授与権者である都道府県教育委員会から渡される免許状が、これである。この場合は、満了の日の二か月前までに、免許状更新講習を受講して修了し、**免許管理者**である都道府県教育委員会に免許状の有効期間更新の申請を行う必要がある。

今、一般的な例として二か月前までにと書いてしまったが、実際の申請手続きの締切日は免許状管理者が月日を区切って示している。さらに、そのときの免許状更新講習の**修了証明書**は受講した大学などから受け取るのだから、当然に時間がかかる。基本は、免許状に書かれた有効期限がある年の三月三一日であれば、その数か月前には申請手続きを終えたい。

現職教員とそうでない者

すでに教育職員免許法第九条の三（免許状更新講習）の第三項で見たように、対象となるのは、現役の教諭や講師などの教員と、教員として任命されたり雇用されたりする予定の者である。

実際の免許状更新講習は、文部科学省から認められた大学などで開講されているから、現職であることを明示したり、採用予定などを明示したりして申し込む。

修了確認期限がすぎている場合にあらたに教員として任命や雇用がなされるケースでは、それまでに免許状更新講習を受けて手続きを完了する必要がある。

現在教員でない者は対象ではなく、教職に就かない場合は、一一年目でも三一年目でも、受講できない。有効期間をすぎると免許状は効力を失うことになるが、この**失効**は第8章第六節でみた失効とは意味が異なるので、その後に免許状更新講習を受けて手続きをすれば有効にすることができる。たとえば、免許状授与一二年を経た後にあらたに教員になるケースであれば、履歴書などに教員免許状を授与されていることを明記して、その前年に教員になる前に免許状更新講習を受けて手続きを完了することになる。この手続きを現場では**復活講習**と呼んでいる。

三〇時間と三つの領域

免許状更新講習は、文部科学省が認めた大学などで開設する合計三〇時間の講習である。最初の七年は、この三〇時間を二つに分けて、教育の最新事情などの必修領域として一二時間以上、教科指導、生徒指導などの選択領域として一八時間以上となっていた。その後は、三つに分けて、必修領域を六時間以上、あらたに追加された選択必修領域を六時間以上、選択領域を一八時間以上としている。この時間数は講習自体が六〇分を一時間とする時間数である。また通信講習として行う場合は、それに相当する分量の教科書や課題などが設定されている。[*1] この変化の概要は、図表1のとおりである。また現在の更新講習の三つの領域の内訳は、各大学が文部科学省に提出する区分では、図表2のとおりである。

受講者にとっては、この講習は単に受講したという事実だけではなく、その受講した内容に基づく修了認定試験を受けて、それに合格する必要がある。三〇時間相当を通信教育で行う場合も、レポート課題の合格だけでなく、会場等で行う修了認定試験を受験して合格しなければならない。全体の修了認定試験に合格すると、大学から**修了証明書**が発行される。受講範囲が三〇時間の一部だけの場合は**履修証明書**が発行される。受講者はこの証明書を免許管理者である都道府県教育委員会に提出して、旧免許状では**更新講習修了確認証明書**、新免許状では**有効期間更新証明書**を受ける。こうして次の一〇年間もその免許状を有効とする手続きが完了することとなる。

免許状更新講習の受講は、教育委員会や学校法人が指示するのではなく、免許状を持つ者が文部科学省や大学のウェブページを確認して受講先を選ぶ必要がある。また、

図表1　免許状更新講習の変化

2009（平成21）年度～2015（平成27）年度	
必修領域	選択領域
12時間講習 またはそれに 相当する 通信講習	18時間講習 またはそれに 相当する 通信講習
修了認定試験	修了認定試験
合計30時間	

→

2016（平成28）年度～		
必修領域	選択必修領域	選択領域
6時間講習 またはそれに 相当する 通信講習	6時間講習 またはそれに 相当する 通信講習	18時間講習 またはそれに 相当する 通信講習
修了認定試験	修了認定試験	修了認定試験
合計30時間		

図表2　免許状更新講習の各領域に含まれる内容（令和3年度実施の事例）

<table>
<tr><td>領域</td><td colspan="3">区分や内容など</td></tr>
<tr><td rowspan="14">必修領域</td><td>事項</td><td>記号</td><td>含めるべき内容・留意事項</td></tr>
<tr><td rowspan="2">イ 国の教育政策や世界の教育の動向</td><td>a</td><td>国の教育政策</td></tr>
<tr><td>b</td><td>世界の教育の動向</td></tr>
<tr><td rowspan="2">ロ 教員としての子ども観、教育観等についての省察</td><td>c</td><td>子ども観、教育観等についての省察</td></tr>
<tr><td>d</td><td>教育的愛情、倫理観、遵法精神その他教員に対する社会的要請の強い事柄</td></tr>
<tr><td rowspan="2">ハ 子どもの発達に関する脳科学、心理学等における最新の知見（特別支援教育に関するものを含む。）</td><td>e</td><td>子どもの発達に関する、脳科学、心理学等の最新知見に基づく内容</td></tr>
<tr><td>f</td><td>特別支援教育に関する新たな課題（LD、ADHD等）</td></tr>
<tr><td rowspan="6">ニ 子どもの生活の変化を踏まえた課題</td><td>g</td><td>居場所づくりを意識した集団形成</td></tr>
<tr><td>h</td><td>多様化に応じた学級づくりと学級担任の役割</td></tr>
<tr><td>i</td><td>生活習慣の変化を踏まえた生徒指導</td></tr>
<tr><td>j</td><td>社会的・経済的環境の変化に応じたキャリア教育</td></tr>
<tr><td>k</td><td>その他の課題</td></tr>
<tr><td>l</td><td>カウンセリングマインドの必要性</td></tr>
<tr><td colspan="3">*記号g～k 5つのうちいずれかの内容を含むこと</td></tr>
<tr><td rowspan="16">選択必修領域</td><td>記号</td><td colspan="2">事項</td></tr>
<tr><td>イ</td><td colspan="2">学校を巡る近年の状況の変化</td></tr>
<tr><td>ロ</td><td colspan="2">学習指導要領の改訂の動向等</td></tr>
<tr><td>ハ</td><td colspan="2">法令改正及び国の審議会の状況等</td></tr>
<tr><td>ニ</td><td colspan="2">様々な問題に対する組織的対応の必要性</td></tr>
<tr><td>ホ</td><td colspan="2">学校における危機管理上の課題</td></tr>
<tr><td>ヘ</td><td colspan="2">免許法施行規則第二条第一項の表備考第五号に規定するカリキュラム・マネジメント</td></tr>
<tr><td>ト</td><td colspan="2">育成を目指す資質及び能力を育むための主体的・対話的で深い学びの実現に向けた授業改善</td></tr>
<tr><td>チ</td><td colspan="2">教育相談（いじめ及び不登校への対応を含む。）</td></tr>
<tr><td>リ</td><td colspan="2">進路指導及びキャリア教育</td></tr>
<tr><td>ヌ</td><td colspan="2">学校、家庭及び地域の連携及び協働</td></tr>
<tr><td>ル</td><td colspan="2">道徳教育</td></tr>
<tr><td>ヲ</td><td colspan="2">英語教育</td></tr>
<tr><td>ワ</td><td colspan="2">国際理解及び異文化理解教育</td></tr>
<tr><td>カ</td><td colspan="2">教育の情報化（情報通信技術を利用した指導及び情報教育（情報モラルを含む。）等）</td></tr>
<tr><td colspan="3">*記号イ～ホの5つの事項については2つまで含むことが可能</td></tr>
<tr><td>選択領域</td><td colspan="3">幼児、児童又は生徒に対する教科指導及び生徒指導上の課題
（学校教育との関連が明らかな内容）</td></tr>
</table>

大学から証明書を受け取っても免許管理者に手続きをしなければ、更新は完了しない。免許状は教員になる前提として個人が受け取ったものであるから、個人の責任が重くなるのである。こうした手続きが完了しないと、教員としての任用や雇用されている立場の前提自体が喪失するので、自動的に**失職**してしまうことになる。実際に少数ではあるが、こうした事態が失念や誤解により発生しており、文部科学省や都道府県教育委員会が注意を呼びかけている。

私自身が担当した免許状更新講習で修了認定試験を合格した教員が、最後に免許管理者への手続きを忘れそうになり危なかった体験談を聞いており、本当に最後まで注意が必要である。

教員のなかには、今も教員免許更新制には、不満や複雑な思いがあることは確かである。そして実際の政策過程では、廃止や見直しが提起されてきた経緯もある。しかしながら、現状では教員の免許にかかわる多様な学びとして定着しつつあることもまた事実である。こうした近年の経緯は、第13章に述べていこう。

＊註

1　通信講習として行う場合のテキストは、公益財団法人私立大学通信教育協会から刊行されている。図表1と図表2は同書から転載した。高橋陽一ほか『新しい教育事情：免許状更新講習教材【必修領域・選択必修領域】』公益財団法人私立大学通信教育協会、二〇一八年（第二版）。

第 11 章
チーム学校の多様な教職員

キーワード

チーム学校　職　必置　任意　校長　校務分掌　副校長
教頭　主幹教諭　指導教諭　養護教諭　栄養教諭　事務職員
学校医　学校歯科医　学校薬剤師　学校評議員
スクールカウンセラー　スクールソーシャルワーカー
部活動指導員　充て職　教員定数

要　約

学校はチーム学校というキーワードで改革が進んでいる。学校では必置や任意の様々な職にある教職員が、校長のもとで校務分掌に位置づけられて活躍する。校長を補佐する副校長、教頭、主幹教諭の職も整備された。また教育に携わり校務を分担する教諭のほか、指導教諭、養護教諭、栄養教諭などの職もあり、事務職員もいる。非常勤のスタッフでは、学校医、学校歯科医、学校薬剤師も置かれ、外部の学校評議員も大切な役割がある。さらにスクールカウンセラーやスクールソーシャルワーカーや、働き方改革の焦点となる部活動指導員も大切なチーム学校の構成員である。教諭ほかには主任などの充て職があり、学校教員の教員定数も法令により定められている。

今日、学校で指導や運営にあたる多様な教職員を**チームとしての学校**と把握して、**チーム学校**と略称する。このチームの構成員が、第11章で述べる多様な教職員である。

学校の教員は学校という組織の一員でありながら、同時に子どもに対しては一人ですべてを担う者ということになる。まだ教員数の少ない明治期の学校では教員は横並びで、校長が置かれてからもそれ以外の教諭は横並びの位置づけだった。戦後は何度かにわたって、法令に基づく副校長、教頭、主任などの職を整備して、官僚組織や民間企業のような指揮命令系統の明確な階層構造の組織となってきた。二〇一五（平成二七）年一二月二一日の中央教育審議会答申「チームとしての学校の在り方と今後の改善方策について」は、こうした法令上の職を大きく改めたものではないが、チームという一体性や職による役割の明確化を提起したところに意義がある。

これまでも出てきたが、まず用語を整理する。ある組織で役割を果たす者が広義の**職員**であり、国家公務員や地方公務員について用いられる。学校に勤務する人すべてが学校の職員である。**教員**は教育に携わるので、もっぱら校務をまとめる校長は教員に含めない規定が多い。また教員以外に事務職員などを含むため、教員も事務職員なども両方を含んでいることを示すためには**教職員**という言葉を用いる。この第11章はその意味で、タイトルを教員ではなく教職員とした。

職員はその組織のなかの役割としての**職**がある。本来は律令制の官職と位階を意味した**職位**という言葉も一般に同義語とみてよい。なお、**職業**という言葉は、産業分野の違いを含んで民間企業でも、自営業でも公務員や会社員やデザイナーという形で広く用いる。学校教育では職業教育やキャリア教育で職業は常用する用語だが、教師という職業を前提にしている本書ではあまり出てこない。この職ごとに定められた務めが**職務**である。義務や権利に注目すると**服務**という言い方が多く、民間企業では業務と言うことが多い。学校の職務となると**校務**になる。ただ、どの用語も個々の法令や文書で異なる意味で用いられることがあるので注意しておきたい。ともかく、ここでは学校にいる教職員の多様な職の種類と職務などを、法令で定められた制度から見てみよう。

第一節　学校教育法に定める職

必置と任意の職

教育職員免許法（昭和二十四年五月三十一日法律第百四十七号）は、最大多数と言える教諭の免許を基本としている。教諭を含めた多様な学校の職員の規定は、**学校教育法**（昭和二十二年三月三十一日法律第二十六号）第三十七条で小学校について定められ、これが中学校、義務教育学校、高等学校、中等教育学校、特別支援学校に準用されている。現在の規定は、二〇〇六（平成一八）年一二月の教育基本法全部改正を踏まえて、二〇〇七（平成一九）年六月の学校教育法の一部改正で整えられたものであり、これを受けて二〇〇八（平成二〇）年度から副校長、主幹教諭、指導教諭を新しい職として置くことができるようになった。まずは第三十七条を引用しよう。

第三十七条　小学校には、校長、教頭、教諭、養護教諭及び事務職員を置かなければならない。
2　小学校には、前項に規定するもののほか、副校長、主幹教諭、指導教諭、栄養教諭その他必要な職員を置くことができる。
3　第一項の規定にかかわらず、副校長を置くときその他特別の事情のあるときは教頭を、養護をつかさどる主幹教諭を置くときは養護教諭を、特別の事情のあるときは事務職員を、それぞれ置かないことができる。

4　校長は、校務をつかさどり、所属職員を監督する。
5　副校長は、校長を助け、命を受けて校務をつかさどる。
6　副校長は、校長に事故があるときはその職務を代理し、校長が欠けたときはその職務を行う。この場合において、副校長が二人以上あるときは、あらかじめ校長が定めた順序で、その職務を代理し、又は行う。
7　教頭は、校長（副校長を置く小学校にあつては、校長及び副校長）を助け、校務を整理し、及び必要に応じ児童の教育をつかさどる。
8　教頭は、校長（副校長を置く小学校にあつては、校長及び副校長）に事故があるときは校長の職務を代理し、校長（副校長を置く小学校にあつては、校長及び副校長）が欠けたときは校長の職務を行う。この場合において、教頭が二人以上あるときは、あらかじめ校長が定めた順序で、校長の職務を代理し、又は行う。
9　主幹教諭は、校長（副校長を置く小学校にあつては、校長及び副校長）及び教頭を助け、命を受けて校務の一部を整理し、並びに児童の教育をつかさどる。
10　指導教諭は、児童の教育をつかさどり、並びに教諭その他の職員に対して、教育指導の改善及び充実のために必要な指導及び助言を行う。
11　教諭は、児童の教育をつかさどる。
12　養護教諭は、児童の養護をつかさどる。
13　栄養教諭は、児童の栄養の指導及び管理をつかさどる。
14　事務職員は、事務をつかさどる。
15　助教諭は、教諭の職務を助ける。

16　講師は、教諭又は助教諭に準ずる職務に従事する。
17　養護助教諭は、養護教諭の職務を助ける。
18　特別の事情のあるときは、第一項の規定にかかわらず、教諭に代えて助教諭又は講師を、養護教諭に代えて養護助教諭を置くことができる。
19　学校の実情に照らし必要があると認めるときは、第九項の規定にかかわらず、校長（副校長を置く小学校にあつては、校長及び副校長）及び教頭を助け、命を受けて校務の一部を整理し、並びに児童の養護又は栄養の指導及び管理をつかさどる主幹教諭を置くことができる。

第三十七条第一項が基本となる学校の教職員である。「校長、教頭、教諭、養護教諭及び事務職員を置かなければならない。」と五つの職が基本となる。これは中学校などでも同様である。こうした必ず置かれることを、**必置**と言う。この必置に対して、第二項の「副校長、主幹教諭、指導教諭、栄養教諭その他必要な職員を置くことができる。」というのは、学校の規模や必要に応じて置くのであるから、任意である。さらに第三項に第一項で必置となっている教頭や養護教諭や事務職員を置かない場合である。「副校長を置くとき」に教頭がいない学校は多い。また「特別の事情のあるとき」はへき地などの小さな学校を想定している。

この学校教育法で定める職員について、必置の職員と任意に置く職員を分類して図表1にまとめた。校長（幼稚園では園長）、教頭、教諭、養護教諭、事務職員が学校にいることが原則の必置の職であり、現在は教頭に代わって副校長（幼稚園では副園長）がいる場合がある。「任意」と記した職は、学校規模や施策によって置く場合と置かない場合がある。学校教育法には多くの準用規定や特例規定が置かれており、若干の語句の変化もあるために、

図表1　学校教育法に定める必置と任意の職

<table>
<tr><th></th><th>幼稚園</th><th>小学校</th><th>中学校</th><th>高等学校</th><th>中等教育学校</th><th>特別支援学校</th></tr>
<tr><td>校長（園長）</td><td colspan="6">必置</td></tr>
<tr><td>副校長（副園長）</td><td colspan="6">任意</td></tr>
<tr><td>教頭</td><td colspan="6">必置（特欠）</td></tr>
<tr><td>主幹教諭</td><td colspan="6">任意</td></tr>
<tr><td>指導教諭</td><td colspan="6">任意</td></tr>
<tr><td>教諭</td><td colspan="6">必置</td></tr>
<tr><td>養護教諭</td><td>任意</td><td colspan="2">必置（養護主幹欠）（当分欠）</td><td>任意</td><td>必置（養護主幹欠）（当分欠）</td><td>必置（養護主幹欠）</td></tr>
<tr><td>栄養教諭</td><td>任意</td><td colspan="5">任意</td></tr>
<tr><td>事務職員</td><td>任意</td><td colspan="2">必置（特欠）</td><td colspan="3">必置</td></tr>
<tr><td>助教諭</td><td colspan="6">任意（特代）</td></tr>
<tr><td>講師</td><td colspan="6">任意（特代）</td></tr>
<tr><td>養護助教諭</td><td>任意</td><td colspan="5">任意（特代）</td></tr>
<tr><td>実習助手</td><td colspan="3"></td><td colspan="3">任意</td></tr>
<tr><td>技術職員</td><td colspan="3"></td><td colspan="3">任意</td></tr>
<tr><td>寄宿舎指導員</td><td colspan="5"></td><td>必置（寄宿舎）</td></tr>
<tr><td>その他必要な職員</td><td colspan="6">任意
ただし、学校医、学校歯科医、学校薬剤師は学校保健安全法により必置</td></tr>
</table>

略称と学校教育法の根拠（27-1は第27条第1項を示し、準用規定は省略）

必置：「置かなければならない」とあるもの。27-1, 37-1, 60-1, 69-1

　必置（特欠）：必置だが特別の事情があるときに置かないことができる。27-3, 37-3, 60-3, 69-3

　必置（養護主幹欠）：養護をつかさどる主幹教諭を置く場合に養護教諭を置かないことができる。37-19, 69-3

　必置（当分欠）：小学校と中学校と中等教育学校は当分の間、養護教諭を置かないことができる。附則7

　必置（寄宿舎）：寄宿者を設ける特別支援学校について必置となる。79

任意：「置くことができる」とあるもの。27-2, 37-2, 60-2, 69-2

　任意（特代）：特別の事情があるときに他の職に代えて置くことができる。27-10, 37-18, 60-5, 69-4

この図表1よりもずっと複雑である。

なお、**子ども・子育て支援法**（平成二十四年八月二十二日法律第六十五号）により、いわば学校としての幼稚園と児童福祉施設としての保育所があわさった役割を果たす**幼保連携型認定こども園**ができ、保育教諭などが整備された。

学校の職員は、公立学校であれば地方公務員という身分にあるが、それぞれの職に就く者として任用、任命される。国立学校や私立学校で国立大学法人や学校法人に雇用される場合も同様である。一人の教職員は、国公私立を問わず、学校教育法に定める職に任用または雇用されることになるので、その職によって法律で職務が定められることになる。つまり、学長や教授なども別の職が置かれている大学などを除いて、この第三十七条が日本の教職員の基本的な規定となるわけである。

校長による校務と監督

校長は、学校の長として学校全体をまとめる必置の職である。学校教育法第三十七条第四項には、「校長は、校務をつかさどり、所属職員を監督する。」とある。幼稚園では学校教育法第二十七条第四項の**園長**が校長に相当する。校務とは学校全体の務めであるから、学校の職員が行う職務のすべてである。学校教育法施行規則（昭和二十二年五月二十三日文部省令第十一号）には、第四十三条に「小学校においては、調和のとれた学校運営が行われるためにふさわしい**校務分掌**の仕組みを整えるものとする。」とある。ここで定められた校務分掌は、学校の教職員全体が分担していくものであり、校長が教職員の組織をまとめていくことになる。

校長は学校の長であるが、その学校を設置したのは国（国立大学法人など）、地方公共団体、学校法人である。そして校長も、教育委員会に任用されたり、学校法人等に雇用されたりして、その職にある。このため、法令に定められた校長の職務は、設置者や任命権者との関係を前提に理解するとわかりやすい。

学校教育の管理は、校長の職務である。公立学校の例で説明しよう。学校の**授業終始**の時刻を学校の実態にあわせて決定するのは学校教育法施行規則第六十条により校長の権限であるが、同第六十一条では土日や祝日など法律で定める以外の**休業日**は設置者の教育委員会が定めることになっている。また、同第六十三条では、洪水や地震などの**非常変災**に対して、臨時に授業を行わない**臨時休業**の決定は校長の権限であるが、そのことは必ず教育委員会に報告しなければならない。義務教育の教科書は国庫負担で児童生徒に無償で給付されるが、これは教育委員会など学校設置者から校長を通じて渡されることが、義務教育諸学校の教科用図書の無償措置に関する法律（昭和三十八年十二月二十一日法律第百八十二号）の第五条に定められている。このほかにも学校教育の管理に関する校長の職務は、国が行う各種調査なども含めて数多くある。

職員の**監督**も、校長の職務である。学校に勤務する職員は、すべてが校長の監督のもとにいる。地方公務員である公立学校の職員は、地方公務員法（昭和二十五年十二月十三日法律第二百六十一号）の第三十二条に基づいて校長が発する職務命令に従う義務がある。遵守する義務のある**職務命令**だけでなく、学校教育を充実するためにも参考となる知識や情報を教員に対して**指導助言**として与えることも重要である。また学校組織としての教員全体が話し合うことも大切であり、このための**職員会議**も学校教育法施行規則第四十八条によって置かれる。これは小学校の規定だが、中学校、高等学校などにも準用される。校長がその職務を円滑に行うために職員を集めて実施し、自ら主宰することになる。

職員の監督は、日本のすべての労働に適用される労働基準法（昭和二十二年四月七日法律第四十九号）に基づいて、使用者としての地位で、労働者である教職員に対して行うことになる。教職員には労働組合を結成して加入する権利があるが、校長は労働組合には加入できない。校長は使用者の立場で、労働関係法令を熟知して、労働時間や休憩、休日などの労働条件について法令上の権利の保護に努める立場となる。また、公立学校の職員を任命しているのは任命権者である教育委員会（県費負担教職員の場合は市町村立学校でも都道府県教育委員会）であるが、任免や異動などの進退について、地方教育行政の組織及び運営に関する法律（昭和三十一年六月三十日法律第百六十二号）の第三十六条や第三十九条に基づいて、校長は任命権者である教育委員会に対して**意見具申**を行うことになる。

児童生徒の教育に関する事項をとりまとめて管理することも、校長の重要な職務である。学校教育法第十一条に基づく**懲戒**の権限はすべての教員が持っているので、児童生徒の状態をみて叱るといった教育的行為ができるのだが、退学、停学、訓告といった重大な処分は校長のみが行うことができる。

授業にあたって教員は児童生徒の出席を確認して記録をするが、この情報から**出席簿**を作成することは、学校教育法施行規則第二十五条に規定された校長の職務である。これは単なる文書管理のようであるが、日本国憲法が保障する義務教育の権利に直結する重要なプロセスである。義務教育段階の児童生徒の場合、この出席簿の記録が連続して七日欠席になった場合は、学校教育法施行令（昭和二十八年十月三十一日政令第三百四十号）の第二十条に基づいて、校長は速やかにその児童生徒が住んでいる市町村の教育委員会に通知する。もちろん七日の欠席などはよくあることで、病気などの事情がわかればこの政令に定めるプロセスには至らない。しかし、正当な事情がわからない場合は、保護者が児童生徒に学校教育を受けさせる義務を怠っている場合や、放置などの児童虐待が行われている場合がある。こうした問題に対応するためにも、校長による出席簿管理は大切な職務なのである。長期欠席の場合には、子どもの様々な事情による不登校も考えられる。こうした児童生徒が学校以外の教育機関に通うことをもって学校の出席とみなす特例処置も、また校長の権限として認められている。

文書の管理という点では、在籍する児童生徒の基本情報や成績などが記載された**指導要録**の作成も校長の職務である。指導要録に関連して転学や進学に関する書類を扱うことも校長の職務である。

そして最後に**卒業証書**を授与するのも、学校教育法施行規則第五十八条に基づいた校長の職務である。これは小学校の規定だが、中学校、高等学校などにも準用される。卒業式で演壇に登場するのは誰の記憶でも校長だろうし、卒業証書を久しぶりに取り出してみると必ず校長の名前が記されている。実は校長の職務は卒業証書の授与では終わらない。義務教育段階の場合、校長は、学校教育法施行令第二十二条に基づいて、卒業によりその学校の全課程が修了したことを、児童生徒の住む市町村の教育委員会に通知して、教育委員会は義務教育の児童生徒の台帳である学齢簿に記載することになる。これも義務教育を保障する重要な手続きである。

学校保健安全法（昭和三十三年四月十日法律第五十六号）の第十九条に基づいて、感染症にかかった児童生徒などについて出席停止をさせるのも校長の職務である。この**出席停止**は感染予防のための処置であり、学校教育法第三十五条に基づいて市町村教育委員会が迷惑行為などを繰り返す児童生徒の保護者に対して命じる出席停止とは、異なるものである。もちろん感染症の予防や判断は、養護教諭や学校医などの専門的知見を受けて行われる。健康診断なども同様である。

ここまで校長の職務を概説したが、主要な法令で定められた事項だけでもまだ数多くあるし、教育委員会の規程でも多くの職務が定められる。学校全体としての行為は、校長の職務として、その名のもとで実施されることになる。そして慎重で迅速な判断を求められる事項が多くある。このため、校長は、深い教育に関する知識と実務経験が求められる専門性の高い職であり、かつ激務である。

チームとしての学校をスポーツ団体にたとえると、法令の規定どおり監督であり、指導助言にあたるコーチであると言える。

校長を助けて校務をつかさどる副校長

こうした校長の激務から、校長を支える職が設けられている。それが必置の職である教頭であったが、あらたに補佐する職としての副校長が、二〇〇七（平成一九）年六月の学校教育法の一部改正で加えられた。副校長は、以前は東京都教育委員会が独自の施策として任意に置いていたものであったが、この法改正により法律で定められた職となった。しかし、こうした近年の経緯から、副校長が置かれているのは東京都などが中心である。また幼稚園では副校長に相当する**副園長**を置くことができる。教頭は必置の職位だが、副校長を置く場合は教頭を置かないでよい。東京都では副校長を置いて教頭を置かない形となっている。

副校長の職務は、学校教育法第三十七条第五項に「副校長は、校長を助け、命を受けて校務をつかさどる。」と定められている。校長を助けるとは、校長の職務全般にわたって、**補佐**することである。補佐は、あくまでも補佐であるから、単独に判断することではなく、校長が判断して執行することを助けるのである。一方で校長の命令を受けた場合は校長と同様に校務全般をつかさどることができる。実際には校長の職務のなかで副校長が管理する職務を指定しておき、円滑に職務が進むようにする。職員への**職務命令**も含まれることになるので、あらかじめ教育委員会の規程で定めたり、校長が副校長に命じた職務を職員に説明したりすることになる。

また副校長や副園長は、校長や園長の**職務代理**を行うことが、第六項に「副校長は、校長に事故があるときはその職務を代理し、校長が欠けたときはその職務を行う。この場合において、副校長が二人以上あるときは、あらかじめ校長が定めた順序で、その職務を代理し、又は行う。」として規定されている。校長に何らかの事故があって職務が行えないときに、副校長が代理をする。副校長が二人以上いるときには、事前に校長は職務代理の順位を定めておく。具体的には、校長が病気や事故で職務を行えない場合や研修期間などで学校を離れる場合は、職務代理を副校長が、次に教頭が行うことになる。校長が行う非常変災などの臨時休業の決定は、地震や津波では即断即決が求められる。その時刻に校長が不在であれば、速やかに職務代理の副校長などがそれを決断して、避難などの安全対策を実施する。この職務代理については、他の教職員も知っておくことが重要なので、教育委員会の規程で定める手続きにより事前に知らせておくことになる。

校長を助ける教員のリーダーの教頭

教頭は、名称のとおり教員の筆頭、リーダーとなる職である。一九五七（昭和三二）年に学校教育法施行規則の一部改正（昭和三十二年十二月四日文部省令第二十一号）で位置づけられて、当時は教諭のなかの一人が任じられる役割だった。一九七四（昭和四九）年に学校教育法の一部改正（昭和四十九年六月一日法律第七十号）で教頭という独立した職となった。教頭は昔からいるような印象があるが、実はその歴史は意外と短いことになる。

学校教育法第三十七条第七項に「教頭は、校長（副校長を置く小学校にあつては、校長及び副校長）を助け、校務を整理し、及び必要に応じ児童の教育をつかさどる。」とある。教頭は副校長と同様に校長を助ける**補佐**であるが、補佐する対象は、校長のほか、副校長がいる学校では副校長が含まれる。引用した条項では小学校とあるが、中学校などでも準用される。教頭は**必置**だが、小規模の学校など特別な場合は置かないことが認められ、また副校長が置かれると教頭が置かれないことが多い。副校長と教頭の両者がいる学校は、校長、副校長、教頭という順位となる。教頭の職務に校務を**整理**するとあるが、校長や副校長の校務を「つかさどる」という言葉と区別されていることがわかる。校務について最終判断をするのではなく、校長や副校長の職務を補佐して校務が円滑に行われるように整えていく。管理職としての教頭が校長に代わって所属職員を監督して職務命令を発することも可能である。実際には教育委員会の規程などで具体的な職務が定められ、学校の実情に応じて職務を行うことになる。学校により異なるが、校長は校長室の机で職務を行うが、教頭の机は大部屋の職員室にあるのが一般的である。なお、教頭も、副校長に次いで、校長の**職務代理**となる。

教頭が校長や副校長と異なるのは、「必要に応じ児童の教育をつかさどる。」と、子どもたちの**教育**の役割が記されていることである。歴史的経緯として教諭の筆頭者から始まったものであるから、教諭同様に学級担任や教科担任を行うこともある。校長と副校長は管理をもっぱら行うが、教頭は教壇に立って授業を行うこともある。なお、第9章で民間人校長と呼ばれる無免許の者を校長に登用する制度を説明したが、副校長や教頭も管理職として民間人校長と同様の任用や雇用が可能である。しかし教頭が児童生徒に授業を行う場合は、言うまでもなく免許状が必要である。

校長を助けて教育を行う主幹教諭

主幹教諭は、副校長や教頭に次ぐ管理職であるが、教諭としての職務も明確な職である。東京都では主任制に加えてあらたに主幹を位置づけていたが、主幹教諭という名称で二〇〇七（平成一九）年六月の学校教育法の一部改正により位置づけられた。幼保連携型認定こども園では**主幹保育教諭**という。

学校教育法第三十七条第九項に「主幹教諭は、校長（副校長を置く小学校にあつては、校長及び副校長）及び教頭を助け、命を受けて校務の一部を整理し、並びに児童の教育をつかさどる。」とある。主幹教諭は校長、副校長、教頭という上位の管理職を**補佐**することになる。「命を受けて校務の一部を整理し」という文言は、副校長や教頭の職務と比較すると内容がよくわかる。「命を受けて」とあるから、あらかじめ教育委員会の規程の定めや校長、副校長、教頭からの命令が必要である。それに基づいて校務を整理するが、**整理**する範囲は、教頭のように全部ではなく、一部である。校務の一部の整理ということは、実際には校務分掌に従って教諭などが分担している校務をまとめる形で、教務や進路指導といった分野や、学年などを「一部」として整理することが多い。このため第三節で説明するように従来の主任制と重複するので、その関係が学校教育法施行規則で規定されている。法解釈上は管理職であるから、主幹教諭が校長などに代わって所属職員を監督して**職務命令**を発することも可能である。主幹教諭については副校長や教頭などの職務代理の規定は置かれていないが、上位職に万一のことがあれば当然に所属職員を監督していくことになる。

主幹教諭の職務に「児童の教育をつかさどる。」とあるのは、教頭の職務のように「必要に応じ」とは書かれていないので、特例ではなく通常の職務として児童生徒に**教育**を行うということである。主幹教諭は教諭と同様に、学級担任や教科担任となることが普通である。

なお同第三十七条第十九項では、養護や栄養の指導及び管理をつかさどる主幹教諭を置くことができると定めている。これは**養護主幹教諭**や**栄養主幹教諭**と呼ばれ、後にみる養護教諭や栄養教諭が主幹教諭に昇任するケースが想定されている。養護主幹教諭や栄養主幹教諭になる場合は、それぞれ養護教諭や栄養教諭の免許状が必要である。また、養護教諭や栄養教諭の免許状だけでは、「児童の教育をつかさどる」という職務を学級担任や教科担任として行うことはできない。

指導助言にあたる指導教諭

指導教諭は、教諭などへの**指導助言**を職務として行う職である。この指導教諭も、二〇〇七（平成一九）年六月の学校教育法の一部改正であらたに位置づけられた。学校教育法第三十七条第十項で「指導教諭は、児童の教育をつかさどり、並びに教諭その他の職員に対して、教育指導の改善及び充実のために必要な指導及び助言を行う。」と定めている。教諭同様に児童生徒の**教育**をつかさどることが最初の職務である。実際に他の教諭と同じく学級担任や教科担任などを職務として行う。続いて「教諭その他の職員に対して、教育指導の改善及び充実のために必要な指導及び助言を行う。」として、職務としての指導助言が規定されている。指導助言は校長ほかも行うが、指導教諭はこの指導助言を行うために教諭とは別に設けられた職である。教育委員会の指導主事では教科専門別の指導助言が重んじられるが、一つの中学校などでは同じ教科の教諭は多くとも一桁だろうから、学校教育全般や生活指導などの広い分野で指導や助言をすることが主な職務になる。なお、昔から教育実習の学生指導を担当する教諭を指導教諭と言い習わしてきたし、初任者研修で現場の指導にあたる者を**指導教員**と呼ぶが、この職としての指導教諭とは多くは一致しない。幼保連携型認定こども園では、**指導保育教諭**という。

指導教諭の職務は、主幹教諭と違って、校長などの補佐や校務の一部の整理などは定められていない。このため、指導助言により他の教諭をリードする立場であるが、管理職として教職員を監督して職務命令を発する立場ではない。

教育と校務分掌にあたる教諭

学校の教員の最も多数を占めるのが、**必置**の職の教諭である。学校教育法第三十七条第十一項では「教諭は、児童の教育をつかさどる。」と定める。もちろん同第二十七条第九項の幼稚園の教諭では「幼児の保育をつかさどる。」とあり、中学校や高等学校では「生徒の教育をつかさどる。」と読み替える。幼保連携型認定こども園では、**保育教諭**という。

教諭がつかさどる**教育**の範囲は広い。ここで言う教育は教育基本法や学校教育法に定められた、学校教育全般である。それは教科指導だけでなく、特別活動などを含めた全般にわたる。さらに学校経営や学級経営などのため、**校務分掌**で担う役割が含まれる。校長などの管理職の職務は重いものであったが、実際にそれが児童生徒の教育として行われるためには、教諭が教育をつかさどって行うことになる。教育実践というと、各教科の教育だけをイメージしがちだが、学校で行われる教育すべてが実践の範囲であることを自覚しなければならない。学校施設の安全点検をしたり、表簿類を整理したりすることも、大切な教育実践なのである。

幼稚園から高等学校まで、幼児、児童、生徒が毎日の授業で接する教員の大半は、この教諭の職にある者である。この重要性から学校教育の在り方を考えるときには教諭の在り方から考えることになる。第9章でみたとおり、教育職員免許法（昭和二十四年五月三十一日法律第百四十七号）の基本は、この教諭の免許状として定められている。

保健室の養護教諭

子どもたちが「保健室の先生」と呼ぶ教員は、**養護教諭**である。学校教育法第三十七条第十二項には、「養護教諭は、児童の養護をつかさどる。」と簡潔明瞭に規定している。児童生徒の**養護**とは、健康や安全に関する事項全般を指す。学校保健安全法の第七条には「学校には、健康診断、健康相談、保健指導、救急処置その他の保健に関する措置を行うため、保健室を設けるものとする。」とあり、学校に必ず**保健室**を置くことを定めている。養護教論はこの保健室を中心に学校の養護全般をつかさどることが職務である。

養護教諭は小学校、中学校、中等教育学校、特別支援学校では**必置**の職であるが、学校教育法附則第七条で小学校と中学校と義務教育学校と中等教育学校では当分の間、置かないことが認められており、小規模の学校では保健室があっても養護教諭がいないことがある。教育職員免許法では養護教諭の免許状を定めており、養護教諭養成の課程認定を受けた大学で必要な学位と単位を得る場合のほか、保健師や看護師の免許を受けた者が養護教諭養成機関で学ぶ場合などがある。

食育のリーダーの栄養教諭

栄養教諭は、児童生徒の**栄養指導**や**栄養管理**をつかさどる新しい職である。学校給食をはじめとした食に関する指導の充実が、二〇〇四（平成一六）年一月二〇日の中央教育審議会答申「食に関する指導体制の整備について」で提起され、同年に学校教育法の一部改正（平成十六年五月二十一日法律第四十九号）により栄養教諭が新設された。学校教育法第三十七条第十三項には「栄養教諭は、児童の栄養の指導及び管理をつかさどる。」と定められており、食に関する指導と**学校給食**の管理の両方を職務とする。この職ができた後も、この分野は重視されてきた。食育基本法（平成十七年六月十七日法律第六十三号）では、学校における**食育**の推進が強調された。さらに二〇〇八（平成二〇）年一月一七日の中央教育審議会答申「子どもの心身の健康を守り、安全・安心を確保するために学校全体としての取組を進めるための方策について」を受けて、学校給食法（昭和二十九年六月三日法律第百六十号）の第一条に「学校における食育の推進」が掲げられた。
栄養教諭は新しい職位で必置ではなく任意に置かれる職であるため、その任用や雇用は限られており、これからの広がりが期待される。教育職員免許法では栄養教諭の免許状を定めており、管理栄養士や栄養士の免許を受け、かつ課程認定を受けた大学で必要な学位や単位を得ることが求められる。

学校事務を支える事務職員

事務職員は**学校事務**を行う職である。学校教育法第三十七条第十四項には「事務職員は、事務をつかさどる。」とある。人事事務、会計事務、施設管理などの重要な職務であり、校長などの監督のもとで行うことになる。小さな学校では一人もいないこともあるが、複数の事務職員が事務室で執務することが多い。こうした事務組織を整えるため、学校教育法施行規則の一部改正（平成二十一年三月二十六日文部科学省令第五号）では、**事務長**に加えて**事務主任**も置くことができるようになった。

事務職員は高等学校、中等教育学校、特別支援学校で**必置**だが、小学校と中学校では必置でありながら特別な理由があれば置かないことが認められている。事務職員に免許状は求められず、地方自治体に任用された教育公務員ではない地方公務員や、学校法人や国立大学法人に雇用された一般の職員ということになる。しかし、学校経営のなかでも事務は日常的な安定性が求められる根幹的な校務であり、事務職員は学校に不可欠な役割を果たすことになる。

講師と助教諭と養護助教諭

学校教育法第三十七条では、教諭に準じる教員も定めている。同第十五項では「教諭の職務を助ける。」として**助教諭**を規定する。助教諭は教育職員免許法の普通免許状を持つ者がいない場合に、特別に臨時免許状が発行された者を採用したり雇用したりする。助教諭は、教諭と同じように学級担任や教科担任を行う場合もあるし、限られた授業を担当する場合もある。幼保連携型認定こども園では**助保育教諭**という。

同第十六項では「教諭又は助教諭に準ずる職務に従事する。」と**講師**を規定する。講師は教諭と異なって非常勤の者も任じられる。講師については原則として教諭の普通免許状が必要である。講師には、**専任講師**と呼ばれてほぼ教諭と同じ職務を行う場合や、**産休代替講師**や**育休代替講師**として長期に教諭の職を代理する場合は、教諭と同じように児童生徒の教育も校務分掌も行うことが多い。**時間講師**として、担当する授業コマ数を明示して非常勤職として教育にあたる場合もある。

また、同第十七項では、「養護教諭の職務を助ける。」として**養護助教諭**を定める。これは同第十五項の助教諭と同様に、特別な場合に養護助教諭の臨時免許状を受けた者が任じられる。

高等学校の実習助手と技術職員

高等学校では**実習助手**を置くことができる。学校教育法第六十条第四項では、「実習助手は、実験又は実習について、教諭の職務を助ける。」と規定されており、高等学校で行われる実験や実習で教諭の教育を補助することになる。また高等学校では**技術職員**を置くことができる。同第六項では「技術職員は、技術に従事する。」と規定されており、高等学校での専門教育のために必要な機械の運用など技術が必要な校務を行う。この実習助手や技術職員は、中等教育学校や特別支援学校の高等部でも置かれることがある。こうした職は、工業や農業などの専門教育を行う高等学校で置かれることが通例で、普通科の高等学校ではあまり置かれない。

特別支援学校の寄宿舎指導員

特別支援学校では、通学の困難さを解消するために寄宿舎が置かれることが多いが、この寄宿舎には学校教育法第七十九条第一項により**寄宿舎指導員**を置く必要がある。同第二項では、「寄宿舎指導員は、寄宿舎における幼児、児童又は生徒の日常生活上の世話及び生活指導に従事する。」と定められている。

スクールバスによって巡回できる校区であって通学可能な場合は寄宿舎指導員は置かれないが、県に少数しかない視覚障害や聴覚障害に対応した特別支援学校では大きな役割を果たす。

その他の職員

このほか、学校教育法第三十七条第二項では「その他必要な職員」を置くことができることを記している。ここには、他の法令や事情で任用されたり雇用されたりする職員が該当する。

次節で述べる学校校教育法施行規則に定める職なども、その他の職員に含まれる。学校を警備する**学校警備員**、小学校を中心に児童の登下校の安全確保にあたる**学童擁護員**（実際は地域ごとの名称で呼ばれることが多い）などがいる。教員の働き方改革を進めるために、校務のうち、教材の印刷や書類整理などのために、非常勤の職員を雇用する動きも進んでいる。

第二節　学校保健安全法と学校教育法施行規則に定める職

学校医・学校歯科医・学校薬剤師

学校保健安全法（昭和三十三年四月十日法律第五十六号）では、次のように学校の必置の職を定めている。

（学校医、学校歯科医及び学校薬剤師）
第二十三条　学校には、学校医を置くものとする。
2　大学以外の学校には、学校歯科医及び学校薬剤師を置くものとする。
3　学校医、学校歯科医及び学校薬剤師は、それぞれ医師、歯科医師又は薬剤師のうちから、任命し、又は委嘱する。
4　学校医、学校歯科医及び学校薬剤師は、学校における保健管理に関する専門的事項に関し、技術及び指導に従事する。
5　学校医、学校歯科医及び学校薬剤師の職務執行の準則は、文部科学省令で定める。

この第二十三条では、すべての一条校で必置になる**学校医**、大学以外の一条校で必置となる**学校歯科医**と**学校薬剤師**を定めている。これらの専門家は地域で活躍している医師や歯科医や薬剤師であり、学校では非常勤職員の立場にある。しかし学校の保健管理の専門的事項について指導するために、学校の職員として必置とされているのである。

実際には、学校で行う**健康診断**にあたり、保健室の養護教諭に指導助言したり、地域における学校と医療機関の連携などにあたったりする。

学校評議員

学校教育法施行規則においても、学校に置くべき職を定めている。

第四十九条　小学校には、設置者の定めるところにより、学校評議員を置くことができる。
2　学校評議員は、校長の求めに応じ、学校運営に関し意見を述べることができる。
3　学校評議員は、当該小学校の職員以外の者で教育に関する理解及び識見を有するもののうちから、校長の推薦により、当該小学校の設置者が委嘱する。

第四十九条では、小学校に**学校評議員**を置くことを定めており、これは他の学校種別でも準用される。一九九八（平成一〇）年九月二十一日の中央教育審議会答申「今後の地方教育行政の在り方について」により、提起されたものである。第一項に「置くことができる。」とあるので、必置ではなく任意の職であるが、地域と学校の連携、学校教育について学校が自ら評価して公表する**学校評価**のために、外部有識者や保護者や地域住民の意見を聴く必要からも、多くの学校で置かれている。

学校評議員は、第二項にあるとおり、校長の求めに応じ、学校運営に関し意見を述べるもので、外部の有識者として意見を述べて、学校の評価や改善を行うものである。その学校の職員以外に教育に関する理解及び識見を有する者が、校長の推薦により委嘱される。直接に任用される職員ではなく、外部の立場での参加としての役割である。

学校用務員・スクールカウンセラー・スクールソーシャルワーカー

続いて、学校教育法施行規則により学校の職員として置かれる職である。この小学校に関する規定も、中学校などに準用される。

第六十五条　学校用務員は、学校の環境の整備その他の用務に従事する。
第六十五条の二　スクールカウンセラーは、小学校における児童の心理に関する支援に従事する。
第六十五条の三　スクールソーシャルワーカーは、小学校における児童の福祉に関する支援に従事する。

第六十五条には**学校用務員**を定めており、学校の環境の整備その他の用務に従事することが定められている。事務職員とは法律上区別される職であるが、学校の職員として学校の施設設備の管理に大きな役割を果たす。

一九九八（平成一〇）年六月三〇日の中央教育審議会答申「新しい時代を拓く心を育てるために」により強調された**スクールカウンセラー**も、第六十五条の二を根拠としている。臨床心理士など心理学分野の専門的知見を持った者が、非常勤で着任することが多い。

第六十五条の三に規定する**スクールソーシャルワーカー**は、社会福祉の分野の専門家などが任用され、児童虐待や生活保護などの社会福祉の分野から様々なトラブルの相談まで、子どもたちの現実に対応していく専門職である。

指導や引率にあたる部活動指導員

部活動が広く行われている中学校以上の学校に置かれるのが、部活動指導員である。

第七十八条の二　部活動指導員は、中学校におけるスポーツ、文化、科学等に関する教育活動（中学校の教育課程として行われるものを除く。）に係る技術的な指導に従事する。

部活動指導員は、中学校などで、授業以外の部活動で、技術的な指導にあたるものである。従来から活動は、地域のボランティアやスポーツ指導者が行っていたが、それを制度化したものである。学校教育法施行規則の一部を改正する省令（平成二十九年三月十四日文部科学省令第四号）により、二〇一七（平成二九）年四月一日から実施された新しい制度である。部活動指導員は、校長の監督を受けて、実技指導、大会や練習試合などの学校外での活動の引率などにあたる。放課後の部活動指導や休日の引率などが教諭等のサービス残業となっている実態があり、その改革として評価される。

第三節　学校教育法施行規則に定める充て職

職とは異なる充て職

第一節で学校教育法に定める職について概観し、校長、副校長、教頭、主幹教諭、指導教諭、教諭という順に、今日の学校が階層的な構造になっていることを示した。以前の学校は、校長と教諭という二つの職で成り立っていたが、最初に教諭をもって充《あ》てるという**充て職**を整備していき、今日の職の階層構造へと変化していったのが、戦後日本の流れである。なお、充て職を命じられた教諭はあくまでも教諭であり、別の職に昇任したわけではない。職と充て職の違いである。

まず校長の激務を助けるために、一九五七（昭和三二）年に教頭が教諭の充て職として位置づけられて、一九七四（昭和四九）年に今日の学校教育法のように一つの職となった。次に一九七五（昭和五〇）年に学校教育法施行規則の一部改正（昭和五十年十二月二十六日文部省令第四十一号）によって、**主任制**と呼ばれる教諭の充て職が整備された。

このときの主任制は**学校教育法施行規則**に記されて今日も運用されているので、第一節でみた二〇〇七（平成一九）年六月の学校教育法の一部改正による主幹教諭や指導教諭という職と微妙に重なってしまう。全国の学校では各種の主任が定着しているので、学校教育法施行規則では職としての主幹教諭が主任の校務を行う場合には、主任を置かないといった規定が整備されている。また東京都教育委員会では、主幹教諭に次ぐ職として主任教諭という職を独自に定めて二〇〇九（平成二一）年度から任用している。したがって、現在は制度の移行期と言えるが、今後も機能していく教諭の充て職としての主任制を知っておく必要がある。

必置の教務主任と学年主任

学校教育法施行規則に定める主任を見てみよう。

第四十四条　小学校には、教務主任及び学年主任を置くものとする。

2　前項の規定にかかわらず、第四項に規定する教務主任の担当する校務を整理する主幹教諭を置くときその他特別の事情のあるときは教務主任を、第五項に規定する学年主任の担当する校務を整理する主幹教諭を置くときその他特別の事情のあるときは学年主任を、それぞれ置かないことができる。

3　教務主任及び学年主任は、指導教諭又は教諭をもつて、これに充てる。

4　教務主任は、校長の監督を受け、教育計画の立案その他の教務に関する事項について連絡調整及び指導、助言に当たる。

5　学年主任は、校長の監督を受け、当該学年の教育活動に関する事項について連絡調整及び指導、助言に当たる。

第四十四条第一項では、「小学校には、教務主任及び学年主任を置くものとする。」として、教務主任や学年主任を**必置**の職としている。同第三項では「教務主任及び学年主任は、指導教諭又は教諭をもつて、これに充てる。」とあるから、指導教諭や教諭の充て職である。同第二項では主幹教諭がこの校務を行う場合は必置としないことを記している。なお、この条項は、中学校、義務教育学校、高等学校、中等教育学校、特別支援学校にも準用される。

教務主任は、学校全体の教育計画などを担当してまとめるための主任である。同第四項に「教務主任は、校長の監督を受け、教育計画の立案その他の教務に関する事項について連絡調整及び指導、助言に当たる。」とある。

学年主任は、一つの学年を担任する教諭をまとめる主任である。同第五項に「学年主任は、校長の監督を受け、当該学年の教育活動に関する事項について連絡調整及び指導、助言に当たる。」とある。

教務主任も学年主任も、その職務の重要なキーワードは、**連絡調整**と**指導助言**である。校長の監督を受ける立場であるから、職務命令を発する管理職ではない。主任は、たとえば、学校全体の教育計画を検討する教務部会や、学年ごとの教員全員が集まる学年部会といった名称の教諭が集まる会合を開いて、その部会の座長として方針をまとめ上げることになる。

養護教諭と連携する保健主事

学校教育法施行規則では、主任ではなく、保健主事という名称の充て職もある。

第四十五条　小学校においては、保健主事を置くものとする。
2　前項の規定にかかわらず、第四項に規定する保健主事の担当する校務を整理する主幹教諭を置くときその他特別の事情のあるときは、保健主事を置かないことができる。
3　保健主事は、指導教諭、教諭又は養護教諭をもつて、これに充てる。
4　保健主事は、校長の監督を受け、小学校における保健に関する事項の管理に当たる。

保健主事も養護主幹教諭がいない場合は、**必置**である。第四十五条第三項では「保健主事は、指導教諭、教諭又は養護教諭をもつて、これに充てる。」とされ、同第四項では、「保健主事は、校長の監督を受け、小学校における保健に関する事項の管理に当たる。」と規定されている。一般には保健主事は養護教諭の職務と重複するように思えるが、一九九五（平成七）年の改正までは養護教諭ではなく教諭の充て職であった。現在も、保健室に一人しかいない養護教諭を助けるために教諭がなることも多い。保健主事としての職務には他の主任と違って連絡調整や指導助言という文言はないが、学校全体の保健計画の策定にあたり、保健管理や保健教育を調整し、学校医、学校歯科医、学校薬剤師、養護教諭と一般の教諭との連絡調整を行うなど、範囲の広い職務である。なお、この条項は、中学校、高等学校、中等教育学校、特別支援学校にも準用される。

事務長と事務主任

事務室の事務職員にも充て職がある。

第四十六条　小学校には、事務長又は事務主任を置くことができる。
2　事務長及び事務主任は、事務職員をもつて、これに充てる。
3　事務長は、校長の監督を受け、事務職員その他の職員が行う事務を総括する。
4　事務主任は、校長の監督を受け、事務に関する事項について連絡調整及び指導、助言に当たる。

事務長や**事務主任**は、学校教育法施行規則第四十六条第一項により置くことができ、同第二項により事務職員の充て職となる。こちらは任意の職である。その職務は同第三項に「事務長は、校長の監督を受け、事務職員その他の職員が行う事務を総括する。」とあり、同第四項に「事務主任は、校長の監督を受け、事務に関する事項について連絡調整及び指導、助言に当たる。」とある。事務長も事務主任も校長の監督下にあるが、事務長は事務を総括するので事務主任よりも上位の職である。事務長や事務主任を任意に置く規定は中学校でも準用されているが、第八十二条では高等学校の事務長は必置の職となっており、中等教育学校と特別支援学校でも準用される。小学校や中学校では事務職員一人という職場もあるが、高等学校などでは規模も大きく、複数の事務職員のなかに事務長という責任者が必要となるからである。
このほか、必要に応じて校務を分担する主任などを置くことが、学校教育法施行規則第四十七条で認められている。なお、この条項は、中学校、高等学校、中等教育学校、特別支援学校にも準用される。

生徒指導主事と進路指導主事

学校教育法施行規則には、小学校に規定されていない充て職が、中学校などにある。

第七十条　中学校には、生徒指導主事を置くものとする。
2　前項の規定にかかわらず、第四項に規定する生徒指導主事の担当する校務を整理する主幹教諭を置くときその他特別の事情のあるときは、生徒指導主事を置かないことができる。
3　生徒指導主事は、指導教諭又は教諭をもつて、これに充てる。
4　生徒指導主事は、校長の監督を受け、生徒指導に関する事項をつかさどり、当該事項について連絡調整及び指導、助言に当たる。

生徒指導をつかさどり、連絡調整や指導助言を行う**生徒指導主事**である。第七十条第一項で**必置**としている。この充て職も、同第三項で指導教諭か教諭を充てて、同第二項で担当する主幹教諭がいる場合は置かないことができるとしている。その職務は同第四項に「生徒指導主事は、校長の監督を受け、生徒指導に関する事項をつかさどり、当該事項について連絡調整及び指導、助言に当たる。」とある。こちらは主任ではなく主事という言い方で、「生徒指導に関する事項をつかさどり」と重い表現が用いられている。しかし、校長の監督のもとで**連絡調整**や**指導助言**にあたる点で、教務主任や学年主任と同様の規定がなされていることになる。

第七十一条　中学校には、進路指導主事を置くものとする。
2　前項の規定にかかわらず、第三項に規定する進路指導主事の担当する校務を整理する主幹教諭を置くときは、進路指導主事を置かないことができる。
3　進路指導主事は、指導教諭又は教諭をもつて、これに充てる。校長の監督を受け、生徒の職業選択の指導その他の進路の指導に関する事項をつかさどり、当該事項について連絡調整及び指導、助言に当たる。

小学校にはないもう一つの充て職が、職業選択の指導や進路指導をつかさどり、連絡調整や指導助言にあたる**進路指導主事**である。学校教育法施行規則第七十一条第一項で**必置**としている。この充て職も、同第三項前段で指導教諭か教諭を充てて、同第二項で担当する主幹教諭がいる場合は置かないことができるとしている。その職務は第三項後段に「校長の監督を受け、生徒の職業選択の指導その他の進路の指導に関する事項をつかさどり、当該事項について連絡調整及び指導、助言に当たる。」とある。こちらも主任ではなく、主事という言い方で、「つかさどり」という重い職務が規定されている。校長の監督のもとで連絡調整や指導助言にあたるという点では、主任と同様の職務である。

進路指導や生活指導は、中学校では学校全体の課題となっていくから、この主事が置かれることになる。生徒指導主事と進路指導主事は高等学校、中等教育学校、特別支援学校にも準用して置かれる。

高等学校の学科主任など

専門教育を行う高等学校では、二つ以上の専門学科に分かれる場合に置く学科主任や、農業に関する専門教育を行う場合に置く農場長が学校教育法施行規則に定められている。

第八十一条　二以上の学科を置く高等学校には、専門教育を主とする学科（以下「専門学科」という。）ごとに学科主任を置き、農業に関する専門学科を置く高等学校には、農場長を置くものとする。

2　前項の規定にかかわらず、第四項に規定する学科主任の担当する校務を整理する主幹教諭を置くときその他特別の事情のあるときは学科主任を、第五項に規定する農場長の担当する校務を整理する主幹教諭を置くときその他特別の事情のあるときは農場長を、それぞれ置かないことができる。

3　学科主任及び農場長は、指導教諭又は教諭をもつて、これに充てる。

4　学科主任は、校長の監督を受け、当該学科の教育活動に関する事項について連絡調整及び指導、助言に当たる。

5　農場長は、校長の監督を受け、農業に関する実習地及び実習施設の運営に関する事項をつかさどる。

第八十一条第一項で、該当するケースではこれらの充て職を必置としている。これも、同第三項で指導教諭か教諭を充て、同第二項で担当する主幹教諭がいる場合は置かないことができるとしている。**学科主任**は、同第四項に「学科主任は、校長の監督を受け、当該学科の教育活動に関する事項について連絡調整及び指導、助言に当たる。」

とあり、高等学校内の専門学科の責任者として**連絡調整**と**指導助言**を行う職である。**農場長**は、同第五項に「農場長は、校長の監督を受け、農業に関する実習地及び実習施設の運営に関する事項をつかさどる。」とあり、農業教育における農場実習の重要性から置かれる長である。

学校図書館法による司書教諭

また**学校図書館法**（昭和二十八年八月八日法律第百八十五号）は、小学校、中学校、高等学校、中等教育学校、特別支援学校の**学校図書館**の設置義務を規定しており、**司書教諭**を置くことを義務づけた。ただし学校規模などによって置かないことも認められている。同第五条第二項では、司書教諭は養護主幹教諭と栄養主幹教諭を除く主幹教諭、指導教諭、教諭が充てられる。司書教諭の資格は、指定された講習を受けて修了することであり、教育職員免許法による免許ではない。これも充て職の一つとみてよい。

第四節　教員の人数

ここまで学校職員の職や職務に関する規定を見てきたので、人数についての規定や統計を確認しておこう。学校職員の人数は、学校教育法施行規則や**幼稚園設置基準**、**小学校設置基準**、**中学校設置基準**、**高等学校設置基準**によって規定されている。これらの基準はいわば最低基準であるから、それ以上のものが求められる。また、公立学校ではさらに法令が定められている。

公立の小学校や中学校では**義務教育標準法**と呼ばれる公立義務教育諸学校の学級編制及び教職員定数の標準に関

する法律（昭和三十三年五月一日法律第百十六号）があり、公立の高等学校では**高校標準法**と呼ばれる公立高等学校の適正配置及び教職員定数の標準等に関する法律（昭和三十六年十一月六日法律第百八十八号）がある。これらによって**学級編制**や**教職員定数**が定められる。これらの法律では**教職員**という用語で、教員や事務職員を含めた職員を呼んでいる。

たとえば、小学校の一学級は義務教育標準法により四〇名を下回る人数で学級編制を行う。これが一九八〇（昭和五五）年からの**四〇人学級**という原則である。さらに、二〇一一（平成二三）年には義務教育標準法の一部改正（平成二十三年四月二十二日法律第十九号）が成立して、少人数学級を推進するため公立小学校の第一学年の学級編制の標準を改めて、**三五人学級**とした。これはあくまでも小学校一年生のクラスのみであり、二〇二一（令和三）年度予算をめぐっても、今後のさらなる少人数学級の推進は検討課題として発表されている。

この学級数に基づいて、**教員定数**が計算される。この法律の規定を基本として、都道府県や市町村の教育委員会の施策によって実際の学校の教員などが配置される。たとえば、学級数二〇の小学校を義務教育標準法で単純計算すると校長一人、教頭一人、教諭二二・四人、養護教諭一人、事務職員一人の合計二六人余りとなる。実際には、都道府県や市町村が独自に任用した専任や非常勤の職員が加わって、学校名簿では倍以上になるのが普通である。

図表2に学校種ごとの教員人数、図表3に本務教員のみの職種別の人数を、二〇二〇（令和二）年五月一日現在の学校基本調査に基づいて整理した。

図表2をもとに、幼児・児童・生徒数を本務教員数で割ると、四〇人学級や三五人学級といっても、教員一人あたり二〇人以下になっている様子がわかる。もちろん授業を担当していない時間帯もあるから、一学級が二〇人ということではない。特別支援学校では特別なニーズに対応した教育をするためにも教員数は多くなっている。

図表 2　教員数と職員数

2020（令和 2）年 5 月 1 日現在

区分	学校数	学級数	幼児 児童 生徒数	教員数				職員数（本務者）
				本務者			兼務者	
				計	男	女		
幼稚園	9,698	50,780	1,078,496	91,785	6,026	85,759	20,911	16,718
幼保連携型認定こども園	5,847	26,111	759,013	120,785	6,245	114,540	19,938	24,412
小学校	19,525	273,117	6,300,693	422,554	159,369	263,185	48,457	62,161
中学校	10,142	118,581	3,211,219	246,814	138,833	107,981	44,631	28,205
義務教育学校	126	2,376	49,677	4,486	2,084	2,402	495	603
高等学校	4,874	58,944	3,092,064	229,245	154,668	74,577	72,613	44,899
中等教育学校	56	792	32,426	2,683	1,738	945	812	402
特別支援学校	1,149	36,497	144,823	85,933	32,746	53,187	6,070	14,027

令和 2 年度学校基本調査第 1 表より抜粋して作成。

図表 3　職名別教員数（つづき）

区分	主幹栄養教諭		栄養教諭		講師		教育補助員	
	男	女	男	女	男	女	男	女
幼稚園	–	–	1	76	146	3,037	334	4,106
幼保連携型認定こども園	1	164	12	1,398	82	1,899	–	–
小学校	–	–	107	4,548	9,434	19,121	–	–
中学校	–	–	41	1,463	9,460	8,410	–	–
義務教育学校	–	–	3	46	165	243	–	–
高等学校	–	–	1	7	11,105	6,347	–	–
中等教育学校	–	–	1	5	101	71	–	–
特別支援学校	–	–	16	510	3,768	6,103	–	–

令和 2 年度学校基本調査第 14, 34, 54, 82, 109, 144, 188, 214 より抜粋して作成。

*幼保連携型認定こども園ではそれぞれ主幹保育教諭、指導保育教諭、保育教諭、助保育教諭にあたる。

図表３　職名別教員数

（本務教員のみ）2020（令和２）年５月１日現在

区分	計	男	女	園長・校長		副園長・副校長	
				男	女	男	女
幼稚園	91,785	6,026	85,759	3,162	4,616	653	2,453
幼保連携型認定こども園	120,785	6,245	114,540	2,148	3,411	709	2,768
小学校	422,554	159,369	263,185	14,790	4,113	1,307	606
中学校	246,814	138,833	107,981	8,352	682	951	169
義務教育学校	4,486	2,084	2,402	113	10	62	19
高等学校	229,245	154,668	74,577	4,301	393	1,199	134
中等教育学校	2,683	1,738	945	46	2	34	3
特別支援学校	85,933	32,746	53,187	764	240	215	91

区分	教頭		主幹教諭*		指導教諭*		教諭*	
	男	女	男	女	男	女	男	女
幼稚園	94	1,327	156	3,200	56	1,215	1,720	68,196
幼保連携型認定こども園	60	518	261	7,708	109	2,816	2,821	91,355
小学校	12,814	5,080	5,661	4,657	518	787	113,801	201,820
中学校	7,973	1,386	4,676	1,754	431	366	106,705	83,341
義務教育学校	146	68	95	45	9	16	1,488	1,719
高等学校	5,569	716	3,476	675	656	182	127,949	59,137
中等教育学校	63	10	81	24	7	3	1,404	740
特別支援学校	1,012	485	871	652	65	92	25,892	42,581

区分	助教諭*		主幹養護教諭		養護教諭		養護助教諭	
	男	女	男	女	男	女	男	女
幼稚園	37	1,247	–	–	1	297	–	95
幼保連携型認定こども園	38	2,277	–	8	4	208	–	10
小学校	904	1,235	–	–	29	19,483	4	1,735
中学校	237	107	–	–	6	9,618	1	685
義務教育学校	3	4	–	–	–	206	–	26
高等学校	394	444	–	–	13	6,044	5	498
中等教育学校	1	2	–	–	–	77	–	8
特別支援学校	116	165	–	–	21	1,803	6	195

図表3では、新しい職である副校長、主幹教諭、指導教諭、栄養教諭が広がっていることがわかる。男女別の動向も興味深い。近代日本における女性の社会進出の先行例が教員であったが、校長の職は幼稚園の園長を除いて男性優位である。なお、幼稚園にいる教育補助員は、免許状の有無を問わず教育活動の補助にあたる職である。

現在の教員は、チーム学校の一員という位置づけが重視されている。かつては主任制が教育の管理的側面を強めるとして反発された時代があったが、現代では副校長や主幹教諭という新しい職が学校の組織力を増すものとして歓迎されているように思える。もちろん、学校は直接に人間に働きかける教育という営みの場である限り、その職にかかわらずすべての教員が子どもや保護者に責任を持って対応していくことが基本である。一人の教員が、学校全体として責任を果たす組織力と、児童生徒一人ひとりに働きかける組織力の両方を持つことが必要である。

この章では、法令に基づく職と職務を中心に説明したが、学校での職の在り方や校務分掌の実際は、現場でなければ理解しにくいところでもある。教員を目指す者は、教育実習や学校ボランティアなどを通じて、学校の教員の実践に近づき、その実際を見聞し、直接に教員に尋ねて、考えてほしい。

第12章
教員の働き方

キーワード

教員の働き方改革　勤務時間　給特法　教職調整額　人確法
在校等時間　上限ガイドライン

要　約

民間企業で取り組まれる働き方改革は、学校においても教員の働き方改革として取り組まれている。教員の勤務時間は、給特法で教職調整額を上乗せして、さらに人確法により優遇することで、自分自身の判断による残業や土日の部活動の引率などについては手当が補償されないという問題がある。日本の教員は世界的にも働き過ぎであり、深刻な問題となっている。授業以外の学校での勤務も、引率等の学校外での勤務も、在校等時間として正確に把握して、文部科学省が定める上限ガイドラインを超えないようにする必要がある。また、教員でないとできない授業や校務と、それ以外の他のスタッフに可能な職務を区別して、チーム学校としての役割の見直しが必要である。

「教員は聖職者である」という見方は、伝統的な考え方ではある。第2章でみたように、歴史的にも宗教の指導者が教師となる例は少なくないが、むしろ教師の持つ社会的使命や期待が込められた理解とも言える。しかし、現実の宗教指導者たちに衣食住や睡眠が必要であるように、使命や期待の高さと、人間としての基本的な生活条件の保持は矛盾するものではない。こうした理解のなかで、生きている人間としての教員の在り方が他の職業の労働者より軽視され、さらに深刻なことは高い使命感を持つ教師自身が、自らの生活を犠牲にすることに甘んじてきた側面がある。しかし、教員は次の世代を育成するための職務を果たしているのだから、自ら模範となって、自らの生活を確立することが本来的な役割であろう。

第一節　労働基準法と働き方改革

労働基準法と労働時間

教員の勤務時間などについては、第4章において、**地方公務員法**（昭和二十五年十二月十三日法律第二百六十一号）の第三十五条が定める**職務に専念する義務**で概観した。

この**勤務時間**という用語は、**労働基準法**（昭和二十二年四月七日法律第四十九号）の労働時間にあたり、働く人々はこの法律の**労働者**の規定を前提とする。第九条は「この法律で「労働者」とは、職業の種類を問わず、事業又は事務所（以下「事業」という。）に使用される者で、賃金を支払われる者をいう。」というが、全体の奉仕者として国や地方公共団体に使用されている公務員もまた労働者なのである。もう一つ、労働法令を読むときのキーワードで**使用者**という言葉も覚えておいてほしい。第十条で、「この法律で使用者とは、事業主又は事業の経営担当者その他その事業の労働者に関する事項について、事業主のために行為をするすべての者をいう。」とあり、多くの民間企業では取締役だけではなく、部長や課長などと呼ばれる管理職が相当する。

労働基準法の第三十二条は、すべての労働者について労働時間を週あたり四〇時間以下、一日あたり八時間以下とした。さらに第三十四条では労働時間が一日あたり六時間を超える場合は四五分、八時間を超える場合は一時間の**休憩時間**が与えられ、第三十五条では毎週一日の**休日**が与えられることになっている。労働基準法は最低限の基準を定める法律で、実際にはこの戦後改革期の基準よりもよい労働条件を目指したものである。

民間の労働時間は徐々に改善され、二〇〇八（平成二〇）年八月一一日に人事院は民間との均衡を図るため、一日七時間四五分、一週三八時間四五分とする勧告を行った。この人事院勧告に基づいて、一般職の職員の勤務時間、休暇等に関する法律（平成六年六月十五日法律第三十三号）つまり**勤務時間法**の改正が行われて、同年九月一日より施行された。これは国家公務員の規定であるが、地方自治体の勤務時間条例などの改正も行われ、教育公務員にも適用されている。

時間外労働と休日労働

労働基準法では、労働時間の原則に対して、現場の実態に応じて、例外も規定している。つまり、**時間外労働**や**休日労働**も必要となってくるので、労働基準法第三十六条により職場の過半数以上の労働者で組織する労働組合や代表と使用者の間で、条文から**三六協定**《さぶろく》と通称される協定書を結んで、例外を認めることができる。こうした場合には第三十七条により**超過勤務手当**として、時間外労働には二五％、休日労働には三五％、さらに時間外労働が月六〇時間を超えるときは超過時間について五〇％の割り増しをした賃金を支払うことになる。こうした法律や届出のあった三六協定などに基づいて、**労働基準監督署**が職場の労働条件を監督することになる。

さらに労働基準法は、第三十三条（災害等による臨時の必要がある場合の時間外労働等）でも、災害などの緊急事態の例外も規定している。その第三項には公務員についての例外があり、「公務のために臨時の必要がある場合」については、「官公署の事業（別表第一に掲げる事業を除く。）に従事する国家公務員及び地方公務員について」時間外労働や休日労働ができることを定めた。

臨時の必要で時間外労働等の対象となる公務員について、「別表第一」に掲げる事業は除外すると書かれている。この「別表第一」には各産業の事業分野が明記されており、明治以来日本では国営の鉄道や郵便などの事業があったので、こうした事業分野は民間企業同様に三六協定が必要だとなっているのである。そしてこの「別表第一」には、「教育、研究又は調査の事業」とあり国公立の学校や研究所も三六協定が必要となっていた。ここまでの規定では、昔の国鉄や郵便局の職員と同じように、教員の労働は、民間企業と同様に保障されているように読める。

給特法の成立

現行法令の基本的な読み取りだけでも随分と複雑であるが、歴史はさらに複雑である。

まず国家公務員については、すでに一九四九（昭和二四）年から時間外手当が制度化され、現在の**給与法**と略称される一般職の職員の給与に関する法律（昭和二十五年四月三日法律第九十五号）においても、第十六条（超過勤務手当）、第十七条（休日給）、第十八条（夜勤手当）などで労働基準法と同様の加算も明記されている。この法律は、一般の国家公務員を対象としており、一般の地方公務員はこれに準じた条例を地方公共団体が定めている。そして問題は、こうした法律や条例では教員が対象とされていないことである。

こうしたことに対して教員は不満を持ち、残業代の不払いについて裁判で争われる事例も起こり、労働基準法に照らして判断すると、原告の教員が勝訴となる。人事院も一九六三（昭和三八）年には超過勤務手当を支払うべきだという見解を示した。そして一九六六（昭和四一）年には、文部省が、教員勤務状況調査を実施して、小学校では週一時間半、中学校で週二時間半の超過勤務があることが判明して、これを受けて超過勤務手当支給の準備まで行われた。ところが、教師は一般の労働者とは違うという側面が強調されて、給与に対して一定割合の手当を加算する法律を制定する方向へと進んだ。これが、**給特法**と呼ばれる公立の義務教育諸学校等の教育職員の給与等に関する特別措置法（昭和四十六年五月二十八日法律第七十七号）である。

（趣旨）

第一条　この法律は、公立の義務教育諸学校等の教育職員の職務と勤務態様の特殊性に基づき、その給与その他の勤務条件について特例を定めるものとする。

給特法の第一条には、「教育職員の職務と勤務態様の特殊性」という文言がある。これは教員を優遇する規定とも読める。一般の労働者と使用者の世界でいうと、残業や休日出勤は、使用者が命令して、かつ、それが業務でなければ、成立しない。これに対して教員は、上司による職務命令はまれであるという前提で、自発的な意思や判断によって自ら職務として残業したり休日出勤をしている勤務態様があるという意味である。

この第二条（定義）は、対象を公立学校の校長と様々な職の教員を教育職員と呼んで対象としていて、一般の公務員に準じる学校事務員は含んでいない。

（教育職員の教職調整額の支給等）

第三条　教育職員（校長、副校長及び教頭を除く。以下この条において同じ。）には、その者の給料月額の百分の四に相当する額を基準として、条例で定めるところにより、教職調整額を支給しなければならない。

2　教育職員については、時間外勤務手当及び休日勤務手当は、支給しない。

〔第三項以下省略〕

この第三条（教育職員の教職調整額の支給等）においては、校長、副校長、教頭を除いて、**教職調整額**を支給することにより、時間外勤務手当及び休日勤務手当は支給しないと定められている。念のために言うと、民間企業などでも使用者側の立場にある課長以上の管理職は、残業を命じる立場にあって、自らは命じられないので、管理職手当を支給されて残業の対象とならないことが普通である。ただ、一般の公務員や民間の労働者と比べても普通ではないのが、教職調整額で給料が四％増しであるから、時間外勤務手当も休日勤務手当も支給しないとしたことである。

もちろん四％の増額が、超過勤務手当と比べて多いならば優遇と言える。根拠とされたのは一九六六（昭和四一）年の教員勤務状況調査の小学校では週一時間半、中学校で週二時間半の超過勤務というデータであるが、週四〇時間労働の四％は九六分であるから、中学校の教員は損をしていることになる。そして、二〇二一（令和三）年一月現在に至るまでこの四％という比率は改正されることはなかった。

また、給特法に基づいて、勤務時間政令と呼ばれる公立の義務教育諸学校等の教育職員を正規の勤務時間を超えて勤務させる場合等の基準を定める政令（平成十五年十二月三日政令第四百八十四号）が定められており、**超勤四項目**と呼ばれるものが、明示されている。すなわち「イ　校外実習その他生徒の実習に関する業務」と「ロ　修学旅行その他学校の行事に関する業務」と「ハ　職員会議（設置者の定めるところにより学校に置かれるものをいう。）に関する業務」と「ニ　非常災害の場合、児童又は生徒の指導に関し緊急の措置を必要とする場合その他やむを得ない場合に必要な業務」である。しかし、実際にはこの四項目に限らない業務が残業の理由となっていることも、第二節にみるように事実である。

人確法による優遇処置

給特法の四％の教職調整額や超勤四項目はその後も変化がないが、一九七〇（昭和四五）年には高度経済成長を経て、優秀な教員人材が民間に流れるという観点からも、給与の改善が図られた。これが、一九七四（昭和四九）年に制定された**人確法**と略称される学校教育の水準の維持向上のための義務教育諸学校の教育職員の人材確保に関する特別措置法（昭和四十九年二月二十五日法律第二号）である。この第一条（目的）に「義務教育諸学校の教育職員の給与について特別の措置を定めることにより、すぐれた人材を確保し、もつて学校教育の水準の維持向上に資することを目的とする。」とあるように、高度成長期の民間企業等との均衡をも勘案して、教員の給与をさらに優遇するためのものである。対象は第二条（定義）で**義務教育諸学校**として、学校教育法（昭和二十二年三月三十一日法律第二十六号）に規定する「小学校、中学校、義務教育学校、中等教育学校の前期課程又は特別支援学校の小学部若しくは中学部」と規定し、**教育職員**として「校長、副校長、教頭及び教育職員免許法（昭和二十四年五月二十五日法律第百四十七号）第二条第一項に規定する教員」と規定しているので、給特法と同様になる。第三条（優遇措置）として、「義務教育諸学校の教育職員の給与については、一般の公務員の給与水準に比較して必要な優遇措置が講じられなければならない。」と文字どおり**優遇措置**を定めている。

第二節　教員の働き方改革

働き過ぎの実態

一九六六（昭和四一）年の教員勤務状況調査から四〇年を経過した二〇〇六（平成一八）年に、文部科学省は、二度目となる教員勤務実態調査を行った。[*1] ここでは、超過勤務時間は、月三四時間となり、一月を四週間と概算しても、四〇年で五〜三倍程度は増加したことになる。その後二〇一六（平成二八）年度の教員勤務実態調査では、「定められている勤務開始・終了時刻 八：一五〜一六：四五」に対して、「出勤・退勤時刻の平均（平均年齢 四一・一歳）」として、小学校「七：三〇〜一九：〇一」と中学校「七：二七〜一九：一九」であり、「一日当たりの学内勤務時間」として小学校「一一時間一五分」と中学校「一一時間三二分」であると発表した。[*2]

また国際調査では、**OECD**による**TALIS**と呼ばれる国際教員指導環境調査（Teaching and Learning International Survey）がある。[*3] 二〇〇八（平成二〇）年の第一回調査に日本は参加していないが、二〇一三（平成二五）年の第二回調査に中学校について参加して、二〇一四（平成二六）年に結果が発表されて、教員の**働き過ぎ**という実感を国際比較によって実証することとなった。

この時に注目された二〇一三（平成二五）年の日本の教員の一週間あたりの勤務時間は、参加国平均三八・三時間に対して、日本五三・九時間と、労働基準法の四〇時間を大幅に超えて、参加国で最長であった。さらに内訳について、教員が指導（授業）に使ったと回答した時間は、参加国平均と同程度であったが、課外活動（スポーツ・

文化活動）の指導時間（日本七・七時間、参加国平均二・一時間）が大幅に長く、一般的事務業務（日本五・五時間、参加国平均二・九時間）、学校内外で個人で行う授業の計画や準備に使った時間（日本八・七時間、参加国平均七・一時間）等も長い傾向にあった。この結果は、その後の中央教育審議会の答申でも繰り返し引用されて重大視された。

さらに第三回調査が二〇一八（平成三〇）年に小学校と中学校について実施されている。文部科学省の発表資料をもとに、時間の内訳を図表1に示した。[*4]

働き方改革

働き方改革とは、一億総活躍社会という理念を掲げる安倍晋三内閣において提唱されたもので、二〇一六（平成二八）年八月三日に働き方改革担当大臣と略称される国務大臣（誰もが活躍できる社会を目指し多様な働き方を可能とする「働き方改革」を総合的に推進するため企画立案及び行政各部

図表1　2018年の教師の1週間あたりの仕事時間
文部科学省「OECD国際教員指導環境調査（TALIS）2018報告書」より

		仕事時間の合計	指導（授業）	学校内外で個人で行う授業の計画や準備	学校内での同僚との共同作業や話し合い	児童生徒の課題の採点や添削	児童生徒に対する教育相談（例：児童の監督指導、インターネットによるカウンセリング、進路指導、非行防止指導）
中学校	日本	56.0時間	18.0時間	8.5時間	3.6時間	4.4時間	2.3時間
	日本（前回調査）	（53.9時間）	（17.7時間）	（8.7時間）	（3.9時間）	（4.6時間）	（2.7時間）
	参加48か国平均	38.3時間	20.3時間	6.8時間	2.8時間	4.5時間	2.4時間
小学校	日本	54.4時間	23.0時間	8.6時間	4.1時間	4.9時間	1.3時間

		学校運営業務への参画	一般的な事務業務（教員として行う連絡事務、書類作成その他の事務業務を含む）	職能開発活動	保護者との連絡や連携	課外活動の指導（例：放課後のスポーツ活動や文化活動）	その他の業務
中学校	日本	2.9時間	5.6時間	0.6時間	1.2時間	7.5時間	2.8時間
	日本（前回調査）	（3.0時間）	（5.5時間）	−	（1.3時間）	（7.7時間）	（2.9時間）
	参加48か国平均	1.6時間	2.7時間	2.0時間	1.6時間	1.9時間	2.1時間
小学校	日本	3.2時間	5.2時間	0.7時間	1.2時間	0.6時間	2.0時間

の所管する事務の調整担当）を置いて、さらに内閣総理大臣の私的諮問機関である「働き方改革実現会議」を設置したことなどで本格化した動きである。働き方改革担当大臣は本書執筆の二〇二一（令和三）年一月現在で第五代となっている。この具体的改革として、働き方改革関連法と略称される働き方改革を推進するための関係法律の整備に関する法律（平成三十年七月六日法律第七十一号）が公布され、労働基準法などが改正されて、二〇一九（平成三一）年四月一日より順次施行された。この法改正の焦点として一つには、**時間外労働の上限**について、月四五時間、年三六〇時間を原則とし、臨時的な特別な事情がある場合でも年七二〇時間、単月一〇〇時間未満と複数月平均八〇時間（休日労働を含む）を限度に設定した。また、**年次有給休暇**の確実な取得のために使用者は、一〇日以上の年次有給休暇が付与されるすべての労働者に対し毎年五日、時季を指定して有給休暇を与える必要が定められた。さらに、正規と非正規雇用の労働者間の不合理な待遇の差が禁止された。

また、多様な働き方を可能とするために、フレックスタイム制を拡充して、労働時間を調整できる期間を延長するなどの制度が確立され、高度プロフェッショナル制度として、高度の専門的知識等を有し、職務の範囲が明確で一定の年収要件を満たす労働者を対象として、割増賃金を適用しない制度が運用可能となった。

こうした動向は、言うまでもなく、労働法規の上で民間企業の労働者や一般の公務員と区別された教員について、独自の**教員の働き方改革**を促進するものとなった。

中央教育審議会の動向

二〇一五（平成二七）年一二月二一日の中央教育審議会答申「チームとしての学校の在り方と今後の改善方策について」は、二〇一三（平成二五）年実施のＴＡＬＩＳを前提として**チームとしての学校**を提起している。すなわち最も長い勤務時間とともに、専門スタッフの配置の遅れを指摘して、体制の整備を提言しているのである。

さらに勤務時間に焦点を絞って論じたのが、二〇一九（平成三一）年一月二五日の中央教育審議会答申「新しい時代の教育に向けた持続可能な学校指導・運営体制の構築のための学校における働き方改革に関する総合的な方策について」である。この答申に先だって中央教育審議会は、二〇一七（平成二九）年一二月二二日に「中間まとめ」を発表し、さらに文部科学大臣決定として一二月二六日「学校における働き方改革に関する緊急対策」を発表して、学校における**働き方改革**を呼びかけた。二〇一八（平成三〇）年二月九日には通知「学校における働き方改革に関する緊急対策の策定並びに学校における業務改善及び勤務時間管理等に係る取組の徹底について」（平成三十年二月九日二九文科初第千四百三十七号、文部科学事務次官発、各都道府県教育委員会教育長・各指定都市教育委員会教育長宛）として任命権者たる教育委員会に徹底した。そして答申と同時に、二〇一九（平成三一）年一月二五日に「公立学校の教師の勤務時間の上限に関するガイドライン」を公表して実効性ある対応を求めた。

答申の内容は多岐にわたるが、二〇〇六（平成一八）年と二〇一六（平成二八）年の二つの教員勤務実態調査をもとにして、小学校や中学校の教員の勤務時間は、一〇年間で比較しても増加しており、若手教師の増加、総授業時間数の増加、中学校における部活動指導時間の増加をあげて、働き方改革の実現には、文部科学省・教育委員会・管理職等がそれぞれに権限と責任があるとした。

また、教員の職務を整理して、図表2のように、学校及び教師が担う業務の明確化・適正化として、学校以外が担うべき業務、教師以外が担うべき業務、さらに負担の軽減の可能性などを示唆している。

このほか、答申の内容は、チーム学校の提起を踏まえた様々な専門家や地域との連携など多岐に及ぶが、すでに述べた現在までの法令の見直しを提起した点も注目される。

図表2　学校及び教師が担う業務の明確化・適正化

2019年12月21日中央教育審議会答申「新しい時代の教育に向けた持続可能な学校指導・運営体制の構築のための学校における働き方改革に関する総合的な方策について」より

基本的には学校以外が担うべき業務	学校の業務だが、必ずしも教師が担う必要のない業務	教師の業務だが、負担軽減が可能な業務
①登下校に関する対応 ②放課後から夜間などにおける見回り、児童生徒が補導された時の対応 ③学校徴収金の徴収・管理 ④地域ボランティアとの連絡調整 ※その業務の内容に応じて、地方公共団体や教育委員会、保護者、地域学校協働活動推進員や地域ボランティア等が担うべき。	⑤調査・統計等への回答等 （事務職員等） ⑥児童生徒の休み時間における対応 （輪番、地域ボランティア等） ⑦校内清掃 （輪番、地域ボランティア等） ⑧部活動（部活動指導員等） ※部活動の設置・運営は法令上の義務ではないが、ほとんどの中学・高校で設置。多くの教師が顧問を担わざるを得ない実態。	⑨給食時の対応（学級担任と栄養教諭等との連携等） ⑩授業準備（補助的業務へのサポートスタッフの参画等） ⑪学習評価や成績処理（補助的業務へのサポートスタッフの参画等） ⑫学校行事の準備・運営（事務職員等との連携、一部外部委託等） ⑬進路指導（事務職員や外部人材との連携・協力等） ⑭支援が必要な児童生徒・家庭への対応（専門スタッフとの連携・協力等）

の**給特法**と略称される公立の義務教育諸学校等の教育職員の給与等に関する特別措置法については、勤務時間管理の意識が希薄化し、時間外勤務縮減の取り組みが進まない実態を指摘して、**超勤四項目**以外の業務のための時間についても勤務時間管理の対象とし、縮減を図ることが必要であるとした。そのうえで教師の専門性や職務の特徴という観点から、超勤四項目を廃止することや、三六協定を要するとすることは、働き方の改善につながらず、現実的に対応可能ではないと否定した。また**教職調整額**が「四％」であることの見直しは中長期的な課題として先延ばしとなった。

さらに働き方改革の動向を踏まえて、一年単位の**変形労働時間制**の導入が提起された。具体的には授業等を行う期間と長期休業期間とで勤務時間の差がある分析から、平日の過重な勤務時間に対して、長期休業の勤務時間を減らして年間の合計で対応する制度への移行を提起したものである。これについては、多様な選択肢の一つとして地方公共団体が選択できるものとし、導入の前提として、文部科学省が、長期休業期間中の部活動指導時間の縮減や大会の在り方の見直しの検討要請、研修の精選等に取り組み、学期中の勤務が現在より長時間化しないようにすることなどを提起した。このほかの法令の変更については中長期的な課題とされた。

上限ガイドライン

ここまで述べた中央教育審議会答申と同日に、文部科学省は二〇一九（平成三一）年一月二五日に**上限ガイドライン**と略称されることが多い「公立学校の教師の勤務時間の上限に関するガイドライン」を公表した。これは文部科学省が制定したものであるが、法的拘束力があるものではなく、任命権者である教育委員会が学校における働き方改革を進めるために提示されたものである。

対象者は、給特法の第二条に規定する公立の義務教育諸学校等の教育職員であるから、校長は含まれ、事務職員は含まれないことになる。

このガイドラインが明確にしたのが、勤務時間の考え方である。超勤四項目以外の自主的・自発的な勤務も含め、外形的（つまり時間や場所で客観的に）に把握することができる**在校時間**を対象とすることを基本とする。そして所定の勤務時間外に自発的に行う自己研鑽の時間その他業務外の時間については、自己申告に基づき除くことになる。しかし、校外での勤務についても、職務として行う研修や児童生徒の引率等の職務に従事している時間について外形的に把握し、これらをあわせて**在校等時間**として、この在校等時間を、休憩時間を除いて、**勤務時間**としたのである。簡単なことかもしれないが、このように勤務時間に超勤四項目以外も含めて多様化する校務全般を含めた点に意義があり、それを使用者、つまり任命権者たる教育委員会が把握する立場にあることを明確にしたわけである。

そしてこの在校等時間についての上限を定めた。上限の目安時間として、一か月の在校等時間について超過勤務四五時間以内とし、一年間の在校等時間について超過勤務三六〇時間以内とした。細かいことだが、児童生徒などのため臨時的な特別の事情により勤務せざるを得ない場合は、一か月の超過勤務一〇〇時間未満、一年間の超過勤務七二〇時間以内として、連続する複数月の平均超過勤務八〇時間以内、かつ、超過勤務四五時間超の月は年間六か月までという条件もつけた。

こうしたガイドラインは、教育委員会の施策によって実施される。実効性の担保のため、教育委員会は、所管内の公立学校の教師の勤務時間の上限に関する方針等を策定することになる。ＰＤＣＡサイクルとしては、実施状況について把握し、必要な取り組みを実施し、上限を超えた場合、事後的に検証していく。文部科学省は、各教育委員会の取り組みの状況を把握し、公表するとして、文部科学省のウェブページでもデータを掲示している。

留意事項としては、実施にあたっては、在校時間はＩＣＴの活用やタイムカード等により客観的に計測し、校外の時間についても、できる限り客観的な方法により計測するとした。この**タイムカード**は教員には忌避されてきた傾向もあったので、あらためて注目されたが、このガイドラインが強制しているわけではない。また、上限の目安時間の遵守を形式的に行うことが目的化し、実際より短い虚偽の時間を記録に残したり、残させたりするようなことがあってはならないと注意を喚起した。

このガイドラインは法的拘束力のあるものではないし、また、実施にあたっては発表時の法令との関係が問題となるため、中央教育審議会答申では、実効性を高めるため、その根拠を法令上規定するなどの工夫を図るべきと提言しており、このことが続く給特法の改正へとつながるわけである。

給特法の改正

ここまで述べた文部科学省、中央教育審議会の動きを踏まえて、公立の義務教育諸学校等の教育職員の給与等に関する特別措置法の一部を改正する法律（令和元年十二月十一日法律第七十二号）により**給特法**が改正となり、二〇二一（令和三）年四月一日より施行され、一年単位の**変形労働時間制**の導入が可能となった。

国会に提出された法案の理由としては、「公立の義務教育諸学校等における働き方改革を推進するため、教育職員について労働基準法第三十二条の四の規定による一年単位の変形労働時間制を条例により実施できるようにするとともに、文部科学大臣が教育職員の業務量の適切な管理等に関する指針を策定及び公表することとする必要がある。」と説明されて、次の第七条が給特法に追加された。

（教育職員の業務量の適切な管理等に関する指針の策定等）

第七条　文部科学大臣は、教育職員の健康及び福祉の確保を図ることにより学校教育の水準の維持向上に資するため、教育職員が正規の勤務時間及びそれ以外の時間において行う業務の量の適切な管理その他教育職員の服務を監督する教育委員会が教育職員の健康及び福祉の確保を図るために講ずべき措置に関する指針（次項において単に「指針」という。）を定めるものとする。

2　文部科学大臣は、指針を定め、又はこれを変更したときは、遅滞なく、これを公表しなければならない。

この規定により、先にみた**上限ガイドライン**に法的根拠が与えられ、**法的拘束力**を持つ指針を文部科学省が定める権限が規定されたことになる。一年単位の変形労働時間制を実施するかどうか、任命権者である教育委員会が地方議会の定める条例等により任意に実施するものであり、すべての教育公務員が一年単位の変形労働時間制になったのではない。

この改革の前提には、教員の勤務時間には授業がある繁忙期と、長期休暇の閑散期があり、一年単位での調整が可能であるという実態がある。しかしながら、職務専念義務が免除される**義務免**や**職専免**としての、労働基準法第三十九条に定める年間一〇労働日以上の**年次有給休暇**の取得は、授業のある期間では困難であり、長期休暇に集中している。また長期休暇は閑散期というよりも、まとまった研修の期間であり、実際に効果的なのかどうかは疑問もある。いずれにせよ、閑散期と繁忙期を前提にした一年単位の平準化は、均しているにすぎないのだから、超過勤務の見直しを進めなければ、実効性はない。

ここまで、教員の働き方改革を概観した。この前提には、常に、教員は聖職者なのか労働者なのかという二つのイメージがつきまとう。法令に根拠のない聖職者という規定は、宗教指導者たちにも不遜な表現であるが、高い使命感が求められる職であることは確かである。しかし、本質はどちらなのかという問いではなく、聖職者であり、かつ、労働者であるということ、つまり教員としての高い使命感を持って生活をする人なのだという視点が大切である。

＊註

1　『平成18年度文部科学省委託調査研究報告書　教員勤務実態調査（小・中学校）報告書』国立大学法人東京大学、二〇〇七年。

2　文部科学省「教員勤務実態調査（平成28年度）の分析結果について」ほか、文部科学省ウェブページ。

3　国立教育政策研究所編『教員環境の国際比較―OECD国際教員指導環境調査（TALIS）2013年調査結果報告書』明石書店、二〇一四年。国立教育政策研究所編『教員環境の国際比較：OECD国際教員指導環境調査（TALIS）2018報告書―学び続ける教員と校長―』ぎょうせい、二〇一九年。国立教育政策研究所編『教員環境の国際比較：OECD国際教員指導環境調査（TALIS）2018報告書［第2巻］―専門職としての教員と校長―』明石書店、二〇二〇年。

4　国立教育政策研究所発表資料「我が国の教員の現状と課題―TALIS 2018結果より―」（同研究所ウェブページ、二〇二一年一月五日閲覧）。

第13章
教員免許をめぐる教育改革

キーワード

教員養成　学習指導要領　生きる力　教職課程　教育基本法
修士レベル化　学び続ける教員

要　約

学習指導要領は約10年ごとに全部改正されるが、大学における教員養成も、教育職員免許法による再課程認定として教職課程の大幅な見直しが行われる。1998（平成10）年の学習指導要領で「生きる力」が強調されると、教職に関する科目などの大幅な増強があった。2006（平成18）年の教育基本法全部改正でも、教員の養成や研修についての見直しがあり、教員免許更新制が導入された。さらなる改革として教員養成の修士レベル化が課題となった時代もあるが、現在では沈静化して、むしろ「学び続ける教員」が強調され、変化の時代の教員の在り方が模索されている。

ここまで、随分と複雑な現在の教員をめぐる制度を説明してきた。こうした動向は、大きく言えば、人類の教育の歴史、明治以来の近代学校の歴史の遺産であり、同時にここ二〇年余りの二一世紀の動向である。

よい教師に活躍してほしいということは当然の願いである。ここには教員の待遇をよくしてよい人材を求めようという方向性と、教員になるためのハードルを上げて養成や研修などを厳しくしようという方向性がある。教員自身にとっては、全く向きの異なる二つの方向性として現れるのである。全体としては二〇世紀末から最近までは教員バッシングを含めて厳しい傾向が強く、最近になってようやく教員への同情と働き方改革への期待が強まったというのが、現場の実感である。

これからどう動くのか。そのことを考えるためにも、ここ二〇年余りの改革の動向をみてみよう。なお本章では煩雑を避けるため、学習指導要領などは公布年月日や法令番号などを省略している。

第一節　世紀転換期の教員養成改革と生きる力

教員養成の原則

教員養成の原則は、**戦後教育改革**を通じて確立した。その原則とは、師範学校における教員養成の弊害を否定して、幅広い教養と専門性を持つ教員を育てるための**大学における教員養成**であり、開かれた教員人材を育成するために教員養成を主目的としない学部学科でも**教職課程**を認めた**開放制**であり、教員の質を担保するための**免許状主義**である。この基本となるのが**教育職員免許法**（昭和二十四年五月三十一日法律第百四十七号）であり、文部省、二〇〇一（平成一三）年からは文部科学省が、大学の学科が教職課程を開く水準を有しているかを判定する**課程認**

定を行うことによって、大学などの教員養成の質を保証する制度を整えた。こうした原則は、現在も基本となっている。

教員による教育活動の水準は、全国共通のルールである**学習指導要領**によって確保される。戦後教育改革で登場した学習指導要領は、試案として**法的拘束力**が希薄であったが、現在では学校教育法やその施行規則の規定に法的根拠を整備して、法的拘束力のある文部科学大臣の告示となっている。この学習指導要領は、戦後の長きにわたって今日まで、ほぼ一〇年ごとに大幅な改定や改訂と呼ばれる、法令としての全部改正を行うことにより、教育の内容を、安定的、定期的に、改革し続けてきた。この学習指導要領の全部改正は、研修によってあらたに現場の教員に徹底されるだけではなく、大学における教員養成の内容をも改革するために、教育職員免許法による全国すべての大学を対象とした一斉の課程認定、つまり**再課程認定**が実施される。こうしたプロセスを追って、ここ二〇年余りの大きな変化を概観しよう。

一九八九（平成元）年学習指導要領と関心・意欲・態度

二〇世紀末に日本の教育は大きな改革の時期を迎えていた。すでに一九八四（昭和五九）年には**臨時教育審議会**が置かれて、教育の自由化というテーマが語られ、**個性重視の原則**を提言した。一九八九（平成元）年三月には学習指導要領の全部改正が行われて、**新しい学力観**というキーワードが強調される。具体的には、教科・科目の評価・評定を数値や段階で一括して行うのではなく、指導要録に観点別学習状況という欄を設けて観点ごとに行うという変化である。そして、この観点としてあらたに**関心・意欲・態度**が盛り込まれた。学力のなかに、知識や技能だけではなく、学習に向かって身につけていく姿勢までも含むことを明らかにしたのである。この変化は、現在に至る学習指導要領にも引き継がれていった。

一九九八（平成一〇）年の学習指導要領と生きる力

その一〇年後の学習指導要領の全部改正は、一九九六（平成八）年七月一九日の**中央教育審議会**の答申「21世紀を展望した我が国の教育の在り方について」（第一次答申）が決定的な方向性を与えた。この答申は、副題に「子供に［生きる力］と［ゆとり］を」と記された。この**生きる力**という知識・技能も道徳も身体・健康も包括した人間の全般的な能力が、現在までの日本の学校教育で培われるべき能力として定着した。このときに、教員の勤労条件を民間の労働者と同じく週休二日制を保障するための**学校週五日制**へと移行することが前提とされており、そのために時間数の減少が求められ、教育内容の厳選が課題とされた。また、その象徴的な言葉として**ゆとり**という言葉も同時に打ち出されたのである。制度改革としては、中高一貫教育が中央教育審議会の一九九七（平成九）年六月二六日の第二次答申で打ち出され、一九九八（平成一〇）年の学校教育法の一部改正を経て、一九九九（平成一一）年度から**中等教育学校**がスタートした。

これが学習指導要領の全部改正にも反映して、一九九八（平成一〇）年に幼稚園教育要領と小学校と中学校の学習指導要領が告示され、翌年に高等学校と盲学校、聾学校、養護学校の学習指導要領の新しい告示が出された。

このように把握するとこの段階から、他の労働者同様に教員も土日は休もうという教員の働き方改革が企図されていたことになる。しかしながら、それをキーワードとして「ゆとり」と銘打ったので、すぐさま学力低下論という世論を喚起してしまうことになる。しかし、このときの改革は、**総合的な学習の時間**の新設を行ったように、今日の学力観の基盤となり、実際の社会で活かすことのできる応用的な能力の形成までを含むものであった。

スクールカウンセラーなど

一九九八（平成一〇）年六月三〇日の中央教育審議会答申「新しい時代を拓く心を育てるために―次世代を育てる心を失う危機―」は、前年に神戸市で起きた連続児童殺傷事件を踏まえたもので、**スクールカウンセラー**の配置が本格的にスタートする契機となった。また同年九月二一日の中央教育審議会答申「今後の地方教育行政の在り方について」を受けて、学校教育法施行規則の一部改正が行われ、**職員会議**の法的根拠を確立して、校長の主宰する会議として位置づけた。また校長の求めに応じて意見を述べる外部の有識者・住民・保護者の**学校評議員**を設けた。

二〇〇〇（平成一二）年度の新しい教職課程

こうした大きな改革と並行して、一九九六（平成八）年七月、文部大臣は**教育職員養成審議会**に対して、「新たな時代に向けた教員養成の改善方策について」の検討を諮問した。この当時、教員養成は、中央教育審議会の部会ではなく、教育職員養成審議会において審議される課題とされていた。教育職員養成審議会は、一九九七（平成九）年七月二八日に第一次答申「新たな時代に向けた教員養成の改善方策について」を提出し、一九九八（平成一〇）年一〇月二九日には第二次答申「修士課程を積極的に活用した教員養成の在り方について―現職教員の再教育の推進―」を提出し、一九九九（平成一一）年一二月一〇日には第三次答申「養成と採用・研修との連携の円滑化について」を提出した。

ここで示された方向は、教員の資質向上のために教員養成に注目して、とりわけ大学における教員養成に「構造転換」という言葉で変化を求めるものであった。また、第二次答申で示されたように、大学院修士課程における教員養成、とりわけ現職教員による再研修の必要性をも求めるものであった。こうした傾向を一言でまとめるならば、教員養成を高度化し、ハードルを高める方向を示したものにほかならない。

これらの答申では、各学校段階間の接続を円滑にし小学校の専科指導を充実する観点から、教員免許制度上の弾力的措置を可能とすることを提起した。これによって教育職員免許法の改正が行われ、中学校や高等学校の教諭の免許状を有する者が小学校の相当する教科を担当する**専科教員**の規定が法律上も明記された。さらに教職経験を有する者の隣接校種の免許状を取得しやすくするために、必要な単位数の軽減なども行われた。また優れた社会人の登用を推進するために特別免許状の授与要件を見直して、従来の学士の要件を撤廃して、従来五年から一〇年以内とした有効期限も撤廃した。これらの答申は免許状に期限を付することには否定的であった。

また答申は教員に対する信頼の確保を図るためとして、教員免許状の**失効**及び**取上げ**にかかわる措置を強化するための措置を提起した。免許状の失効及び取上げの規定の多くは、この時の改正を経たものである。また、教育公務員特例法が改正され、教職一〇年を経過した教員に対する研修として、**十年経験者研修**の実施が定められた。

第一次答申を受けて、一九九八（平成一〇）年六月には、教育職員免許法や教育職員免許法施行規則（昭和二十九年十月二十七日文部省令第二十六号）の一部改正が行われた。一般に、改正前の法律を「旧法」、改正後の法律を「新法」と呼ぶ。法律改正で課程認定を受けた学科等で履修が必要な授業科目が変わるため、旧法による教員養成の課程を「旧課程」、新法による課程を「新課程」と呼んでいる。この一九九八年の改正では、すでに課程認定を受けていた大学も含めて、すべての課程について再び審査を行う再課程認定が実施され、新法による新課程は一部の大学では一九九九（平成一一）年度から、多くの大学では二〇〇〇（平成一二）年度から学年進行で実施された。

このときの法令改正では、とりわけ**教職に関する科目**が増加されることとなった。たとえば、中学校一種免許状では、旧法では各学科の専門の科目を中心にした**教科に関する科目**が四〇単位、教育学や教育方法などの科目を中心とした教職に関する科目が一九単位、合計五九単位が必要であった。これに対して新法では教科に関する科目が二〇単位、教職に関する科目が三一単位、選択科目といえる「教科又は教職に関する科目」が八単位で、合計五九単位となった。合計単位数は同じ五九単位であるし、さらに弾力的に開講できる「教科又は教職に関する科目」の八単位が増設されているので、この単位数をみる限り自由化であり、ハードルは同じようにみえる。

しかし、教科に関する科目は単位数の上では半減したが、この教科に関する科目は実際には各大学の学部学科で卒業所要単位一二四単位に含まれて学ぶことになる専門の授業科目であり、この科目数が減じられたとしても大学本来の教育課程に大幅な変更は起きない。この一方で、教職に関する科目は一二単位も増加した。**教育実習**は、従来の二週間から、三週間または四週間へと延長された。さらに科目や科目に含める事項について法令で指定された内容も増加するため、各大学では純粋にその増加分の授業科目を新設するなどの対応を迫られることとなった。たとえば、武蔵野美術大学造形学部の例では、新課程においては「教師論」二単位、「美術教育法II」二単位、「美術教育法III」二単位、「教育相談論」二単位、「教職総合演習」二単位、「教育実習II」二単位の合計一二単位の増加となった。もちろん他の大学でも、同様の増加が起きていた。

中学校以外の免許状に関する動向については省略するが、ここに記した「教職に関する科目」の増加のほか、国際化社会に対応した「外国語コミュニケーション」二単位と、情報化社会に対応した「情報機器の操作」二単位も、教職課程履修者に単位の修得が求められた。これらは教育職員免許法施行規則第六十六条の六に指定する科目として、従来からの「日本国憲法」二単位と「体育」二単位に加えて、追加されたものである。

さらに、こうした教育職員養成審議会答申に連動する動きとは別に、一九九七（平成九）年五月には議員有志による提案として、「小学校及び中学校の教諭の普通免許状授与に係る教育職員免許法の特例等に関する法律」の法案が提出された。法案は異例の早さで衆参両院を通過して成立し、六月に「平成九年六月十八日法律第九十号」として公布され、翌年四月以降の入学者に適用されることになった。**介護等体験法**と略称されるこの法律は、個人の尊厳と社会連帯の理念の認識を深めるために、小学校や中学校の教諭の免許状を得ようとする学生が、高齢者や障害者に対して介護・介助や交流などを七日間以上、体験することを義務づけたものである。

こうして二〇世紀末の動向としては、大学における教員養成を重視して、教員の資質の向上が期待され、国際化、情報化、高齢化といった社会課題をダイレクトに包み込んだ形での教員像が求められていた。また、この改革は教員の専門分野の力量形成よりも、学校教育に共通に求められる力量に重点を置き、教職に関する科目の授業科目数や単位数の増加によって実現しようとしたものであった。

第二節　二〇〇六年の教育基本法と前後して

二〇〇三（平成一五）年の学習指導要領の一部改正

二〇〇二（平成一四）年度から公立学校の学校週五日制が全面実施され、一九九八（平成一〇）年と翌年に告示された学習指導要領も、二〇〇二年度から小学校と中学校で、翌年度から高等学校で施行された。

こうしたなかで、国際学力調査の結果が発表され、一九九九（平成一一年）のＴＩＭＳＳや二〇〇〇（平成一二）年のＰＩＳＡでの日本の順位低下が顕著であった。時系列を考えると、これは学習指導要領の施行前のものであるが、一九九六（平成八）年の生きる力を訴えた中央教育審議会答申や学習指導要領の告示の後であるために、その影響であるかのように世論では理解された。こうして**学力低下論**が起こり、文部科学省は異例の施行中の学習指導要領の見直しを実施し、二〇〇三（平成一五）年五月一五日の中央教育審議会答申「今後の初等中等教育改革の推進方策について」では、国際学力調査の低迷に言及して学習指導要領の**基準性**という論理を提起して、最低基準としての学習指導要領を超えた学習の可能性を個に応じた指導という言葉で述べた。そして生きる力を、確かな学力、豊かな人間性、健康・体力の三つに区分して、**確かな学力**という概念を整理して、**基礎・基本**だけにとどまらない、**思考力・判断力・表現力**などを培うことを強調した。この概念はすでにそれ以前の答申で提起されていたものではある。しかし、この答申の整理によって、従来の教育内容を厳選したために学力の低下が起こるという不安を解消する意義や、思考や判断や表現という、応用的な能力を重視するという方策を明示した点に意義がある。

栄養教諭、特別支援学校教諭、保育教諭

二〇〇四（平成一六）一月二〇日の中央教育審議会答申「食に関する指導体制の整備について」により**栄養教諭**と、栄養教諭免許状が提唱された。同年五月に学校教育法が一部改正され、翌年より栄養教諭があらたに置かれた。

二〇〇五（平成一七）年一二月八日の中央教育審議会答申「特別支援教育を推進するための制度の在り方について」が提出された。これを踏まえて、二〇〇六（平成一八）年六月に、**学校教育法**の一部改正では盲学校、聾学校、養護学校を統合した**特別支援学校**が定められ、発達障害や学習障害を視野に入れて通常の学級を含めた**特別支援教育**という概念が成立した。この変化は、特別支援学校や特別支援学級にとどまらず、広く教員すべてのあらたな課題となった。これを受けて、**特別支援学校教諭**の各種の免許状が整備された。

二〇〇五（平成一七）年一月二八日に中央教育審議会答申「子どもを取り巻く環境の変化を踏まえた今後の幼児

教育の在り方について」が提出された。二〇〇六（平成一八）年の**認定こども園法**と略称される就学前の子どもに関する教育、保育等の総合的な提供の推進に関する法律（平成十八年六月十五日法律第七十七号）では、あらたに**幼保連携型認定こども園**が定められ、その教員として、幼稚園教諭免許と保育士資格の両方を持つ**保育教諭**などが定められた。この保育教諭は、既存の免許・資格をもとにした職であり、独自の免許状は定められていない。

さらに二〇〇七（平成一九）年の学校教育法の一部改正では、教員の職もあらたに規定され、**主幹教諭**、**指導教諭**があらたに置かれた。

二〇〇六（平成一八）年の教育基本法全部改正

二〇〇〇（平成一二）年三月二四日に内閣総理大臣の私的諮問機関である教育改革国民会議が設置され、一二月二二日に「教育改革国民会議報告―教育を変える17の提案―」が提出され、教育基本法改正が政策課題となった。次いで二〇〇三（平成一五）年三月二〇日に中央教育審議会答申「新しい時代にふさわしい教育基本法と教育振興基本計画の在り方について」が提出された。数年間の議論や国会審議を経て、戦後教育改革の象徴といえる一九四七（昭和二二）年の**教育基本法**（昭和二十二年三月三十一日法律第二十五号）は、二〇〇六（平成一八）年一二月に全部改正されて、新法としての教育基本法（平成十八年十二月二十二日法律第百二十号）となった。新法の第九条として教員の条項が新設され、「養成と研修の充実が図られなければならない。」という**研修**の重視が記されたことは、その後の教育制度に大きな意味を持った。

この教育基本法の全部改正をめぐって、教育界を超えて賛否の議論が集中したのは、従来の個人の尊厳や人格の完成という戦後教育改革で重んぜられた概念を継承しつつも、伝統の継承や愛国心の規定など秩序を重んじる文言が加えられたことであった。学校教育の制度は、教育基本法の全部改正を踏まえて、二〇〇七（平成一九）年六月の学校教育法の一部改正が行われて、幼稚園から大学までの配列や目的・目標の規定などが整備された。

二〇〇八（平成二〇）年の学習指導要領

二〇〇六（平成一八）年の教育基本法の全部改正に対応したのが、二〇〇八（平成二〇）年一月一七日の中央教育審議会答申「幼稚園、小学校、中学校、高等学校及び特別支援学校の学習指導要領等の改善について」である。同年三月に幼稚園教育要領と小学校と中学校の学習指導要領が、翌年に高等学校と特別支援学校の学習指導要領が全部改正として告示された。

確かな学力として、応用的な思考力・判断力・表現力を強調し、学校週五日制のなかで可能な範囲で授業時間数を増加した。また国際化に対応して小学校における**外国語活動**を導入した。学習指導要領で、これ以上のことは教えないと明記した**はどめ規定**を削除したことが特徴である。

現在からふり返ると教育基本法の特徴となる秩序の重視や学力論を含めた法令の整備は、この二〇〇八（平成二〇）年の学習指導要領ではまだ十分に反映せず、次の二〇一七（平成二九）年の学習指導要領で整備されることになる。それまでの約一〇年間に、幼稚園と保育所を一元化する新しい幼保連携型認定こども園の取り組みが進んで、二〇一四（平成二六）年四月には幼保連携型認定こども園教育・保育要領が、従来の幼稚園教育要領と保育所の保育要領をつなぐ形で定められた。

また、次の学習指導要領の全部改正の時期に近い異例の一部改正として、道徳教育を従来の道徳の時間よりも前に進めて、**特別の教科である道徳**が導入され、二〇一五（平成二七）年三月にこのための学習指導要領の一部改正が行われた。これは内閣総理大臣の私的諮問機関である教育再生実行会議の提言と二〇一四（平成二六）年一〇月二一日の中央教育審議会答申「道徳に係る教育課程の改善等について」によっている。

二〇一〇（平成二二）年度の新しい教職課程

二〇〇八（平成二〇）年の学習指導要領の検討と並行した二〇〇六（平成一八）年七月一一日の中央教育審議会答申「今後の教員養成・免許制度の在り方について」は、教員養成から任用、研修までに及ぶ内容を提起した。この答申は、二〇〇二（平成一四）年の答申が事実上否定した**教員免許更新制**を、当時の政治と世論によって実施へ踏み切ったものであった。二〇〇六（平成一八）年の一二月には教育基本法の全部改正が成立するが、まさに教育全般の見直しの文脈のなかに、教員免許更新制が置かれていた。さらに**指導が不適切な教員**と認定された教員への**指導改善研修**と**分限免職**などの対応が教育公務員特例法にあらたに規定され、適格性に欠けて分限免職処分を受けた教員の免許状についての**失効**や**取上げ**が教育職員免許法にも規定された。こうした動向は、現場の教員にとっては、教員バッシングを受けた厳しい圧力として不満をもたらすものであった。

また、この答申は学部卒業者と現職教員を対象として、高度職業専門人としての教員を養成する**教職大学院**を掲げていた。教職大学院は、従来の大学院修士課程とは区別される専門職大学院の制度によって開始された。

教員養成については、一九九八（平成一〇）年の大幅な教育課程の変更と比較すると小規模にとどまったので再課程認定は行われず、この新課程は二〇一〇（平成二二）年度の大学入学者から適用された。旧課程の教職総合演習を廃止して、あらたに教育実習後の四年次後期に総まとめの科目として**教職実践演習**を置いて、教員となるべき学生の資質能力について最終的な確認を大学が行うことになった。また、大学学部の四年間の一貫した教員養成が実質化するように、各大学では**履修カルテ**などの名称で書式を作成し、学生一人ひとりの教職科目などの履修状況を個別に把握して、指導する体制が求められた。こうして文部科学省が大学による学生指導が十分かどうかをチェックする体制が整備されていった。

二〇一二(平成二四)年の修士レベル化の提起

二〇一二(平成二四)年八月二八日に、中央教育審議会答申「教職生活の全体を通じた教員の資質能力の総合的な向上方策について」が出された。すでに教員免許更新制は二〇〇九(平成二一)年四月一日から実施されているが、その年の八月三〇日に衆議院選挙が行われ、政治の世界では自由民主党などの内閣から民主党などの内閣へと政権交代が行われた。そして新政権が教員免許更新制の廃止を打ち出したのである。*1 一〇月一四日にこのことが報道されると、教育現場では混乱が生じたが、教員免許更新制は教育職員免許法で定められたものであり、改正するには中央教育審議会の審議を経てから、法律の改正が必要である。このための文部科学大臣からの諮問は、二〇一〇(平成二二)年六月三日に行われた。検討の方向は「教員養成六年制」などと報道され、教員養成を大学院修士課程で行うことによって教員の資質向上を図り、教員免許更新制を廃するということが論じられた。

これは答申に添付された図表1の示すとおり、欧米各国の教員養成は修士課程に相当するもので、国際的なリアリティを持っている。大学院で教員養成をしている国立大学の多くは肯定的であった。一方で、開放制の教員養成を担う大学や、多くの教員志願者から選考を行う必要のある教育委員会は、おおむね否定的であった。この答申に添付された資料を図表2に掲載した。この当時は、高等学校には専修免許状を持つ教員が二割以上いるが、他では少数派であった。図表3は大学院修了者に限定した変化であるが、たしかに大学院修了者、専修免許状保有者の増

図表１　諸外国における教員養成・免許制度

2012（平成 24）年 8 月 28 日 中央教育審議会答申「教職生活の全体を通じた教員の資質能力の総合的な向上方策について」参考資料 1 のⅠ－3 より

	アメリカ	イギリス	ドイツ	フランス	フィンランド	日本
養成機関	4 年制大学（4 年間の学士号取得課程が主流であるが、延長型の 5 年課程や大学院課程もある）	高等教育機関の教員養成課程（3~4 年）又は学士取得者を対象とした教職専門課程（1 年）	大学の教員養成課程（3.5~5 年）	修士課程（2 年）	大学の教員養成課程（5 年）	大学（4 年）における教員養成が標準
資格試験	有（試験の方法・内容は州により異なる）	無	有（第一次国家試験又は修士号取得試験、及び第二次国家試験）	有（教員採用試験）	無	無
試補勤務	無	無	有（第一次国家試験合格又は修士号取得後に 1~2 年）	無（教員採用試験合格後、1年間非正規公務員として学校に配属、勤務の 3 分の 1 を研修に充当）	無	無（1 年間の条件附採用期間と初任者研修を義務）
免許等	・州が免許状を発行 ・免許状は教育段階別。（一般に初等教員免許状、中等教員免許状）	・教育大臣が認定した養成課程の修了者に正教員としての資格が与えられる ・学校種、教科の別はない	・第二次国家試験合格後に州が資格を認定 ・学校種類別の資格を認める州と教育段階別の資格を認める州がある	・修士号取得者又は、修士課程第 2 学年在学者を対象に教員採用試験を実施 ・初任 1 年目終了後、審査により、正規教員の資格授与	・修士号（初等教育教員は教育学専攻、中等教育教員は教職科目履修を含む各領域専攻）が教員免許に相当	・大学での所要単位及び学士等の資格を得た者に授与（申請により都道府県教育委員会が授与） ・学校種、教科別の免許状で専修、一種、二種の 3 種類
教育実習期間	12 週間以上が 22 州（2002 年。州により異なる）	4 年制養成課程…32 週間以上 教職専門課程…18~24 週間	学士課程（3 年）…14 週間 修士課程（1~2 年）…4 週間 計 18 週間 （ニーダーザクセン州の場合。州により異なる）	観察・指導付き実習（修士 1、2 年対象）…上限 6 週間 責任実習（修士 2 年対象）…上限 6 週間	約半年間（タンペレ大学初等教育教員養成課程の場合）	幼・小・中学校…4 週間 高等学校…2 週間

図表２　現職教員の免許状別保有者割合

2010（平成 22）年度学校教員統計調査報告書

区分	専修免許状	一種免許状	二種免許状
幼稚園	0.5%	22.5%	71.8%
小学校	3.7%	79.2%	15.1%
中学校	6.5%	88.5%	4.6%
高等学校	22.2%	76.8%	0.4%

＊中央教育審議会答申「教職生活の全体を通じた教員の資質能力の総合的な向上方策について」2012（平成 24）年 8 月 28 日の参考資料Ⅱ－9 より作成。臨時免許状や他校種免許状による場合もあるので、合計が 100% にならない。

図表３　大学院修了者の占める割合の推移
文部科学省「令和元年度学校教員統計調査（中間報告）の公表について」2020（令和２）年12月22日より

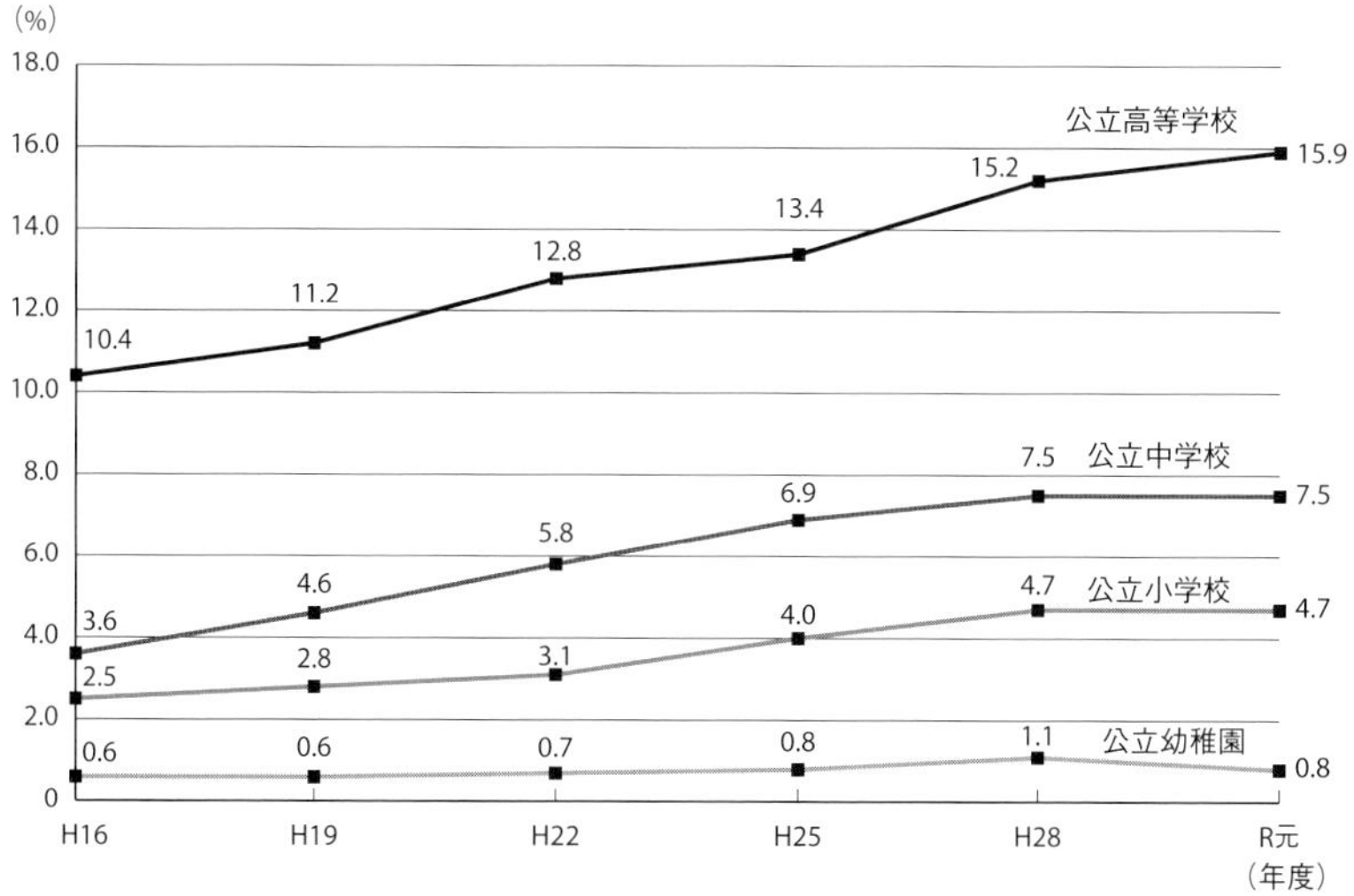

加の傾向はある。しかしながら、全体の修士レベル化について、この答申の方向性は現実と乖離のある議論と理解されたのである。

　こうして中央教育審議会は、**学び続ける教員**という研修の在り方を強調しつつ、教員養成の修士課程修了を原則とせず、微妙な表現である**修士レベル化**という言葉を答申で用いた。免許状制度の改革は「改革の方向性」という表現にとどめて、「当面の改善方策」として教職大学院の拡充や専修免許状の見直しなどを提起した。一律に修士課程修了を義務づけたのではなく、現状の一種免許状から専修免許状への流れを前提にしていると読み取ることができる。そして審議当初の焦点であった教員免許更新制も結論が保留されている。

　この答申が出された二〇一二（平成二四）年には、一二月に再び政権交代があり、自由民主党などの内閣となった。このため第二期教育振興基本計画については、前政権下での中央教育審議会の審議によるものであるから答申を出す時期が遅れたが、二〇一三（平成二五）年四月二五日に中央教育審議会答申「第２期教育振興基本計画について」が出された。ここでも、「基本施策４　教員の資質能力の総合的な向上」として、修士レベル化が盛り込まれた。同年六月一四日に教育基本法の規定に基づいて閣議決定された教育振興基本計画、つまり第２期教育振興基本計画でも、「修士レベル化を想定しつつ養成・採用・研修の各段階を通じた一体的な改革を行い、教職生活全体を通じて学び続ける教員を継続的に支援するための仕組みを構築する。」という形で、この学び続ける教員と修士レベル化というキーワードは継承された。

免許状更新講習の見直し

教員免許更新制は、二〇〇九（平成二一）年四月より、現職教員が一〇年ごとに**免許状更新講習**を受講することになり、当初の一〇年間は期限のない従来からの旧免許状を持つ教員が対象となるために、三五歳、四五歳、五五歳を基準とする形で実施された。この一〇年間で廃止まで含めた議論がなされたわけであるが、二〇一四（平成二六）年九月二六日に教育職員免許法施行規則の一部改正が行われ、一〇年間で更新を経たり、期限の明記された新免許状を持つ現職教員を対象とするものへと移行していき、二〇一六（平成二八）年四月からは免許状更新講習の内容を必修領域と選択領域から必修領域と選択必修領域と選択領域とする改革が行われた。

教育委員会制度と義務教育学校

二〇一三（平成二五）年一二月一三日に中央教育審議会答申「今後の地方教育行政の在り方について」が提出された。従来から**地教行法**と略称される地方教育行政の組織及び運営に関する法律（昭和三十一年六月三十日法律第百六十二号）に基づいて**教育委員会**が都道府県と市町村に置かれている。住民代表などが教育委員となりレイマンコントロール（素人支配《しろうと》）という民主主義のスタイルの典型例とされ、教育行政にあたる専門性を持つ**教育長**とのバランスをもってきた。二〇一四（平成二六）年六月には地教行法が一部改正されて、教育長が教育委員会の代表者となり、さらに首長と教育長と教育委員による**総合教育会議**が置かれた。全体としては、首長と教育長のイニシアティブが重視された改革と言える。

二〇一四（平成二六）年一二月二二日には中央教育審議会答申「子供の発達や学習者の意欲・能力等に応じた柔軟かつ効果的な教育システムの構築について」が提出されて、九年制の小中一貫の学校が提案された。こうして、小学校と中学校をあわせた**義務教育学校**が、二〇一五（平成二七）年六月に学校教育法が一部改正されて、二〇一六（平成二八）年度から開始した。学校の統廃合や地域における改革が進むなかで義務教育学校は広がりつつあり、小学校と中学校の双方の教員免許を持つニーズが出ている。

第三節　チーム学校が取り組む現在の教育改革

二〇一七（平成二九）年の学習指導要領

二〇一六（平成二八）年一二月二一日に中央教育審議会答申「幼稚園、小学校、中学校、高等学校及び特別支援学校の学習指導要領等の改善及び必要な方策等について」が提出され、二〇一七（平成二九）年に学習指導要領の全部改正が行われた。幼稚園教育要領、幼保連携型認定こども園教育・保育要領、小学校と中学校と該当する特別支援学校の幼稚部・小学部・中学部について全部改正があり、翌年に高等学校と特別支援学校高等部について全部改正となった。

この全部改正では、ここまでの教育改革の集大成として、**チーム学校**のもとでの学校ごとの**カリキュラム・マネジメント**が強調され、学力論としては、**資質・能力の三つの柱**として、知識及び技能と、思考力・表現力・判断力等と、学びに向かう力・人間性等が、明示された。そして教育手法としての**アクティブ・ラーニング**が**主体的・対話的で深い学び**という概念で強調された。

二〇一九（平成三一）年度の新しい教職課程

二〇一五（平成二七）年一二月二一日に中央教育審議会答申「これからの学校教育を担う教員の資質能力の向上について」が提出された。すでに二〇一七（平成二九）年の学習指導要領の基本線となるアクティブ・ラーニングや同時に審議されていたチーム学校の課題が前提とされ、新しい課題に応じた提言となっている。教員の養成、採用、研修の全般に及んでいる。

教員の研修についてはこの答申に基づいて、二〇一六（平成二八）年一一月に教育公務員特例法の一部改正が行われた。教員研修の整備として、**教員研修計画**や都道府県教育委員会と大学が連携する**教員育成協議会**などが定められ、免許状更新講習と時期が重複する十年経験者研修は、**中堅教諭等資質向上研修**に改められた。この内容は、第8章で述べた。

教員養成についてこの答申では、大くくり化と呼んで大学の独自性が強調されたが、実際の教育職員免許法や教育職員免許法施行規則の一部改正では、従来の教科に関する科目や教職に関する科目を一括して**教科及び教職に関する科目**として合計単位数を示す変更であり、大きな変化はなかった。あらたに追加された教職課程の科目には、**総合的な学習の時間の指導法**がある。これはすべての学校で一九九八（平成一〇）年の学習指導要領の段階から実施されているが、その指導法が初めて位置づけられたことになる。また「特別の支援を必要とする幼児、児童及び生徒に対する理解」が求められ、これも二〇〇六（平成一八）年六月の学校教育法の一部改正ですべての学校における**特別支援教育**が確立したが、その基本が教員養成課程で位置づけられたことになる。また、**教職課程コアカリキュラム**が文部科学省より発表され、教職課程の授業科目に含めることが必須となる内容が定められた。これによって全国の大学を対象として**再課程認定**が厳密に行われた。この新課程は二〇一九（平成三一）年四月入学者から適用されて、現在に至っている。

教員の働き方改革

二〇一九（平成三一）年一月二五日に中央教育審議会答申「新しい時代の教育に向けた持続可能な学校指導・運営体制の構築のための学校における働き方改革に関する総合的な方策について」が提出された。日本の教員は授業時間以外の業務などの時間が多く、国際的にも最も長時間であることが関心を集めた。**学校における働き方改革**つまり**教員の働き方改革**として、学校や教員が行う業務について精査して、必ずしも教師でなくてもできる業務（部活動など）や軽減できる業務などをチームとしての学校の観点から整理した。答申にあわせて「公立学校の教師の勤務時間の上限に関するガイドライン」が提起された。この内容は、第12章で述べた。

新しい時代の初等中等教育の在り方

本書執筆段階においては、まだ中央教育審議会において審議中の課題がある。すなわち二〇一九（平成三一）年四月一七日に「新しい時代の初等中等教育の在り方について」と題して文部科学大臣から中央教育審議会に諮問が

発行・告示年月	校種やタイトルなど	実施・施行	主要な特徴
1998（平成10）年12月 同 同 1999（平成11）年3月 同 同 同	幼稚園教育要領 小学校 中学校 高等学校 盲学校、聾学校及び養護学校 幼稚部教育要領 小学部・中学部 高等部	2000年4月 2002年4月 同 2003年4月 2000年4月 2002年4月 2003年4月	「生きる力」と「ゆとり」の強調。完全学校週五日制による授業時間と教育内容の削減。総合的な学習の時間を新設。
2003（平成15）年12月 同 同 同 同	小学校　（一部改正） 中学校　（一部改正） 高等学校　（一部改正） 盲学校、聾学校及び養護学校 小学部・中学部 高等部	2004年4月 同 同 同 同	学力低下問題から一部改正（幼稚園を除く）。学習指導要領の最低基準としての基準性の明確化と総合的な学習の時間の計画性を強調。
2008（平成20）年3月 同 同 2009（平成21）年3月 同 同 同	幼稚園教育要領 小学校 中学校 高等学校 特別支援学校幼稚部教育要領 特別支援学校小学部・中学部 特別支援学校高等部	2009年4月 2011年4月 2012年4月 2013年4月 2009年4月 小2011年4月 中2012年4月 2013年4月	教育基本法全部改正に対応。思考力、判断力、表現力を強調。授業時間数の増加と小学校の外国語活動の導入と中学校の選択科目の廃止。はどめ規定を原則削除。
2014（平成26）年4月	幼保連携型認定こども園教育・保育要領	2017年4月	子ども・子育て支援法制定と認定こども園法一部改正により施行。
2015（平成27）年3月	小学校 中学校 特別支援学校小学部・中学部	2018年4月 2019年4月 小2018年4月 中2018年4月	特別の教科である道徳の新設による一部改正。
2017（平成29）年3月 同 同 同 同 2017（平成29）年4月 2018（平成30）年3月 同	幼稚園教育要領 幼保連携型認定こども園教育・保育要領 小学校 中学校 特別支援学校幼稚部教育要領 特別支援学校小学部・中学部 高等学校 特別支援学校高等部	2018年4月 2018年4月 2020年4月 2021年4月 2018年4月 小2020年4月 中2021年4月 2022年4月 2022年4月	チーム学校のもとのカリキュラム・マネジメント、資質・能力の三つの柱、主体的・対話的で深い学び（アクティブ・ラーニング）などを強調。

図表４　学習指導要領の変遷

発行・告示年月	校種やタイトルなど	実施・施行	主要な特徴
1947（昭和 22）年 3 月 　その後逐次 1950（昭和 25）年まで発行。	『学習指導要領一般編（試案）』 　各教科編（試案） 小学校 中学校 高等学校	 1947 年 4 月 　同 1948 年 4 月	「試案」として最初の発行。科目ごとに逐次発行。社会科、自由研究を新設。
1951（昭和 26）年 7 月 　その後逐次 1953（昭和 28）年まで発行。	小学校 中学校 高等学校	逐次実施	「試案」としての全面改定。科目ごとに逐次発行。「自由研究」を廃止。
1955（昭和 30）年 　その後逐次 1957（昭和 32）年まで発行。 1956（昭和 31）年 2 月 1957（昭和 32）年 3 月 　　同	小学校 中学校 高等学校 幼稚園教育要領 盲学校 聾学校	逐次実施	一部改訂。「試案」の表現がなくなる。高校の「時事問題」がなくなる。
1958（昭和 33）年 10 月 　　同 1960（昭和 35）年 10 月 1960（昭和 35）年〜 　　同 1962（昭和 37）年〜 1964（昭和 39）年 3 月	小学校 中学校 高等学校 盲学校（高等部一般編）以下逐次 聾学校（高等部一般編）以下逐次 養護学校（小学部）以下逐次 幼稚園教育要領	1961 年 4 月 1962 年 4 月 1963 年 4 月 逐次実施 　同 　同 1964 年 4 月	文部省告示として『官報』に掲載し、養護学校分のみは文部次官通達。科学技術教育と教科の系統性を強調。道徳の時間の特設と国旗掲揚と君が代斉唱を記述。
1968（昭和 43）年 7 月 1969（昭和 44）年 4 月 1970（昭和 45）年 10 月 1970（昭和 45）年〜	小学校 中学校 高等学校 盲学校、聾学校、養護学校各部ごとに逐次	1971 年 4 月 1972 年 4 月 1973 年 4 月 1971 年 4 月より逐次実施	教育内容の現代化として科学教育を強調して教育内容が増加。神話や国家を強調する記述。
1977（昭和 52）年 7 月 　　同 1978（昭和 53）年 8 月 1979（昭和 54）年 7 月	小学校 中学校 高等学校 盲学校、聾学校及び養護学校 　小学部 　中学部 　高等部	1980 年 4 月 1981 年 4 月 1982 年 4 月 1980 年 4 月 1981 年 4 月 1982 年 4 月	「ゆとり」「精選」を強調。中学校の選択教科を導入。君が代を国歌とした記述。
1989（平成元）年 3 月 　　同 　　同 　　同 　　同 10 月 　　同 　　同	幼稚園教育要領 小学校 中学校 高等学校 盲学校・聾学校及び養護学校 　幼稚部教育要領 　小学部・中学部 　高等部	1990 年 4 月 1992 年 4 月 1993 年 4 月 1994 年 4 月 1990 年 4 月 小 1992 年 4 月 中 1993 年 4 月 1994 年 4 月	新しい学力観の登場として個性を強調。小学校低学年の生活科の登場。高校社会科を地歴科と公民科に編成。中学校保健体育の格技を武道に変更。

行われた。内容は、義務教育の在り方、高等学校教育の在り方、外国人児童生徒の教育の在り方、さらに教師の在り方や教育環境の整備等を諮問したものである。

この内容は極めて多面的なものであるが、二〇二〇（令和二）年の新型コロナウイルスをめぐる対策とメディア授業の普及が重なることで、ポストコロナの時代の教育を問う内容として審議が進んでいる。また並行して教育再生実行会議でも審議が進められている。

教員をめぐっては、中央教育審議会の教員養成部会において、教員の人材の確保という深刻化する課題を取りあげている。二〇二〇（令和二）年七月一七日に公表された「教員養成部会審議まとめ」では、義務教育九年間の学級担任制や教科担任制を検討して、小学校の全科免許状と中学校の教科別免許状の両方を取得できる教員免許制度や教職員配置の在り方を提言した。さらに、学校以外で勤務してきた経歴や専門的な知識・技能を有する者の登用のための免許制度や教員の養成・採用・研修・勤務環境の在り方をも論じている。そして、チーム学校の実現等に向けた教職員や専門的人材の配置、教師を支援し教育の質を高めるＩＣＴ環境や先端技術の活用を含む条件整備に及んでいる。

ここまでの審議は本書刊行後に答申や提言として発表される予定である。文部科学省も審議の議事録や資料を随時インターネット上で公表する時代となっているので、関心を持って注目してほしい。言い換えれば、全体の奉仕者としての教員は、それぞれが現場に責任を持つとともに、開かれた議論に専門家や主権者の一人として参加することが大切である。*2

なお、学習指導要領の変遷については、参考のために図表4（二九八〜二九九頁）に簡単にまとめたので参考にしてほしい。念のために言うと、初期に多い五月雨的な改訂や常用漢字の変更等による一部改正は省略してある。

＊註

1　「教員免許更新制廃止へ　文科省、10年度限りで」『朝日新聞』二〇〇九年一〇月一四日朝刊、一面（東京本社版）。

2　教育再生実行会議や中央教育審議会において、筆者が公益財団法人私立大学通信教育協会の理事長の立場で各大学の意見を踏まえて報告したものを参考のため列記する。これらは首相官邸や文部科学省のウェブページで公開されている。高橋陽一「大学通信教育における社会人等の普通免許状取得について」中央教育審議会教員養成部会（第一〇六回）二〇一九年七月一八日。高橋陽一「ポストコロナ期の大学通信教育」教育再生実行会議　第四回　高等教育ワーキング・グループ、二〇二〇年一一月一八日。高橋陽一「大学通信教育における質保証」中央教育審議会　大学分科会　第六回　質保証システム部会、二〇二〇年一二月二三日。

第14章
チーム学校と地域連携

キーワード

チーム学校　地域連携　コミュニティ・スクール
学校運営協議会　地域学校協働本部

要　約

チームとしての学校、つまりチーム学校という考えが、2015（平成27）年の中央教育審議会答申で強調された。そこでは、校長のもとで、教職員や外部の専門家も含めた課題と改革が提起された。その前提には整備された教員の職の新しい在り方や、教員の働き方改革がある。また、学校が地域連携に取り組むことで、地域住民らによる学校運営協議会を置いたコミュニティ・スクールも増加し、社会教育などで蓄積された地域住民の参加を地域学校協働本部を置いて学校と連携するという改革も進んでいる。

二〇世紀末から現在に至る二〇年近い間に、日本の教員養成制度はハードルを高くして免許状を受ける学生や現職教員の努力を強く求める方向へ変化した。そして、校長を頂点とする監督のもとで教員のヒエラルキーを強化する動きでもあった。しかし、予測不可能な社会の変化と個人の思考力や判断力や表現力が強調される時代を迎えて、そうした管理や監督だけでは限界がみえてきた。それがチームとしての学校や地域連携に象徴される、開かれた改革の必要性となった。単純化して言えば、階層性と管理によるタテの改革と、個人の専門性と一体感によるヨコの改革が、共存しながら進んでいるのである。

従来から校長は、**学校教育法**（昭和二十二年三月三十一日法律第二十六号）の第三十七条第四項においては、学校全体の機能である**校務**をつかさどり、所属職員を**監督**することが定められていた。そして学校内では**職員会議**をはじめ、各種委員会や部会を置いて、教職員がそれぞれの役割を果たす**校務分掌**の態勢を確立していた。こうした法令上の規定を前提としつつ、課題の増えている現状を踏まえて検討していくことが、政策課題とされたのである。

第一節　チーム学校答申

教育現場の共通の言葉

第13章で、二〇一七（平成二九）年と翌年に全部改正された**学習指導要領**に前後する**中央教育審議会**の答申の本文を追ってみたが、一つの言語世界を形成していることがわかる。教育をめぐっては、学校や教育という古代以来の言葉もあれば、人格の完成や個人の尊厳という戦後教育改革以来の言葉もある。また、二一世紀を通じて文部科学省が掲げ続ける生きる力という一九九六（平成八）年の中央教育審議会答申から定着した言葉もある。

これに対して、新しい現行の学習指導要領の世界で初めて登場する言葉は、二〇一五（平成二七）年一二月二一日の中央教育審議会の三つの答申に登場して、数年で教育現場に定着して現在に至るのである。その三つの答申とは、すでに第13章で詳しく説明した「これからの学校教育を担う教員の資質能力の向上について～学び合い、高め合う教員育成コミュニティの構築に向けて～」と、本章で検討する「チームとしての学校の在り方と今後の改善方策について」と「新しい時代の教育や地方創生の実現に向けた学校と地域の連携・協働の在り方と今後の推進方策について」である。

そこで共通に、新しい学校の在り方としての**チームとしての学校**または**チーム学校**、新しい学びの在り方としての**アクティブ・ラーニング**（こちらは後に学習指導要領の審議で定義が確定して主体的・対話的で深い学びと定まる）、学校の独自性を強調する**カリキュラム・マネジメント**または地域や時代の特色を踏まえた**社会に開かれたカリキュラム**という言葉が現れる。

同じ審議会で分かれて審議しているのだから、同じ言葉が出てきて当たり前という話ではない。この概念が現代社会の不安定さや将来への期待を込めて語られ、そして文部科学省の官庁用語というよりも研修を通じて現場用語として、あっという間に定着したところに注目するのである。

チーム学校の諮問

「チームとしての学校の在り方と今後の改善方策について」が文部科学大臣から中央教育審議会に諮問されたのは、二〇一四（平成二六）年七月二九日であった。この諮問に先だって、政権与党である自由民主党の教育再生実行本部は二〇一三（平成二五）年五月二三日に「第二次提言」を発表しており、ここで「『チーム学校』の実現」という形で、「学校のチーム力を高め、教師が児童生徒の教育に専念できる体制の実現」という表現や、「主幹教諭の全ての学校への配置や少人数教育の更なる推進、外部人材の活用とともに、教師と他の教職員との職務範囲の明確化や、事務体制の整備・充実、事務職員の資質能力向上のための環境整備等を通じて、学校のチーム力を高め、教師が児童生徒への教育に専念できる体制を実現」という文言をみることができる。つまり、政党主導で提言された概念であるという経緯がある。経緯からすると、言葉としてはチーム学校が先で、それを文部科学省がチームとしての学校と言い直したと考えられる。

チームとしての学校の必要性

二〇一五（平成二七）年一二月二一日の中央教育審議会答申「チームとしての学校の在り方と今後の改善方策について」は、上述の学校教育改革の課題を明確にしたうえで、個々の教員が個別に教育活動に取り組むのではなく、校長のリーダーシップのもとで学校のマネジメントを強化して、組織として教育活動に取り組む体制を創りあげるとともに、必要な指導体制を整備することを提唱した。そして、「チームとしての学校」像をまとめて、「校長のリーダーシップの下、カリキュラム、日々の教育活動、学校の資源が一体的にマネジメントされ、教職員や学校内の多様な人材が、それぞれの専門性を生かして能力を発揮し、子供たちに必要な資質・能力を確実に身に付けさせることができる学校」と定義した。

この説明のために示された、「従来」と「現在」と「チームとしての学校」を比較したイメージ図が図表1である。

過去と現在を非常に大胆に否定した図式であるので、「学校に対するステレオタイプ的な批判等を表している」

図表１　「チームとしての学校」像（イメージ）

2015（平成27）年12月21日、中央教育審議会答申「チームとしての学校の在り方と今後の改善方策について」より

従来

・自己完結型の学校

（鍋ぶた型、内向きな学校構造
「学年・学級王国」を形成し、
教員間の連携も少ない　などの批判）

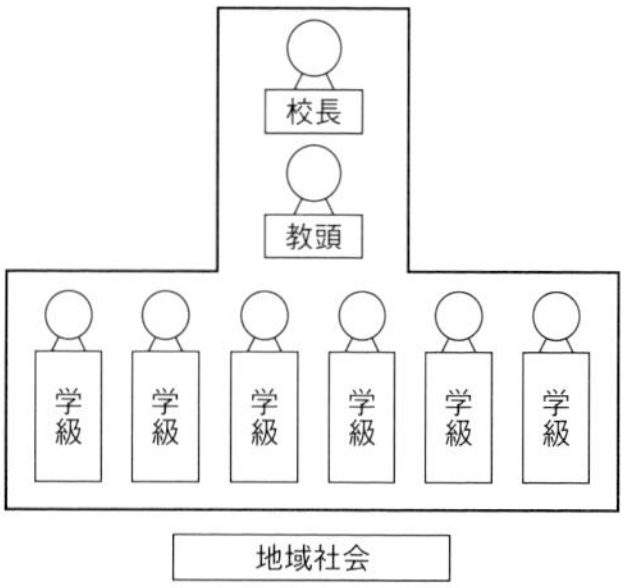

現在

・学校教職員に占める教員以外の専門スタッフの比率が国際的に見て低い構造で、複雑化・多様化する課題が教員に集中し、授業等の教育指導に専念しづらい状況
・主として教員のみを管理することを想定したマネジメント

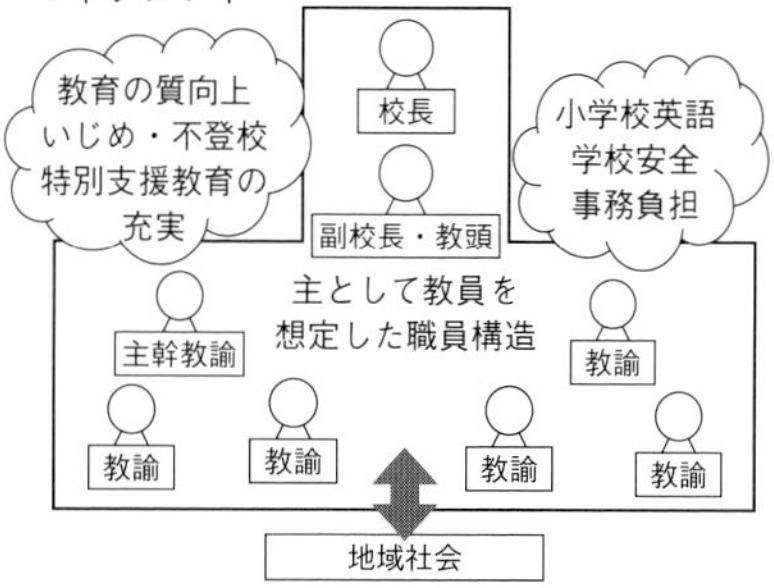

（注）「従来」「現在」の学校に係る記述は、学校に対するステレオタイプ的な批判等を表しているものであり、具体の学校、あるいは、全ての学校を念頭に記述しているものではない。

チームとしての学校

・多様な専門人材が責任を伴って学校に参画し、教員はより教育指導や生徒指導に注力
・学校のマネジメントが組織的に行われる体制
・チームとしての学校と地域の連携・協働を強化

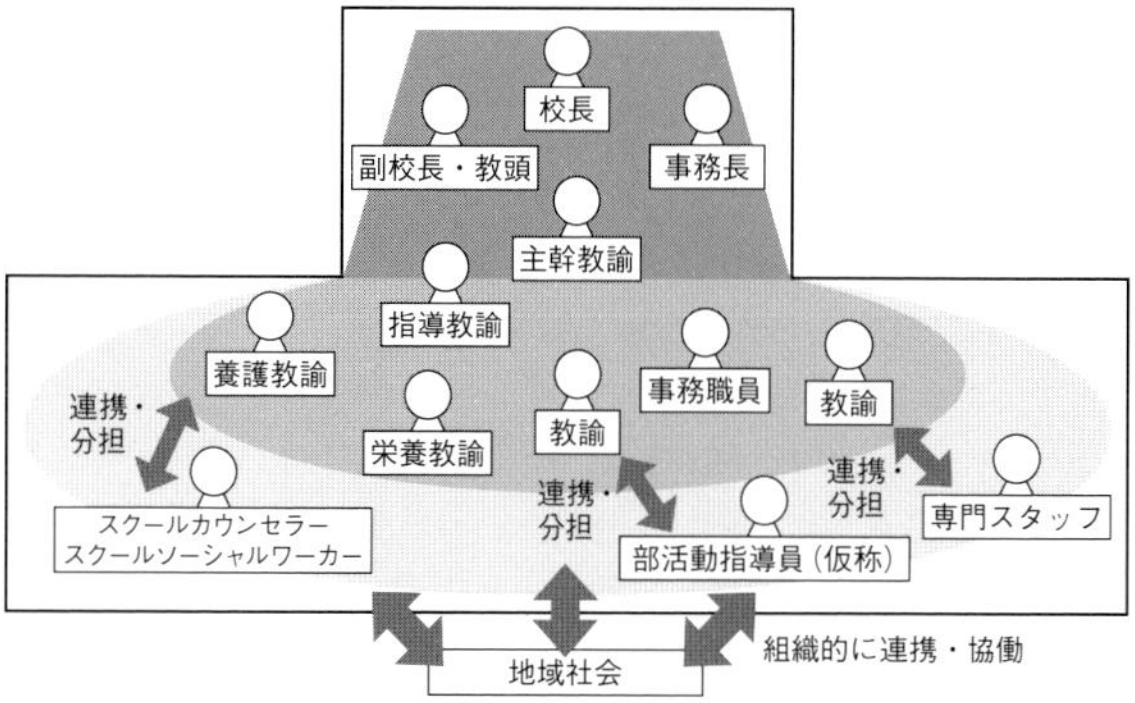

（注）専門スタッフとして想定されるものについては、本答申の22ページを参照。また、地域社会の構成員として、保護者や地域住民等の学校関係者や、警察、消防、保健所、児童相談所等の関係機関、青少年団体、スポーツ団体、経済団体、福祉団体等の各種団体などが想定される。

と注記されている。ただ、それを示すことに意義があると判断して、中央教育審議会はこの図を掲げたのであろう。「従来」とは教員の権限が学級に閉じこもった「鍋ぶた型」や「学年・学級王国」であり、教室としても、学校としても自己完結するイメージである。そして「現在」とは当然に二一世紀になってからの教員制度の改革を踏まえたものであるから、これも文部科学省と中央教育審議会は当事者なのであるが、専門スタッフが少なく、教員が指導に専念できず、「教員のみを管理」という批判的な文言で示されている。つまり、二〇〇七（平成一九）年に設置された副校長、主幹教諭、指導教諭といった校長から降りてくる縦のラインを強調した改革が成功していないという認識を示しているのである。

これに対して校長のリーダーシップの縦のラインを維持したまま、多様な専門人材を学校に参画させて、学校内外の連携や協働を活性化させようとするのが、このチームとしての学校の眼目となる。

チームとしての学校を実現するための三つの視点として、①専門性に基づくチーム体制の構築、②学校のマネジメント機能の強化、③教職員一人ひとりが力を発揮できる環境の整備を提起している。

教職員の指導体制の充実

この答申の特徴として教職員などの職業ごとの課題を提起したことがあるので、概略だけでも理解しておきたい。

まず、**教員**、つまり教諭や講師については、教職員定数の充実や業務の見直しという、二〇一九（平成三一）年一月二五日の中教審答申「新しい時代の教育に向けた持続可能な学校指導・運営体制の構築のための学校における働き方改革に関する総合的な方策について」を先取りする内容を提起している。答申本文に付された教員の役割の見直しの図は、非常にわかりやすいので、図表2に掲げた。教員の果たすべき役割に、特別支援教育やいじめ対応、アクティブ・ラーニングによる授業改善が増えているのだから、専門スタッフや支援のスタッフに役割の分担を求めるべきだという提言である。

指導教諭については、二〇一五（平成二七）年四月現在で二〇九八人にとどまっている現状から、アクティブ・ラーニングなどの研修を進めるためにも、国が配置を促進するべきだとした。

養護教諭については、スクールカウンセラーやスクールソーシャルワーカーとの協働も含めて必要性が高まり、大規模校の複数配置などを促進することを求めた。

栄養指導や管理をつかさどる**栄養教諭**や事務職員に分類される**学校栄養職員**についても、食育を推進するための配置の促進を求めた。

主幹教諭については、二〇一五（平成二七）年四月現在で二万四九〇人が配置されているが、

図表２　「チーム学校」の実現による学校の教職員等の役割分担の転換について（イメージ）

2015（平成 27）年 12 月 21 日、中央教育審議会答申「チームとしての学校の在り方と今後の改善方策について」より

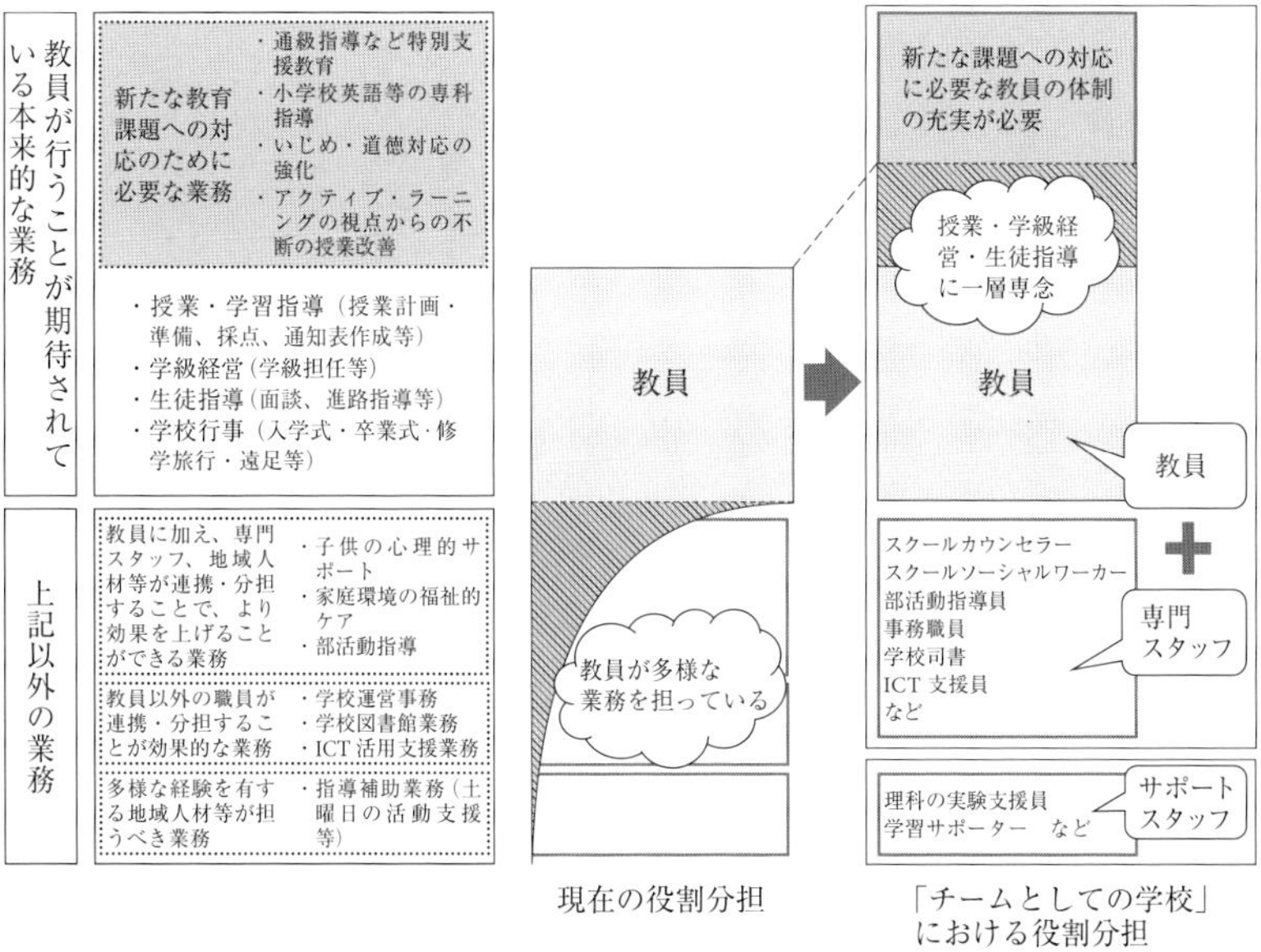

校長、副校長、教頭などを補佐する役割よりも庶務一般を担っている状況を踏まえて、さらなる配置を求めた。

また、**校長のリーダーシップ**を強調して、校長がビジョンを示して教職員の意識や取り組みを共有することの重要性を強調している。このためにも、**校長**や**副校長**や**教頭**の資質能力の向上を明確にして、管理職の養成を重視することを求めている。さらに教育委員会に対して、校長の裁量できる経費の拡大も求めている。

事務職員については、職務内容の明確化や資質能力の向上を目指す研修などを提起して、さらなる配置を求めた。

このように既存の職については、一層の役割の発揮のためにも、増員を求める結論が目立つ。こうしたことは、実際の現場の声の反映であるだけではなく、文部科学省が政府内で予算を獲得するためにも非常に重要な意義がある。

教員以外の専門スタッフの参画

次にこの答申の新しい点は、様々な専門スタッフの役割や制度化を求めたことである。

スクールカウンセラーについては、学校では高いニーズがありながら、教育委員会に非常勤職として採用されて週一回程度学校に派遣されている実態を指摘して、法令上の位置づけや教職員定数に含めて、国庫負担をする職とするべきだと提起した。

スクールソーシャルワーカーについては、二〇一四（平成二六）年度の国の補助事業の配置は一一八六人にとどまっており、法令上の位置づけや教職員定数に含めて、国庫負担をする職とするべきだと提起した。また社会福祉士や精神保健福祉士など福祉分野の専門資格のない場合は、研修などを行う必要を提起した。

ＩＣＴ支援員については、授業や校務の多様な場面で、ＩＣＴ（Information and Communication Technology）の

活用について支援する専門家である。二〇一三（平成二五）年度末で二〇〇〇人であった。この人材の育成や確保を求めている。なおこの分野のスタッフの必要は、コロナウイルス対策下やポストコロナのメディア授業の拡大で、非常に高まっている。

学校司書については、教諭をもって充てる**司書教諭**と連携して、学校図書館の運営にあたる事務職員である。この人材の充実を求めている。

英語指導を行う外部人材と**外国語指導助手・ＡＬＴ**（Assistant Language Teacher）については、二〇一四（平成二六）年度に公立学校の外国語指導助手が一万五四三二人、そのうちＪＥＴプログラムと呼ぶ外国人青年の招聘事業による助手が四〇七二人にのぼっている。学習指導要領の全部改正で小学校の外国語の教科化が予定されているなか、指導力向上の研修や財政処置などを求めた。

補習など学校における教育活動を充実させる**サポートスタッフ**については、補習を指導する児童生徒学習サポーターや、教師の印刷業務などの事務作業を補佐する教師業務アシスタントなどとして、二〇一五（平成二七）年度予算では一万人分の国の補助が計上されていた。多様な人材が参加する地域ぐるみの教育を推進するためにも、国による地方公共団体への支援を強調した。

部活動指導員については、この答申に「部活動指導員（仮称）」と記載されているように、この答申で提起されることで学校教育法施行規則が改正されたものである。答申は、部活動の指導や引率にあたる職員として法令上位置づけて、研修などの充実を図ることを提起した。

特別支援教育に関する専門スタッフ

特別支援教育は、二〇〇五（平成一七）年一二月八日の中央教育審議会答申「特別支援教育を推進するための制度の在り方について」により、盲学校と聾学校と養護学校を特別支援学校に変更するとともに、他の学校の通常教育でも一人ひとりのニーズに応じた適切な指導及び必要な支援を行う**特別支援教育**という概念を定着させた。つまり、どの学校の教員にも発達障害や学習障害を含めた様々な理論と児童生徒一人ひとりのニーズを理解して、計画的な指導にあたることが求められた。このことによる教員の課題は増加したが、教員だけでは対応できない分野もあり、校外の専門スタッフとの連携を求めることが重要である。そのためには、校長が校内の教員から、連絡調整にあたる**特別支援教育コーディネーター**を命じることができる。

医療的ケアとは、痰《たん》の吸引や経管栄養など医師や看護師ができる医療行為であるが、特定の医療行為として研修を受けることでそれ以外の者も対応できる。答申が引用する二〇一四（平成二六）年度の実態では、公立特別支援学校で医療的ケアの必要な児童生徒は七七七四人が在学し、医療的ケアを行う**看護師**が一四五〇人で、医療的ケアの資格のある教員は三四四八人である。そして公立小・中学校の医療的ケアのための看護師が三七九名となっている。特別支援学校では高度の専門性を持つ教員がいるわけであるが、通常の学級での特別支援教育のためには、看護師の配置人数の増員を求めている。

特別支援教育支援員は、障害のある児童生徒の日常生活の介助、発達障害のある児童生徒の学習支援などを行うスタッフであるが、専門資格が定められているものではない。二〇一四（平成二六）年度においては、幼稚園で五六三八人、小学校と中学校で四万三五八六人、高等学校で四八二人となっている。国は特別支援教育支援員のための地方公共団体への財政処置をとっているが、答申は配置人数の増員のためにも、こうした処置や研修の充実を求めた。

医療分野の資格を持った専門家との連携も、特別支援教育では必要になる。**ST**（Speech-Language-Hearing Therapist）と略称される**言語聴覚士**は、言葉の発声と発音の評価、摂食機能の評価と改善、人工内耳を装着した児童生徒などの「聞こえ」の評価と改善等を行う。**OT**（Occupational Therapist）と略称される**作業療法士**は、着替え、排泄《はいせつ》、食事、道具の操作など日常生活動作の評価や日常生活と作業活動の改善に役立つ教材の製作などを行う。**PT**（Physical Therapist）と略称される**理学療法士**は、呼吸状態や姿勢などに関する身体機能面からの評価、学校生活で可能な運動機能の改善と向上についての指導、障害の状態に応じた机や椅子などの備品の強化と改善などを行う。このほか心理学の専門家や視覚障害に対応した視能訓練士などの専門家もいる。国は二〇一三（平成二五）年度から特別支援学校にこれらの専門家の配置をして、特別支援学校の**センター的機能**として小学校や中学校へ派遣するモデル事業を実施している。二〇一四（平成二六）年度には一三八〇人が配置されていた。答申は、この事業をもとに必要な配置を求めた。

障害のある生徒が自立して社会参加へと進むには、学校におけるキャリア教育や職業教育を充実させて、社会福祉団体やハローワークなど労働機関とも連携する必要がある。こうした業務にあたる**就職支援コーディネーター**については、二〇一四（平成二六）年度には国のモデル事業として四〇地域で配置が行われた。答申はこのモデル事業を踏まえて、就職支援コーディネーターを広げて、配置を進めることを提起している。

また答申は、**地域連携**を担当する教職員についても、地域連携担当教職員として位置づけることを提起している。この内容は第二節に概説する答申とも関連する。

ここまで答申をみていくと、チーム学校の提起とは、学校への社会的期待と課題の増大に対応したものであることがわかる。特別支援教育のための研修や個別指導にいかに時間と努力が必要か、生徒指導上の様々なトラブル対応がいかに大変か、法令上は教育課程外の生徒の自発的活動となっているはずの部活動の指導がどれほど負担になっているか。それは常に現場の教員から聞く話である。この答申はこうした現場の課題を整理して、チーム学校という言葉によって現場とともに、社会に訴えかけたものであると言える。

第二節　地域連携答申

コミュニティ・スクールの増加

学校は地域の学校である。これは明治期における近代学校の創設においても、そして現在の租税負担などを考えても、当然である。ただ、公立学校が地域住民の意見を反映したものとするためには、文部科学省と都道府県と市町村の教育委員会のもとにある法令上の規定に、様々な見直しが必要になる。

二〇〇四（平成一六）年三月四日に中央教育審議会は答申「今後の学校の管理運営の在り方について」を提出した。ここでは、教育委員会の判断により、保護者等を含めた学校運営に関する学校運営協議会を置いて、地域運営学校として新しいタイプの公立学校の在り方を提起した。これは米国のコミュニティ・スクールの動向や構造改革特区による規制緩和の動きを受けたもので、同年に**地教行法**と略称される地方教育行政の組織及び運営に関する法律（昭和三十一年六月三十日法律第百六十二号）が改正された。

学校運営協議会とは、改正された地教行法の第四十七条の五により教育委員会が指定する学校の運営に関する協議をする機関として置くものである。この指定する学校はモデルとなったアメリカの例にならって**コミュニティ・**

図表３　全国の公立学校におけるコミュニティ・スクールの数
文部科学省「2020年度コミュニティ・スクール及び地域学校協働活動実施状況調査について（概要）」より

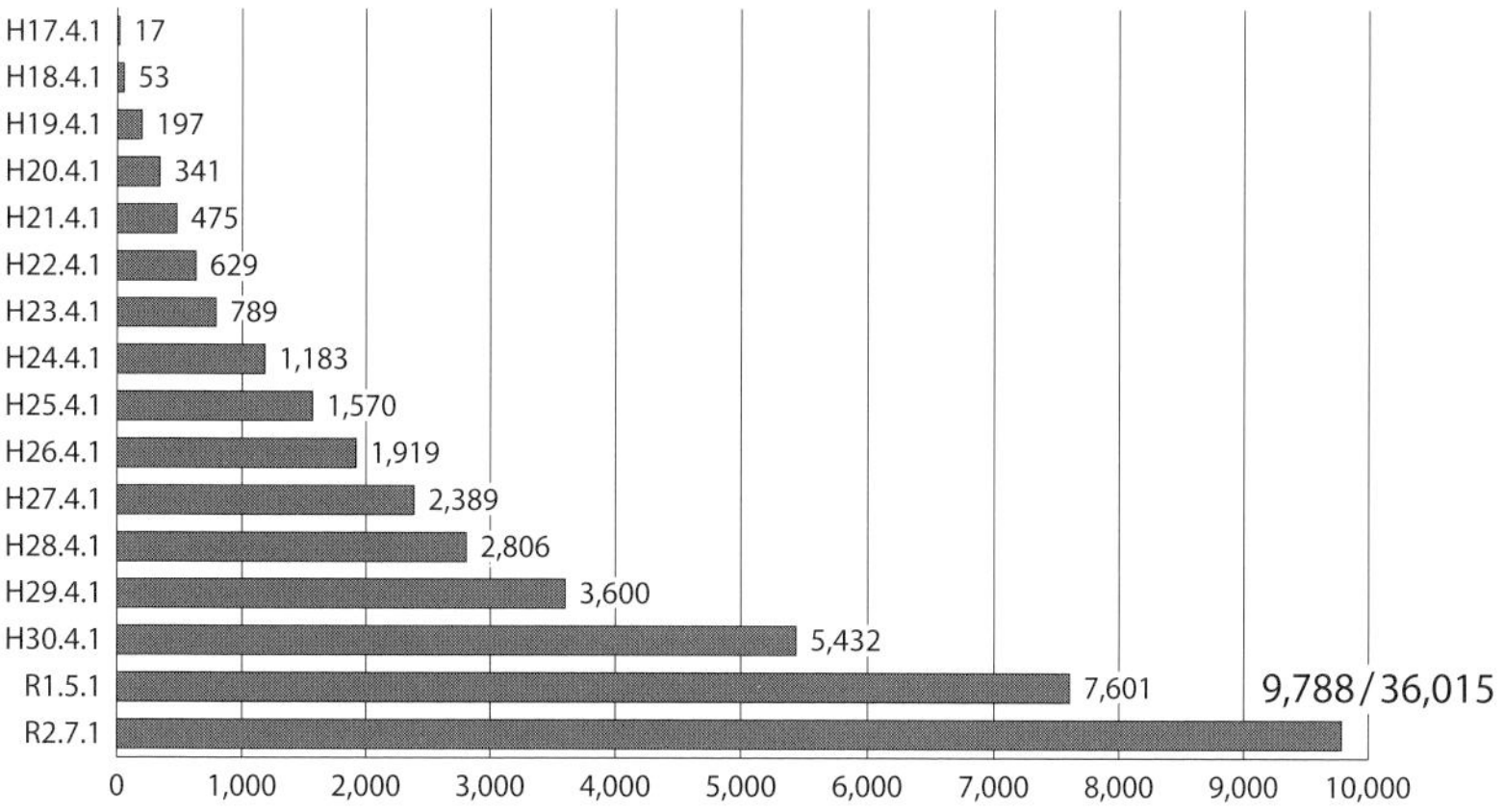

※コミュニティ・スクールとは、地方教育行政の組織及び運営に関する法律第47条の5に基づく学校運営協議会を置く学校を指し、法律に基づかない自治体独自の取組については除いている。
※全国の公立学校とは、幼稚園（幼稚園型認定こども園を含む）・小学校・中学校・義務教育学校・高等学校・中等教育学校・特別支援学校 のこと。
※学校数の母数は今回調査において教育委員会から回答のあった学校数としている。

スクールと呼ばれている。その**地域住民**や保護者から教育委員会が委員を任命し、協議会は、校長が作成する学校運営の基本方針を承認したり、学校運営に関する意見を教育委員会または校長に述べたり、教職員の任用に関して教育委員会規則の定める事項について教育委員会に意見を述べることができる。

さらに後述する二〇一五（平成二七）年一二月二一日の中央教育審議会答申「新しい時代の教育や地方創生の実現に向けた学校と地域の連携・協働の在り方と今後の推進方策について」を踏まえて、地教行法が改正され、学校運営協議会の設置の努力義務化やその役割の充実などが規定された。

学校運営協議会の設置は委員となる住民の負担も大きいものであるが、同時に積極的に参加するだけの役割もある。そして図表3のように近年は増大の傾向にある。全国の公立学校で二〇二〇（令和二）年現在で九七八八校に及び、比率としては二七・二%を占めるまで普及した。

地域学校協働本部

この中教審答申「新しい時代の教育や地方創生の実現に向けた学校と地域の連携・協働の在り方と今後の推進方策について」が提起したのは、「地域とともにある学校」という理念である。このために社会教育と地域学校協働活動を位置づけて、地域住民と学校をつなぐ**地域学校協働本部**を置くことを提唱した。

こうした取り組みの前提としては、二〇一七(平成二九)年と翌年の学習指導要領で強調された**社会に開かれた教育課程**という理念がある。このためには、予測不可能な社会の実態を反映する教育内容や方法を学校が**カリキュラム・マネジメント**として取り組むだけではなく、直面する地域の現実や課題にも向き合う必要がある。しかし、学校の教員が地域に入って連絡調整にあたるというのは、大きな負担ともなるわけであり、本来の学校の役割をも損ないかねない。そうしたなかで、地域からの積極的な参加や、今まで培われてきた社会教育における地域の取り組み、放課後子ども教室、学校の校庭開放などの実績をもとに見直されたわけである。

答申は、「支援」から「連携・協働」へ、「個別の活動」から「総合化・ネットワーク化」へという形で、地域学校協働活動を位置づけた。その体制として地域学校協働本部を置いて、コーディネート機能、地域住民の参画した多様な活動、持続的な活動という提起を行った。

この地域学校協働本部は、文部科学省の発表した「二〇二〇年度コミュニティ・スクール及び地域学校協働活動実施状況調査について(概要)」によれば、二〇二〇(令和二)年現在で、全国の地域学校協働本部数は前年から一四九一本部増えて一万八七八本部となっている。これは公立学校のうち六割をカバーする数である。

また二〇一七（平成二九）年三月には**社会教育法**（昭和二十四年六月十日法律第二百七号）が改正され、第九条の七により、教育委員会が**地域学校協働活動推進員**を委嘱することができるようになった。この地域学校協働活動推進員とは、教育委員会の施策に協力して地域住民等と学校との間の情報の共有を図るとともに、地域学校協働活動を行う地域住民等に対する助言その他の援助を行う者である。この活動のメンバー全体は二二〇九人増加して、二万八八二二人となり、法令に基づいて地域学校協働活動推進員として任命された者は一一六四人増加して、七三三九人となった。またこうしたメンバーと前掲の学校運営協議会委員を兼ねる者は四九五五人となり、重層的な活動が期待できる。

ここまで、現在の学校の現場における多様な課題の増大、そして第12章にみた教員の働き方改革に連動するチームとしての学校の政策的提起と動向を概説した。こうした改革は現場の実際や教師たちの苦悩の反映でもあり、極めてリアリティの高い教育改革だと言える。

同時にそれが児童生徒にとって、そして地域住民、保護者、さらには教職員にとって本当に意義のある改革になるかは、現場の創意工夫と努力に委ねられることになる。ただ法令のみを踏襲して硬直化する教育ではなく、法令を活用してオリジナルな活動が推進される姿こそが、社会に開かれた教育課程やカリキュラム・マネジメントという本来の課題のはずである。

第15章
学校教育の法令

キーワード

体罰　懲戒　セクシュアル・ハラスメント
パワーハラスメント　個人情報　著作権　複製　補償金

要　約

学校教育法に基づいて、教員は懲戒の権限があるが、体罰は禁止されている。それにもかかわらず体罰事件などが発生しており、教育の在り方や人権を理解して指導する必要がある。また、性的な言動によるセクシュアル・ハラスメントや、地位を悪用したパワーハラスメントなども、学校として防止に努めていく必要がある。個人情報の保護は、行政も民間企業も含めて取り組まれているが、学校でも正確な理解と注意が必要である。また、著作権の保護のための著作権法では、学校教育における教材活用などの教室での複製を特例として認めている。インターネットでの著作物の活用にあたっては、あらたに補償金のシステムが導入されて、自宅での予習や復習にも活用できる改正が行われて2020（令和2）年より施行された。

最後となる第15章では、教員として注意するべき法令上の規定について説明したい。地方公務員法（昭和二十五年十二月十三日法律第二百六十一号）の第三十二条に基づく**法令遵守義務**については、職務上の義務として第4章で説明した。教員が理解して実践に活かす法令は非常に多岐にわたっている。日本国憲法から、法律としての教育基本法と学校教育法、政令としての学校教育法施行令、省令としての学校教育法施行規則、そして告示としての学習指導要領に至る法体系は、制度と実践の前提として深い理解が必要であるが、ここでは割愛しておく。ぜひとも拙著『新しい教育通義』（武蔵野美術大学出版局）をはじめ教育原理や教育制度の基本を把握しておいてほしい。

ここでは、体罰、ハラスメント、個人情報、著作権といった現場で問われる内容についてまとめて記載する。

第一節　体罰の禁止

懲戒と体罰

二〇一二（平成二四）年に大阪市の高等学校で発生して翌年に報道された、痛ましい体罰による生徒の自殺事件をめぐって、教育界が大きな反省を求められた。このほか、全国の都道府県でも多くの体罰事件が発生し続けて、文部科学省や教育委員会は体罰の根絶に向けての通知を発して徹底し、研修に努めている。[*1]

懲戒や体罰禁止について、その根拠を**日本国憲法**（昭和二十一年十一月三日憲法）までさかのぼれば、第三十一条で「何人も、法律の定める手続によらなければ、その生命若しくは自由を奪はれ、又はその他の刑罰を科せられない。」という罪刑法定主義に至るだろう。もちろん、刑事罰とこれから説明する懲戒は異なるものであるが、公の性質を持つ学校は、重要な事項については法令に基づく対応が求められる。そして児童生徒の懲戒については、**学校教育**

法（昭和二十二年三月三十一日法律第二十六号）の第十一条で次のとおり定められている。

第十一条　校長及び教員は、教育上必要があると認めるときは、文部科学大臣の定めるところにより、児童、生徒及び学生に懲戒を加えることができる。ただし、体罰を加えることはできない。

問題のある行動などについて戒めたり懲らしめたりする**懲戒**は、学校教育上の必要のために行う。つまり教育の目的や目標に照らして、懲戒は本人や他の子どもたちに必要である場合に行われる。行う主体は、校長と教員である。ここで言う教員は、授業を行う教諭などであるから、事務職員は除かれる。校長は他の教員とは区別して記されているが、副校長など、これに準じる者も含まれている。対象は児童と生徒と学生であるから、初等中等高等教育の学習者である。幼児と書かれていないから、幼稚園の学習者は含まれていない。念のために言うと、幼稚園の幼児に事務職員が、いけませんと言って叱るのはこの第十一条の懲戒には正確には含まれていないが、それが学校職員として言うべきことであれば当然の行為だろう。

重要なことは、第十一条但書きに、「体罰を加えることはできない」として体罰禁止が定められていることである。『新しい教育通義』にも書いたが、人類には親が子を殺したり、教師が生徒に体罰を加えたりすることを認めてきた悲しい歴史があり、これを宗教や法律などで禁止しようとする取り組みがあった。日本は明治期から勅令で体罰を禁止した、いわば先進国である。それにもかかわらず一〇〇年以上も体罰が続いているから事態は深刻なのである。

体罰の定義

何が体罰になるか定義がないというのは、法令を知らない者の議論である。法令は文言にあるとおり解釈するのであるから、身体に対する罰であれば**体罰**である。そして法令解釈は責任ある官庁が示した**有権解釈**が力を持つので、学校教育法ができた戦後改革期における法令解釈権のある官庁で法務庁・法務府が体罰の定義として示した身体に対する侵害、被罰者に肉体的苦痛を与えるような懲戒は体罰に該当するという解釈（昭和二十三年十二月二十二日法務庁調査二発十八号、法務調査意見長官回答）が、有効である。身体に対する侵害や被罰者に肉体的苦痛を与える懲戒ならば、体罰に該当する。法務府は翌年八月二日にもこの件の解釈を示しており、「用便に行かせなかったり食事時間が過ぎても教室に留め置くことは肉体的苦痛を伴うから体罰となり、学校教育法に違反する。」、「授業時間中怠けた、騒いだからといって生徒を教室外に出すことは許されない。教室内に立たせることは体罰にならない限り懲戒権内として認めてよい。」、「人の物を盗んだり、こわしたりした場合など、こらしめる意味で、体罰にならない程度に、放課後残しても差し支えない。」、「遅刻や怠けたことによって掃除当番などの回数を多くすることは差し支えないが、不当な差別待遇や酷使はいけない。」といった個別事案の解釈例を示した。

学校教育法第十一条に基づいて、**学校教育法施行規則**（昭和二十二年五月二十三日文部省令第十一号）の第二十六条では、懲戒の在り方を定めている。この第一項では懲戒にあたって「児童等の心身の発達に応ずる等教育上必要な配慮をしなければならない。」として、教育上の必要のための懲戒が、教育上の配慮をもって行われることを記した。法務府の見解のとおり、注意喚起のための起立や居残り作業は身体を侵害するものでないから認められるのであるが、これも対象者の年齢から時間や回数を考えないと肉体的苦痛に至ることがあるから配慮が必要である。また懲戒の意図を理解できる知的段階や、懲戒による精神的な影響なども考慮に入れる必要がある。

同第二十六条第二項では、懲戒のうち退学、停学、訓告という重要な処分は**校長**のみが実施できることを定めている。同第三項で、退学について、義務教育を保障する公立の小学校、中学校、義務教育学校、特別支援学校ではできないとした。しかし、「性行不良で改善の見込がないと認められる者」、「学力劣等で成業の見込がないと認められる者」、「正当の理由がなくて出席常でない者」、「学校の秩序を乱し、その他学生又は生徒としての本分に反した者」に退学を適用できるとした。同第四項で、停学について、国公私立を問わず学齢児童や学齢生徒に対しては義務教育の保障に反するためにできないとした。この退学や停学の規定と連動して、公立の小学校や中学校では他の児童生徒などに繰り返し迷惑をかける子どもに対応するために、学校教育法第三十五条で、市町村教育委員会が保護者に対して行う命令としての児童生徒の**出席停止**を定めている。

正当防衛と緊急避難

暴力行為を行う児童生徒への対応策として体罰が言われることがあるが、暴力行為から教師が自分自身や他の児童生徒を守るのは、懲戒ではなく、**正当防衛**という。正当防衛や、危険を避けるための**緊急避難**は、**刑法**（明治四十年四月二十四日法律第四十五号）の第三十六条や第三十七条で認められた行為である。なお、この正当防衛や前記の法務府の解釈で認められた身体に関する行為から、**有形力行使**という言い方で、体罰にならない行為を言うことがある。これは法律解釈としては正しいのだが、何か物理的力を積極的に行使しなければならないような誤解が生じやすい。警察官職務執行法（昭和二十三年七月十二日法律第百三十六号）の第七条は正当防衛や緊急避難などに基づいて武器使用の範囲を定めているが、こうした有形力行使は武術と武器使用を訓練した警察官であるから可能な職務である。閻魔《えんま》大王《だいおう》の眷属《けんぞく》が持つ刺股《さすまた》を学校に並べる例を見ることがあるが、関所や地獄同様に危険な不審者の侵入に対する威嚇効果としては理解できるものの、生兵法《なまびょうほう》のみに頼るのは危険である。もちろん、専門家による護身術を研修に導入している教育委員会の取り組みは評価されるべきである。

論点が広がってしまったかもしれないが、**学校保健安全法**（昭和三十三年四月十日法律第五十六号）にいう学校安全には、自然災害や交通事故のほか、不審者による校内や登下校時の危害への対応も含まれている。この法律により文部科学省が二〇一二（平成二四）年四月二七日に策定した「学校安全の推進に関する計画」においても、不審者対策などが課題とされている。日頃から学校の教職員全体が緊急時の体制などを確認して自覚を高め、防犯機器や通報手段などを整備し、子どもの安全を確認した避難誘導などを行う必要があり、ここで述べた正当防衛や緊急避難に基づく対応が考えられていることも事実である。

教育実践の課題として

懲戒が秩序を乱す行為だけでなく性行や学業や出席を問題としていることから、体罰が児童生徒の成績の向上や態度の改善といった、いわば教育の目標を口実として行われるという問題がある。しかし、学校は主権者たる国民を育成するために権利や義務を学ぶ場であり、教師自身が子どもの人権を侵害して暴行罪や傷害罪という犯罪を行う体罰が認められる理由はどこにもない。教育者も学習者も同じく平等な人間であり、専門家としての教員に認められているのは法律に基づいた懲戒のみであって、教育の目標は学習指導や生活指導などの充実によって達成されるものであることを理解するべきである。身体にかかわる指導を行う体育や運動部活動などの特別活動で体罰が発生することも多いが、職務として行う懲戒と犯罪としての体罰を峻別しなければならない。このためには教員一人ひとりの自覚を高めるとともに、校長が体罰について注意を喚起して予防に努め、教員が相互に意識を高めて連携することが必要である。

犯罪行為を見て見ぬふりをするといったことは、あってはならない。体罰などの違法行為を行う同僚がいる場合は、児童生徒の人権、心と体を守るためにも、速やかに校長などに報告する必要がある。

また、両親などによる児童生徒の心身への侵害を察知することが多いのも教師の立場である。**児童虐待**については、**児童虐待防止法**と略称される児童虐待の防止等に関する法律（平成十二年五月二十四日法律第八十二号）において、第五条（児童虐待の早期発見等）で学校の役割を明確にし、第六条（児童虐待に係る通告）で「児童虐待を受けたと思われる児童を発見した者」つまりあらゆる人に児童虐待の疑いを児童相談所に**通告**する義務を課して、教員ほかの専門職の守秘義務と抵触しないことと定めている。

第二節　セクシュアル・ハラスメントやパワーハラスメント

性的な言動と不快にさせるセクシュアル・ハラスメント

体罰は直接に身体を侵害して生命や健康に危害を与えるが、同時に精神に対しても心的外傷などを与える犯罪である。こうした身体に対する侵害のほかに、言葉や行動によって相手の心を侵害することも当然に基本的人権を侵害する違法行為となる。

企業等の職場も含めて、性的な嫌がらせを意味する**セクシュアル・ハラスメント**の防止は大きな課題となっている。**男女雇用機会均等法**と略称される雇用の分野における男女の均等な機会及び待遇の確保等に関する法律（昭和四十七年七月一日法律第百十三号）は、一九九七（平成九）年に法律名を含めて一部改正（平成九年六月十八日法律第九十二号）されたものである。同第十一条（職場における性的な言動に起因する問題に関する雇用管理上の措置）では、すべての事業主に、職場における性的な言動によって就業環境が害されないように、相談や対応の体制整備を行うことを義務とした。**性的な言動**とは、刑法等に触れる行為だけではなく、就業環境が乱される原因となる性にかかわる言葉や行為一般をさす。これを受けて労働省が規定などを整備して、文部省は「文部省におけるセクシュアル・ハラスメントの防止等に関する規程」（平成十一年三月三十日文部省訓令第四号）を定めた。ここでは、第二条でセクシュアル・ハラスメントを定義して、「職員が他の職員、学生等及び関係者を不快にさせる性的な言動並びに学生等及び関係者が職員を不快にさせる性的な言動」とした。また、セクシュアル・ハラスメントに起因する問題を、「セクシュアル・ハラスメントのため職員の就労上又は学生等の修学上の環境が害されること及びセクシュアル・ハラスメントへの対応に起因して職員が就労上の又は学生等が修学上の不利益を受けること」とした。ここで重要な点は、セクシュアル・ハラスメントの定義として、その性的な言動が他の者を**不快**にさせるかどうかを基準としたことであり、また教職員のみならず、学校で学ぶ子どもたちも含めて被害者として想定している点である。これと同様の観点から、教育委員会や各学校の規程や体制が整備された。たとえば、東京都教育委員会では、「都立学校におけるセクシュアル・ハラスメントの防止に関する要綱」（平成十一年七月一日一一教人職第二百十六号）などの各段階での規程を整備して、相談窓口を明示して相談員を置くことなどを定めている。各学校では校長のもとに児童生徒が相談できる体制を整備するとともに、教職員の研修等を行っている。

こうしたセクシュアル・ハラスメントの防止は、近年の変化であるが、社会的常識を形成したことに意義がある。とりわけ教員に求められることは、児童生徒への様々な指導の場面において、防止への自覚を持って取り組んでいくことである。各教科においても性にかかわる事項は多い。セクシュアル・ハラスメントにおける「不快」という基準は、性別のみならず、個人や文化的背景によっても異なるものであるから、一人ひとりの感情を把握した指導上の配慮が必要となる。また、児童生徒の発達段階に応じた性に関する知識と道徳を持つための性教育は、重要な課題である。教師自身が性的な言動等に注意するだけではなく、セクシュアル・ハラスメントの防止を教育の課題として取り組んでいくこと、また子どもたちが男女の平等や男女の共同参画などの課題を理解して、そのための知識や道徳を身につけるように取り組んでいく必要がある。

優位性を前提とするパワーハラスメント

広く職場の問題となっている**パワーハラスメント**についても、敏感になる必要がある。この定義は、人格権の侵害や様々な違法行為をもとに裁判例が積み重ねられているが、厚生労働省の雇用環境・均等局が二〇一八（平成三〇）年一〇月一七日に発表した文書「パワーハラスメントの定義について」においては、①優越的な関係に基づいて（優位性を背景に）行われること、②業務の適正な範囲を超えて行われること、③身体的若しくは精神的な苦痛を与えること、又は就業環境を害することを示している。この定義に従うと、校長が教諭に、教諭が児童生徒に対して行う場合は**優位性**が想定される。「煙草を買ってこい」と違法に教諭を駆使する校長や、教育的な指導の範囲を超えて苦痛となる言動を児童生徒に行う教諭も、当然にパワーハラスメントに該当することになる。

パワーハラスメントは、優位的な地位にある者が行うため、職務命令や指導などとの区別がつかなくなることがある。それが温床となって上司や教師による人権の侵害が当然のようになってしまう深刻な問題がある。教員として、自らの人権や他人の人権について常に身を正して認識するセンスを養うことが大切である。

なお、生徒指導・生活指導において十分に実践的・理論的に理解するべき事項であるから本章では割愛するが、児童生徒間の**いじめ**の防止も学校が取り組むべき重要な課題である。**いじめ防止対策推進法**（平成二十五年六月二十八日法律第七十一号）においても学校や教員の責務が定められ、いじめを防止し、早期発見し、迅速に対応することが求められている。

第三節　個人情報の保護

個人情報の定義

二一世紀の社会的常識となり、また学校においても取り組むべき重要な課題となったものとして、個人情報の保護にも触れておきたい。個人情報保護の画期となったのは、二〇〇三（平成一五）年に**個人情報保護法**と略称される個人情報の保護に関する法律（平成十五年五月三十日法律第五十七号）が定められたことである。個人情報の在り方を考えるためにも、この法律の第一条において、高度情報通信社会の進展に伴い個人情報の利用が著しく拡大している状況に対応して、「個人情報の有用性に配慮しつつ、個人の権利利益を保護することを目的とする。」と述べていることは重要である。個人情報の利用を抑制することが目的ではなく、これが有効に活用されるためにも個人情報が保護されなければならないのである。同第二条では、**個人情報**を次のように定義している。

（定義）
第二条　この法律において「個人情報」とは、生存する個人に関する情報であって、次の各号のいずれかに該当するものをいう。

一　当該情報に含まれる氏名、生年月日その他の記述等（文書、図画若しくは電磁的記録（電磁的方式（電子的方式、磁気的方式その他人の知覚によっては認識することができない方式をいう。次項第二号において同じ。）で作られる記録をいう。第十八条第二項において同じ。）に記載され、若しくは記録され、又は音声、動作その他の方法を用いて表された一切の事項（個人識別符号を除く。）をいう。以下同じ。）により特定の個人を識別することができるもの（他の情報と容易に照合することができ、それにより特定の個人を識別することができることとなるものを含む。）

二　個人識別符号が含まれるもの

列記されたように、氏名、生年月日はもちろん、顔写真や住所、電話番号、メールアドレスといった個人が特定できるものが個人情報に該当する。従来は**プライバシー**という言葉を、他人に知られたくない個人の秘密という意味で使っていたが、個人情報は個人を特定できる情報として一層範囲が広いものとなる。

この個人情報保護法は、一般の企業のほか、私立学校にも適用される。官公庁などについては同時に制定された、行政機関の保有する個人情報の保護に関する法律（平成十五年五月三十日法律第五十八号）や、独立行政法人等の保有する個人情報の保護に関する法律（平成十五年五月三十日法律第五十九号）が適用される。さらに、地方自治体の条例や教育委員会の規程などのほか、企業や学校ごとに個別の個人情報保護の方針を**プライバシーポリシー**などの名称で公にすることが求められる。こうした文書では、個人情報の利用目的や管理体制を明示し、管理する個人情報である**保有個人データ**の本人への開示、訂正、利用停止、不服の申し立てなどを説明することになる。もちろん、学校が有する個人情報には、児童生徒や保護者に見せるべきではないレベルの成績等の記録もあるので、何が開示でき、何が開示できないかも含めてルールにしておく必要がある。また個人情報の流出を避けるためにも、利用制限や持ち出し制限などについてもルールを定めておく必要がある。

個人情報の取り扱い

個人情報保護法をめぐっては、学級住所録や学級電話連絡簿の作成が困難になることが弊害として指摘された。不要な個人情報の流出を避ける意味でこうしたリストの作成が抑制されたり、リストに本人の情報の掲載を拒否することが権利として認められたりしたことは事実である。ただし、個人情報の利用目的を明確にして本人の同意が得られる場合は、こうした名簿類の作成も可能である。

教員は学校としての個人情報保護に職務としてかかわることになるが、教員を目指す学生も、教育実習、介護等体験、学校ボランティアなどで個人情報はもちろん機微情報とされる様々な個人の秘密に触れることになるので、十分な自覚と注意を持って行動する必要がある。

第四節　著作権の保護

著作権の基本

教室の黒板に文学作品を転写したり、美術室のプロジェクタで絵画作品を映し出したり、書籍の一部をプリントして児童生徒に配布したりすることは、ごく日常的な光景である。しかし、実はこうした行為が可能であるのは、これから考える**著作権法**（昭和四十五年五月六日法律第四十八号）のなかに学校教育における特例として認められている規定があるからである。学校以外、たとえば商業施設で同様の行為をすれば、著作権法違反として、民事事件及び刑事事件として十分に成立する違法行為である。

著作権については、高等学校の教科では情報などで教育内容となり、また、大学等でも文系、理系、芸術系を問わず、大学入学段階の基礎科目や、特許や登録商標などを含めた**知的財産権**の科目などが開かれることが多くなった。著作権では、所管する文化庁が有権解釈を示すが、学校教育の法律と異なるのは過去の裁判の代表的な判決である**判例**が解釈において大きな意味を持つことである。

著作権法の第二条と第十条の一部を次に掲げる。

（定義）

第二条　この法律において、次の各号に掲げる用語の意義は、当該各号に定めるところによる。

一　著作物　思想又は感情を創作的に表現したものであつて、文芸、学術、美術又は音楽の範囲に属するものをいう。

二　著作者　著作物を創作する者をいう。

〔以下略〕

（著作物の例示）

第十条　この法律にいう著作物を例示すると、おおむね次のとおりである。

一　小説、脚本、論文、講演その他の言語の著作物

二　音楽の著作物

三　舞踊又は無言劇の著作物
四　絵画、版画、彫刻その他の美術の著作物
五　建築の著作物
六　地図又は学術的な性質を有する図面、図表、模型その他の図形の著作物
七　映画の著作物
八　写真の著作物
九　プログラムの著作物
〔以下略〕

これらを概観するだけで、文学作品や絵画などだけでなく、極めて広範囲に「思想又は感情を創作的に表現したもの」が**著作物**となることがわかるだろう。**著作者**とはこの著作物を創作する人なのだから、社会的立場や年齢、国籍などは問わない。教室で作文や水彩画に取り組んだら、その成果物は著作物であり、児童生徒は著作者である。

次に理解してほしいことは、著作権が、まず人権であるということである。著作権に関する報道は複製権などをめぐって契約の有無や賠償金を争う知的財産権にかかわる部分が大半であるが、その前提では人権としての著作権がある。著作権法はまず**著作者人格権**として、第十八条で著作者が公表するかどうかを決める**公表権**、第十九条で著作者の氏名などが明示される**氏名表示権**、第二十条で著作物を勝手に改変されない**同一性保持権**を規定する。これが人格権としての著作権である。つまり、著作者の判断によって、一般に公開され、雅号や匿名を含めた本人の希望する氏名が明示され、そのままで著作物が公開されたり複製されたりするわけである。

著作物の活用

他者の著作物を活用するためのルールも著作権法上の大きな課題である。著作者と交渉して、その利用について交渉して契約して、古くから印税などと呼ばれた著作権使用料などを支払って利用することとなる。契約社会の基本的なスタイルが前提となるのである。

契約なしで行うための例外も著作権法で定められている。文章であれば、著作権法第三十二条に定める**引用**に基づいて、他者の著作物の一部を、「公正な慣行に合致する」ように引用できる。たとえば、本書にも多くの書籍などの内容から言葉をカギ括弧でくくって引用して、注釈で著者名、書名、出版社、出版年を明示して記載している。これが人文科学系の研究分野における一般的な慣行である。また引用には、あくまでも本文が主たるもので、引用文が従たるものでなければならないとの慣行も、判例に基づいて確立されている。

学校での複製

それでは、教室で、本来であれば著作者の許諾がないとできない文学作品の複製や美術作品の映写などができるのはなぜだろうか。これは、著作権法第三十五条に学校での複製などが特例として認められているからである。

（学校その他の教育機関における複製等）

第三十五条　学校その他の教育機関（営利を目的として設置されているものを除く。）において教育を担任する者及び授業を受ける者は、その授業の過程における利用に供することを目的とする場合には、その必要と認められる限度において、公表された著作物を複製し、若しくは公衆送信（自動公衆送信の場合にあつては、送信可能化を含む。以下この条において同じ。）を行い、又は公表された著作物であつて公衆送信されるものを受信装置を用いて公に伝達することができる。ただし、当該著作物の種類及び用途並びに当該複製の部数及び当該複製、公衆送信又は伝達の態様に照らし著作権者の利益を不当に害することとなる場合は、この限りでない。

2　前項の規定により公衆送信を行う場合には、同項の教育機関を設置する者は、相当な額の補償金を著作権者に支払わなければならない。

3　前項の規定は、公表された著作物について、第一項の教育機関における授業の過程において、当該授業を直接受ける者に対して当該著作物をその原作品若しくは複製物を提供し、若しくは提示して利用する場合又は当該著作物を第三十八条第一項の規定により上演し、演奏し、上映し、若しくは口述して利用する場合において、当該授業が行われる場所以外の場所において当該授業を同時に受ける者に対して公衆送信を行うときには、適用しない。

この第三十五条は、二〇一八（平成三〇）年に著作権法の一部を改正する法律（平成三十年五月二十五日年法律第三十号）によって改正され、二〇二〇（令和二）年四月二十八日に施行されたものである。現在は非常に長い条文になっているが、順を追って読み取っていこう。

最初の第三十五条は、今では長くなった第一項の基本的な部分で構成されていた。つまり普通に学校で行う複製を認めた内容である。「学校その他の教育機関（営利を目的として設置されているものを除く。）において」とは法令上の根拠のある学校などに限定するとの趣旨で学習塾などは除外される。「教育を担任する者及び授業を受ける者」とは学校の教員（チーム学校として教員をサポートするスタッフを含む。）と児童生徒学生を意味する。「その授業の過程における利用に供することを目的とする場合」とは教室の授業や宿題プリントの持ち帰りのような授業に関連するものを意味する。「その必要と認められる限度において」とは特例を悪用して書籍を一冊まるごと印刷するようなことは認めないなどの限度を設けることである。「公表された著作物」とは、印刷された書籍や放送された番組などを広く意味する。そして**複製**とは、黒板への板書も、ディスプレイや投影パネルへの表示も、輪転機などでのプリント印刷も含んでいる。

ＩＣＴ技術が教室でも活用される段階で、テレビ会議室システムを利用して、本校の教室と分校の教室で同時に授業をする**遠隔合同授業**と呼ばれる授業が可能となった。これは教室をつないだリアルタイムの授業で、当初は**公衆送信**といっても衛星通信や電話回線なども使って同時に行っていた。これが現在の第三項にある「当該授業が行われる場所以外の場所において当該授業を同時に受ける者に対して公衆送信を行う」という方式である。なお公衆送信というとテレビやラジオの不特定多数の放送をイメージするが、第三十五条はあくまでも教員と児童生徒学生という特定多数の行為である。わかりにくい文章であるが、これも最初の教室での複製と同様に認めたのである。教室でも、遠隔合同授業の教室でも、著作権使用料や手続きなどは不要である。

遠隔授業に対応した補償金制度

しかし、これでは公衆送信といってもインターネットを活用して、自宅で授業を受けたり、サーバにデータを蓄積してオンデマンド配信で授業を受けたりすることが対象になっていない。このために、二〇一八（平成三〇）年の改正で「公衆送信（自動公衆送信の場合にあっては、送信可能化を含む。以下この条において同じ。）を行い」という形で、サーバに送信可能なデータを置き、受講者がパソコンやタブレットなど「受信装置を用いて」受信することも含めることにした。これが大学通信教育で先駆的に蓄積されてきた**遠隔授業**や**メディア授業**と呼ばれる方式である。大学通信教育以外では補助的なものとして普及していたが、二〇二〇（令和二）年の新型コロナウイルスによって学校教育を自宅で受けざるを得ない状況下で、急速にニーズが拡大した。

この方式で行う場合は、第三十五条第二項に定める**補償金**を学校を設置する教育委員会や学校法人が支払う必要がある。実際には文化庁長官が指定した**サートラス**と略称される一般社団法人授業目的公衆送信補償金等管理協会が、一括して国内外のすべての補償金を集めて配分することになる。二〇二〇（令和二）年は緊急事態宣言下で無償とすることとなったが、二〇二一（令和三）年度より文化庁が認可した児童生徒学生の人数に応じて年額で補償金を教育委員会等が支払うことになった。

なお、第一項にあるように、教室での使用も、遠隔合同授業も、遠隔授業も、「ただし、当該著作物の種類及び用途並びに当該複製の部数及び当該複製、公衆送信又は伝達の態様に照らし著作権者の利益を不当に害することとなる場合は、この限りでない。」という但し書きのとおりに、著作権を侵害するような行為は禁止されている。

具体的に言えば、本来は教育目的で認められている児童生徒学生への配付プリントやデジタルデータを第三者に公開したり、生徒向けにプリントして販売されているものを無断で複製して営業を妨害したり、授業で活用できる書籍の小部分が数回の授業で結局は書籍全冊になるようなケースである。

こうした著作権法第三十五条の改正に対応した新しいルールは、文化庁やサートラスが周知に努めており、「改正著作権法第35条運用指針（令和三（二〇二一）年度版）」をサートラスが公開して教員の研修等で活用されている。

ここまで、教員の知るべき法令の知識について説明した。真面目な教師でも犯罪に趨《はし》りやすい。熱中するあまり体罰、本人の常識が非常識になるセクシュアル・ハラスメントやパワーハラスメント、不注意が重大な事件となる個人情報の取り扱い、法令が最近変更になった著作権法第三十五条などであるが、このほかにも知るべきルールやマナーは枚挙にいとまがない。

法令の変更や社会の動向に常に敏感になり、教育委員会による研修はもちろん、自ら常に研究して修養する学び続ける教員としての姿勢を持ち続けたい。

＊註

1　文部科学省初等中等教育局長とスポーツ・青少年局長の合同通知「体罰根絶に向けた取組の徹底について（通知）」（二十五文科初第五百七十四号平成二十五年八月九日）。東京都教育委員会『体罰根絶に向けた総合的な対策』二〇一四年。

あとがき

本書は、二〇〇二（平成一四）年刊行の『教師論』と二〇一四（平成二六）年刊行の『新しい教師論』という二つの旧著を引き継ぐ単著である。最初の一冊は教員採用が冬の時代であり、熱心な学生たちには閉塞感があり、次の一冊は教員採用が拡大しつつ、教員バッシングと呼ばれる環境が懸念される時代であった。これに対して、現在は採用選考試験の受験者が低下していることが懸念され、働き過ぎの教員への同情も含めて働き方改革が政策課題となる時代になった。約二〇年でここまで学校内外の教員をめぐる制度と実態が変わるとは、全く考えていなかった。それゆえに本書は教員をめぐる法令と常識を前提に、教育改革の様子をリアルに記すことを眼目とした。

教師には聖職者に比すべき高い専門性や使命感が要求される。それと同時に、すべての労働者と同様の労働条件が必要である。保護者と近隣のクレームを絶対視し、児童生徒への責任を過大視した時代を終わりにしたい。保護者の第一義的責任を明確にし、地域住民の主体的参加を促進して、そこで教師という専門家の役割を発揮したい。なんでも引き受けて過労で倒れる教員ではなく、学校内外の人々と手を取り合って生き生きと学び続ける教員でありたい。このために本書は『チーム学校の教師論』というタイトルを選んだのである。

武蔵野美術大学の授業科目「教師論」は、通学課程では私が担当し、通信教育課程では桑田直子氏とともに担当している。本書の校正にあたっては、教職資料閲覧室の元スタッフの赤羽麻希氏と髙田正美氏、現スタッフの﨑野治子氏と石川彩香氏の協力を受けた。全体にわたる編集は、木村公子編集長が尽力した。

二〇二一（令和三）年二月一日　新型コロナウイルス感染症緊急事態宣言下に

高橋陽一

索引

【き】

【く】

【け】

高橋陽一（たかはし・よういち）
一九六三年生まれ。東京大学大学院教育学研究科博士課程満期退学。武蔵野美術大学造形学部教授。日本教育史（国学・宗教教育）を専攻。単著に『新しい教育通義』『ファシリテーションの技法』『美術と福祉とワークショップ』（いずれも武蔵野美術大学出版局）、『くわしすぎる教育勅語』（太郎次郎社エディタス、二〇一九年）、『共通教化と教育勅語』（東京大学出版会、二〇一九年）。監修に『ワークショップ実践研究』、共編著に『これからの生活指導と進路指導』『総合学習とアート』『特別支援教育とアート』『道徳科教育講義』『新しい教育相談論』『造形ワークショップ入門』『造形ワークショップの広がり』（いずれも武蔵野美術大学出版局）、共著に岩波書店編集部編『教育勅語と日本社会』（岩波書店、二〇一七年）、教育史学会編『教育勅語の何が問題か』（同、二〇一七年）、駒込武／奈須恵子／川村肇編『戦時下学問の統制と動員 日本諸学振興委員会の研究』（東京大学出版会、二〇一一年）、東京大学史史料室編『東京大学の学徒動員・学徒出陣』（同、一九九八年）、寺崎昌男／編集委員会編『近代日本における知の配分と国民統合』（第一法規出版、一九九三年）ほか。

チーム学校の教師論

二〇二一年四月一日　初版第一刷発行

著者　高橋陽一

発行者　白賀洋平
発行所　株式会社武蔵野美術大学出版局
〒一八〇―八五六六
東京都武蔵野市吉祥寺東町三―三―七
電話　〇四二二―二三―〇八一〇（営業）
〇四二二―二二―八五八〇（編集）

印刷・製本　株式会社精興社

ISBN978-4-86463-125-9　C3037　Printed in Japan